# LE ROSSIGNOL INSTRUMENTAL: POÉSIE, MUSIQUE, MODERNITÉ

"ACCENT"

# LE ROSSIGNOL INSTRUMENTAL

## POÉSIE, MUSIQUE, MODERNITÉ

sous la direction de

Jean-Pierre BERTRAND
Michel DELVILLE
et
Christine PAGNOULLE

PEETERS
LEUVEN – PARIS – DUDLEY, MA
VRIN

"ACCENT"

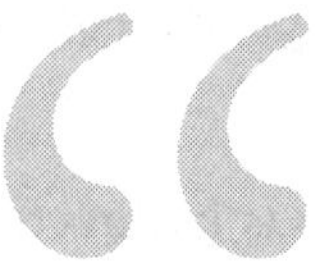

Library of Congress Cataloging-in-Publication Data

Le Rossignol instrumental: Poésie, musique, modernité/sous la direction de Jean-Pierre Bertrand, Michel Delville et Christine Pagnoulle.
p.cm.
Includes bibliographical references.
ISBN 90-429-1436-X (alk. paper) -- ISBN 2-87723-779-6 (alk. paper)
1. Music and literature. 2. Poetry, Modern--History and criticism. I. Bertrand, Jean-Pierre, 1960- II. Delville, Michel, 1969- III. Pagnoulle, Christine.

ML3849.R77 2004
780'.08--dc22

2004043355



ISBN 90-429-1436-X (Peeters Leuven)
ISBN 2-87723-779-6 (Peeters France)

D. 2004/0602/43

TABLE DES MATIÈRES

Jean-Pierre Bertrand, Michel Delville, Christine Pagnoulle, «Prélude» 1

Jean-Pierre Bertrand et Pascal Durand, «Poésie, modernité, musique: l'héritage du XIXe siècle» 7

François Hébert, «Mots, cruches, cloches, acoustrons et ursonates, machines à écrire et autres instruments de la musique dans la poésie québécoise» 25

Peter Nicholls, «Un aveuglement nécessaire: Pound et le rythme» 65

Steve McCaffery, «Le rossignol instrumental: inflections contre-musicales de Collins à Schwitters» 91

Karen Mac Cormack, «Effet de cygnifiants: le pli et la pratique interdisciplinaire» 139

Marjorie Perloff, «La lettre, le nombre et la recherche du zaum: l'héritage de Khlebnikov» 151

Francis Edeline, «La Poésie Sonore: Poésie ou Musique?» 189

Joachim Lucchesi, «Bertolt Brecht et la musique» 207

Gillis J. Dorleijn, «Lucebert: jazz et poésie. L'improvisation en jazz comme modèle pour l'écriture et la lecture d'un poème» 221

# PRÉLUDE

Jean-Pierre Bertrand, Michel Delville,
Christine Pagnoulle

*Poésie et musique:* la chose est si bien entendue que l'on se demande ce que peut apporter de plus un colloque en la matière. La musique est liée aux origines de la poésie, dans les psalmodies rituelles, les prières, les chants héroïques. Chez les Grecs, la μουσική désignait une pratique artistique qui combinait poésie, chant et même danse. Comme le revers et l'avers de la pièce, poésie et musique s'engendrent dans une relation constitutive. A la Renaissance encore, la plus grande partie de la poésie se chante, que ce soit à la cour, sur scène ou dans les rues. La multiplication des textes qu'entraîne l'introduction de l'imprimerie fait pourtant que peu à peu les deux formes d'expression se séparent. On assiste alors à l'éclosion d'une poésie lyrique indépendante du chant et à l'affirmation de la musique instrumentale comme art autonome. Pourtant, même en Occident, jamais le lien ne s'est rompu. Comment le pourrait-il? La langue est faite de vibrations qui combinent rythmes (cadence et accents toniques) et timbres. C'est par le son (donc la musique) qu'elle va d'abord créer un effet d'ordre ou au contraire de cacophonie, de désarticulation — le «désordre organisé» recherché dans certaines écoles de la poésie d'avant-garde. «C'est aussi simple qu'une phrase musicale», écrivait Rimbaud. Il reste cependant comme un mystère à éclaircir (le mot revient à plusieurs reprises sous la plume des collaborateurs), un mystère dont la force de séduction tient dans la part impalpable de significations (naguère on parlait de signifiance) qui se dégage des deux langages associés dans une même production, le poème.

C'est ce mystère que le Centre Interdisciplinaire de Poétique Appliquée de l'université de Liège a voulu réactiver lors d'un colloque inaugural qui s'est tenu en avril 2001, réunissant chercheurs et créateurs issus des mondes francophone, italophone, anglophone et germanophone et dont le présent volume rassemble quelques interventions. Il s'agit moins de chercher à résoudre ce mystère (par définition, un mystère ne se résout jamais) que de scruter les interactions dont il est le lieu et l'occasion: à chaque fois qu'un poème s'énonce, il y a musique — fût-ce dans le déni de toute musicalité; c'est toujours par rapport au modèle musical que se pose la question de l'événement poétique. Quelquefois, ce rapport est de subordination: de la musique *derrière* ou *sous* les mots. Souvent, il est de réciprocité: «de la musique, encore et toujours», comme le réclamait Verlaine, espérant par cette formule l'idéale disparition des frontières qui séparent les mots des notes. La musique «travaille» la poésie, ou le poème se coule dans un modèle musical. Mais parfois, au-delà de ces rapports qui préservent deux pôles, chez certains «faiseurs de sons», comme Varèse ou Stockhausen, mais aussi déjà Khlebnikov ou Schwitters, la production de sonorités est le moins possible redevables de nos codes de lecture et d'écoute.

Il y avait donc nécessité d'interroger sur nouveaux frais les relations complexes qui nouent la poésie à sa grande sœur rivale, ne serait-ce que pour sortir d'une sentimentalité convenue qui nous ferait aimer les poèmes parce qu'ils nous bercent ou la musique parce qu'elle nous fait rêver — délibérément, nous avons exclu de parler de la musique en poésie comme métaphore d'on ne sait trop quelle idéalisation du monde. La perspective adoptée est la fois chronologique et comparative; elle est aussi interdisciplinaire dans la mesure où elle fait appel à des expériences qui ne sont pas que de savoirs mais aussi, pour de nombreux intervenants, de création.

On a ainsi commencé par ce qui nous a paru être un véritable commencement dans l'espace de la modernité occidentale. Un lourd héritage nous vient en effet du XIXe siècle français, dont Jean-Pierre Bertrand et Pascal Durand cherchent à faire l'inventaire: la modernité poétique telle qu'elle s'est définie par Baudelaire (partiellement *via* Wagner) d'abord, Mallarmé, Verlaine, Rimbaud, Laforgue et quelques autres ensuite sur les décombres du romantisme semble avoir hypostasié l'intersection des deux modèles, au point que l'on ne sait de la musique ou de la poésie laquelle est l'«idéal» de l'autre. Portés par un rêve de totalité, les deux se sont développées dans un sens tantôt orphique (les romantiques n'ignoraient pas la musique, mais en faisaient comme la métaphore d'un langage poétique à atteindre, à tout le moins à (ré)inventer aux lendemains désenchantés de la Révolution), tantôt orchestral et abstrait (avec Mallarmé, la musique est aussi pour l'œil, un poème à déchiffrer comme une partition), tantôt plus populairement vocal (avec Verlaine, qui prolonge ainsi l'antique fonction du chant).

Une fois cette ancre historique jetée, il restait à écouter les étranges partitions que les avant-gardes ont fait entendre dans un esprit de radicalisation révolutionnaire des principes issus du XIXe siècle. On le sait, le modernisme dit «expérimental» cherche à se démarquer des modèles établis en jouant avec les sonorités, la typographie, la disposition spatiale des mots «libérés» et la dimension potentiellement «verbivocovisuelle» de la création littéraire. A tel point que la «poésie» proprement dite tend à céder la place à un véritable «art du mot»; les futuristes russes se définissant, quant à eux, comme des «verbocréateurs». Mais, comme nous le rappelle Marjorie Perloff, la modernité d'un Khlebnikov (co-auteur en 1912 du fameux manifeste «Une gifle au goût du public», qui exhortait ses lecteurs à «jeter Pouchkine, Tolstoï, etc., etc., pardessus bord du temps actuel»[1]) ne rompt pas avec le passé.

([1]) *Manifestes futuristes russes*, sous la direction de Léon Robel, Paris, Editeurs Français Réunis, 1971, p.13.

Au contraire, elle passe par un renouvellement de la langue basé, assez paradoxalement, sur un retour aux formes ancestrales (l'importance accordée à l'étymologie dans l'œuvre de Khlebnikov en est un exemple).

Dans cette même perspective historique, qui remet en question certaines idées reçues en matière de périodicité littéraire, le «rossignol instrumental» de Steve McCaffery apparaît comme la clef de voûte du présent ouvrage. Nous plongeant dans l'Angleterre de la moitié du XVIIIe siècle, où émerge une attitude hostile à la musicalité: McCaffery voit en Thomas Gray et William Collins les précurseurs des expérimentations contre-musicales de Dada, des *parole in libertà* des futuristes italiens et du *zaum* des futuristes russes. L'article de McCaffery s'achève sur une lecture magistrale de la «Fugue de mort» de Paul Celan et d'un célèbre poème concret d'Eugen Gomringer, une réflexion sur le silence et «le fardeau éthique pesant sur toute musique après les camps».

L'intervention de Karen Mac Cormack dépasse clairement le cadre des expérimentations verbivocovisuelles des modernistes. Adoptant une démarche interdisciplinaire qui met l'accent sur la transformation du son en «un matériau participant dans la construction de l'espace», elle se concentre sur les influences combinatoires de la poésie, de la musique et de l'architecture. Au travers d'une comparaison entre le *Pli Selon Pli — Portrait de Mallarmé* de Boulez et *An Effect of Cellophane* de McCaffery, elle pose également la question non pas «de la simple et réconfortante identification des ressemblances et des différences entre les pratiques avant-gardistes, mais bien des engagements qui se défient mutuellement».

Peter Nicholls part du paradoxe d'un modernisme anglophone qui a tenté — à la différence du mouvement qui s'était développé en France — de se définir en dehors de toute référence à la musique, dans un rapport privilégié aux arts plastiques et à la peinture en particulier. Ezra Pound tenait beaucoup à rejeter l'ensorcellement sonore d'un Swinburne. Pourtant, Nicholls montre aussi que l'«aveuglement» reproché à Swinburne était une condition nécessaire de son art — et qu'il se retrouve dans les cadences et les échos des grands modernistes, Pound le premier.

Comme le montre Joachim Lucchesi, le rapport à la musique pour Bertold Brecht est d'emblée celui du chanteur-auteur-compositeur: avant d'être poète, il était chanteur — chanteur de cabaret, presque chanteur de music-hall. Ceci explique avec quelle minutie il suivra les compositions des différents musiciens qui mettront ses textes en musique. Ses vers swinguent, à la façon des ballades des rues, parfois stridentes, toujours profondément émouvantes par delà toute distance intellectuelle. Le swing, nous le retrouvons chez Lucebert, par ailleurs également peintre du groupe CoBrA: Gillis Dorleijn nous invite à écouter quelques-uns de ses textes où les mots s'énoncent, se recréent sur les rythmes hachés et puissants de morceaux de jazz, n'existant en fait que dans l'interprétation (et l'improvisation) même.

On trouvera enfin deux aperçus de la poésie sonore, laquelle, parce que débarrassée de ses signes d'appartenance linguistique et nationale, se présente comme le comble de la relation entre musique et poésie. C'est ce que nous montre, tout d'abord, Francis Edeline, en plus de proposer une typologie des relations intersémiotiques qui se dégagent des usages singuliers que font les poètes sonores de leur langue (dans les deux sens du terme: du corps de prescriptions linguistiques et du corps tout court), qu'ils soient tchèque comme Zdeněk Barborka, d'origine hongroise comme Tibor Papp, autrichien comme Ernst Jandl ou flamand comme Paul de Vree. François Hébert prolonge la réflexion par d'autres biais et sur un autre ton, en prenant les mots au vol et en faisant résonner la musique et l'anti-musique qu'ils génèrent ou enferment parfois sans le savoir: la musique d'un poème n'est pas que dans une intention avouée, elle couve partout où il y a de la voix (de l'oralité, de la vocalité, de la sonorité). Il n'est donc pas seulement question des rimes musicales d'Emile Nelligan, ni de la «poésie de cailloux chahutés» de Gaston Miron, ni encore du «Quatuor climatisé» de Fernand Ouellette mais, au fil d'une rêverie qui convoque les paradoxes de l'histoire bien au-delà des seuls poètes sonores du Québec, de tout ce qui étonnamment relie les manières d'écrire la musique et/ou la poésie, et quelquefois de la manière la plus matérielle: comme le savait déjà Erik Satie, la machine à écrire aussi est un instrument de musique, et de la plus suggestive percussion.

# POÉSIE MODERNITÉ MUSIQUE AU XIX^e SIÈCLE

JEAN-PIERRE BERTRAND & PASCAL DURAND

> «Tout ce qu'on reconnaît écrit dans l'acceptation [sic] technique, soit phrasé, comporte une mélopée: l'écriture n'étant que la fixation du chant immiscé au langage et lui-même persuasif du sens.»
> Stéphane Mallarmé
> «Divagation première relativement au vers»
> (*Vers et Prose* 187)

Enchâsser le mot de «Modernité» dans le binôme «Poésie et Musique» n'a, pour nous, rien de gratuit ni de fortuit. Il y marque, en point de rupture autant qu'en trait d'union, que l'alliance ou la «correspondance» entre ces deux arts n'est pas séparable d'une histoire, plus récente qu'il n'y paraît, des rapports à la fois théoriques et pratiques qui se sont noués entre eux sur le fond de la reconfiguration générale que la poésie et peut-être la musique et son exécution ont connues au cours du XIX^e siècle.

Dans nos représentations les plus communes, telles qu'elles sont renforcées par toute une vision scolaire du discours poétique comme aussi par la place importante que la chanson a prise dans la culture de masse, il y aurait en effet, entre poésie et musique, une affinité de nature, renvoyant d'ordinaire, banalement, au fait que le poème, quand bien même ne serait-il produit que dans la solitude de l'écriture ou reçu dans le silence de la lecture individuelle, s'offre à une sorte de perception acoustique intérieure, apparaît comme un objet sonore, dans lequel la dimension expressive du discours l'emporte sur son contenu.

Cette surdétermination sonore de la poésie n'est pas sans conséquence sur sa définition. Elle s'opère, d'abord, aux dépens de l'autre dimension expressive de la poésie écrite, à savoir sa dimension graphique et spatiale. Elle témoigne d'autre part d'une vision quelque peu archaïque et régressive, qui subordonne «la» poésie au modèle de la poésie orale, dite, chantée, psalmodiée. Vision qui la retrempe dans tout un passé mythique et la réinstalle dans tout un appareil de représentations qui, dès la plus haute antiquité, font du poète un artiste de la voix, du chant, s'accompagnant d'instruments emblématiques, tels que la fameuse lyre d'Orphée ou le luth — qui tous deux demeureront dans l'appareillage mythique des poètes en gros jusqu'à Musset et Nerval (et au-delà dans la poésie de grande diffusion ou d'amateurs)[1]. L'affinité de nature prêtée à la poésie et à la musique, pensées sous l'angle essentiellement sonore, occulte enfin ou tend à occulter la profonde refonte du modèle musical que les poètes de la modernité ont opérée, une redéfinition qui, nous le verrons, a notamment consisté à étendre le modèle théorique de la musique bien au-delà de la simple dimension phonique du texte poétique.

## Vers une refonte moderne du modèle musical

Pour apercevoir le sens et mesurer l'ampleur de la redéfinition théorique dont le modèle musical va faire l'objet à la fin

([1]) «Poète prends ton luth», écrit Musset. «Mon luth constellé porte le soleil noir de la mélancolie», écrit Nerval. Mais ces mentions ne sont plus, bien évidemment, que purement décoratives et si elles remplissent une fonction, ce n'est guère que celle qui consiste, d'un côté, à inscrire la parole présente du poète dans un discours multi-séculaire et d'autre part à l'associer à un haut langage, non seulement originaire, mais séparé des usages ordinaires.

du XIXe siècle, il faut bien voir d'abord que ce modèle, si prégnant de l'Antiquité jusqu'aux années 1840, va connaître une assez longue éclipse entre 1850 et 1870, période qui correspond à l'émergence du credo de l'Art pour l'Art et de l'école parnassienne et opérer un retour en force dans l'esthétique symboliste. Dans leurs arts poétiques, dans leurs préfaces et autres textes programmatiques, c'est aux arts de la représentation visuelle et aux arts décoratifs, à la peinture, à la sculpture, à l'orfèvrerie, à l'émaillerie que les Parnassiens demandent leurs métaphores théoriques. C'est, d'abord, que le «vers» leur apparaît comme une forme plastique, à la fois cadre de contraintes et matériau à travailler. Gautier en 1852, dans le poème qui ferme le recueil de ses *Emaux et Camées*, identifie le «vers», non à une unité de nombre et de rythme, mais au «marbre», à l'«onyx», à l'«émail», comme à autant de «formes rebelles au travail», dont la résistance porte le poète à l'acrobatie, à la virtuosité rhétorique et assure à l'œuvre achevée la durabilité d'un objet solide, scellé dans ses propres contours. On chercherait en vain dans la préface dont Leconte de Lisle fait précéder la même année son recueil des *Poèmes antiques* la moindre métaphore musicale (310-15) et lorsque Mallarmé, dix ans plus tard, dans son pamphlet contre «L'Art pour tous», démarqué de la préface de Leconte, en appelle à la Musique comme à un exemple, ce n'est pas pour faire valoir les droits de la séduction sonore: il s'adresse à elle comme à un texte clos, dont le déchiffrement n'est réservé qu'aux seuls initiés à l'écriture musicale. «La musique, écrit-il, nous offre un exemple. Ouvrons à la légère Mozart, Beethoven ou Wagner, jetons sur la première page de leur œuvre un œil indifférent, nous sommes pris d'un religieux étonnement à la vue de ces processions macabres de signes sévères, chastes, inconnus. Et nous refermons le missel vierge d'aucune pensée profanatrice (*Œuvres* 257)». Autrement dit, la musique proposée en exemple au poète (parnassien) n'existe pas là comme œuvre à jouer ou à entendre, ni donc comme architecture sonore, mais comme texte fermé, lettre close, langage protégé de toute profanation par les non-spécialistes. Mallarmé fait ici exception dans les rangs du Parnasse. Car, si les disciples de Leconte de Lisle répudient collectivement le modèle musical au profit d'un modèle visuel, c'est qu'il s'agit aussi pour eux de faire prévaloir un idéal de clarté et de représentation transparente, dans lequel le mot et la phrase, sertis dans l'écrin du vers et de la strophe, pensés comme formes essentiellement ornementales, n'opposent aucune résistance à l'intelligibilité.

Lorsque Verlaine ou Mallarmé, chacun à sa façon et suivis par toute la génération des symbolistes, réacclimateront le modèle musical pour théoriser l'activité poétique, s'agira-t-il simplement pour eux de reprendre et de renouer le fil rompu par le Parnasse? Non: il n'y aura pas retour, simple reprise d'un modèle soumis un temps à éclipse théorique. Ce sera, bien plutôt, l'occasion d'une réactivation et d'une refonte, au principe desquelles présideront essentiellement trois raisons, qui vont se conjuguer et permettre également de rendre compte de la tournure particulière que le modèle musical va prendre sous l'impulsion des symbolistes.

La première de ces raisons tient au fait que la réactivation du modèle musical est inséparable, dans son geste, d'une rupture hérétique avec le Parnasse, école désormais fortement instituée et dans le credo de laquelle la métaphore plastique constitue l'un des socles doctrinaires. Ce geste rompt donc aussi, du même coup, avec la conception parnassienne de la forme, qui pense celle-ci comme l'enveloppe ornementale d'une signification solaire. Il est significatif à cet égard que Verlaine, dans son «Art poétique», déclaration de guerre adressée au Parnasse, s'en prenne à la «rime», phénomène sonore par excellence, comme à «un bijou d'un sou / Qui sonne creux et faux sous la lime» (327). C'est bien évidemment à la rime parnassienne qu'il s'en prend, rime riche, acrobatique, pur effet d'esbroufe d'une écriture virtuose, mais rime aussi pensée comme objet (à limer) plutôt que comme phénomène sonore. Rime-objet contre laquelle Verlaine entend faire valoir les droits des contours indécis, de l'approximation verbale, de l'imprécision qui est le fait de cette «chanson grise» (326) à laquelle il assimile le poème. A sa manière, c'est à une semblable dénonciation que Mallarmé se livre lorsque, dans le sonnet en -Yx, il glose le mot de «Ptyx», pur artefact lexical créé pour les besoins de la rime, en «Aboli bibelot d'inanité sonore»: affirmation, certes, du pouvoir du langage et de sa capacité à suspendre l'impératif de signification, mais aussi déconstruction parodique de la quincaillerie verbale à laquelle confine l'orfèvrerie parnassienne.

La propagande wagnérienne, commencée par Baudelaire, puis relayée par Mallarmé et Dujardin — et qui va devenir un véritable phénomène de mode dans la bourgeoisie cultivée habituée des Concerts Lamoureux, comme l'a souligné Philippe Lacoue-Labarthe (17; 19) — contribue elle aussi à expliquer la ré-émergence du paradigme musical en poésie (et plus largement en littérature) à la fin du XIXe siècle. On y reviendra plus loin, non sans souligner dès à présent que le wagnérisme a exercé sur les poètes, Mallarmé en tête, une séduction qui tient aussi bien de la fascination admirative que de l'inquiétude jalouse: admiration à l'égard d'un credo esthétique totalisant, inquiétude à l'égard d'un projet qui, parce qu'il entend englober la poésie, semble déposséder les poètes de leur propre office (de là, chez Mallarmé, l'idée obsédante et le mot d'ordre selon lesquels le poète doit reprendre à la musique son bien).

Comment, enfin, ne pas tenir le plus grand compte de la crise du vers, telle qu'elle se déclenche dans les années 1880? L'apparition du vers libre, dialectiquement liée au dogmatisme prosodique du Parnasse, a représenté, aux yeux de

Mallarmé en tout cas, à la fois un triomphe (celui, dit-il, de la liberté acquise pour chaque poète, de se composer son propre instrument, conforme à sa propre conscience acoustique du langage) et une catastrophe (celle de voir la poésie privée de tout appareil définitoire stable et susceptible de la différencier formellement des autres emplois du langage). Jusque-là, le code prosodique garantissait non seulement l'unité mais aussi l'identité du discours poétique, sinon même sa dignité de haut langage, visible au premier coup d'œil sur la page. Le vers libre, en ce sens, a d'une part libéré des forces de dislocation sociale et esthétique, dont témoignent les luttes très âpres qui vont opposer les poètes dans le champ littéraire de la fin du siècle et la prolifération des codes esthétiques de substitution, à prétention scientifique ou rationnelle et dont certains, comme l'instrumentisme de René Ghil, vont significativement emprunter leur armature conceptuelle à la Musique. Le vers libre a plus encore, d'autre part, dévoilé dans la versification, même la plus traditionnelle, une forme arbitraire parmi d'autres, à laquelle Mallarmé va s'employer, en théoricien, à substituer une pensée de la forme susceptible non seulement d'atteindre à une sorte d'essence du discours poétique, mais aussi de réconcilier ses pairs par-delà leurs antagonismes individuels.

Une bonne part de l'effort théorique de Mallarmé trouve là en effet sa source et son double enjeu: il faut, primo, non pas raccommoder les débris de l'ancien vers dans quelque forme supérieure, mais faire émerger une loi poétique fondamentale, valant pour le vers régulier comme pour le vers libre. En termes mallarméens, ceux de sa conférence sur *La Musique et les Lettres*: «dans des bouleversements, tout à l'acquis de la génération, récente, l'acte d'écrire se scruta jusqu'en l'origine» (*Œuvres* 645). Ou encore, dans «Crise de vers»: «Nous en sommes là précisément, à rechercher, devant une brisure des grands rythmes littéraires [...], un art d'achever la transposition, au Livre, de la symphonie ou uniment de reprendre notre bien» (*Œuvres* 367). Ce que Mallarmé trouve à l'origine de l'acte d'écrire, en deçà et au-delà des bouleversements rythmiques du vers libre, c'est bien en effet en termes musicaux qu'il va s'employer à l'exprimer. Non pas en termes sonores — mais en termes, d'abord, d'organisation, ou d'orchestration verbale. Reprenons «Crise de vers»:

> Certainement, je ne m'assieds jamais aux gradins des concerts, sans percevoir parmi l'obscure sublimité telle ébauche de quelqu'un des poëmes immanents à l'humanité ou leur originel état, d'autant plus compréhensible que tu et que pour en déterminer la vaste ligne le compositeur éprouva cette facilité de suspendre jusqu'à la tentation de s'expliquer. Je me figure par un indéracinable sans doute préjugé d'écrivain que rien ne demeurera sans être proféré; que nous en sommes là, précisément, à rechercher, devant une brisure des grands rythmes littéraires [...] et leur éparpillement en frissons articulés proches de l'instrumentation, un art d'achever la transposition, au Livre, de la symphonie ou uniment de reprendre notre bien: car, ce n'est pas de sonorités élémentaires par les cuivres, les cordes, les bois, indéniablement mais de l'intellectuelle parole à son apogée que doit avec plénitude et évidence, résulter, en tant que l'ensemble des rapports existant dans tout, la Musique.
> (*Œuvres* 367-68)

Ou plus simplement telle lettre adressée à Edmund Gosse en 1893:

> Je fais de la Musique, et appelle ainsi non celle qu'on peut tirer du rapprochement euphonique des mots, cette première condition va de soi; mais l'au-delà magiquement produit par certaines dispositions de la parole, où celui-ci ne reste qu'à l'état de moyen de communication matérielle avec le lecteur comme les touches du piano. Vraiment entre les lignes et au-dessus de regard cela se passe en toute pureté, sans l'entremise des cordes à boyaux et des pistons comme à l'orchestre, qui est déjà industriel; mais c'est la même chose que l'orchestre, sauf que littérairement ou silencieusement. Les poètes de tous les temps n'ont jamais fait autrement et il est aujourd'hui, voilà tout, amusant

> d'en avoir conscience. Employez Musique dans le sens grec, au fond signifiant Idée ou rythme entre des rapports; là plus divine que dans l'expresion publique ou symphonique.
> (*Correspondance* 26)

Entendons que la Musique désigne chez Mallarmé la force organisatrice d'un système de rapports et, en ce sens, la métaphore musicale appliquée au poème sert, chez lui, à désigner dans l'écriture poétique cette spécificité qu'elle a, non pas de satisfaire un souci d'euphonie ou de séduction sonore, mais de soumettre tous les paramètres du discours à un principe d'organisation, touchant aussi bien au rapport entre le son et le sens qu'à ceux que le mot entretient avec les autres constituants de la phrase, et la phrase avec l'ensemble du texte (et au-delà, dans l'expérimentation du *Coup de dés*, avec l'ensemble du paratexte, blanc, espacement, typographie, format, etc.). Le discours sera poétique à proportion de sa capacité à exclure le hasard, à organiser la matière verbale (une organisation dont le vers, la strophe ou la rime ne sont que des espèces locales, parmi d'autres).

Le discours sera poétique d'autre part à proportion de sa capacité, comparable à celle de la Musique, de dispenser l'auteur de la «tentation de s'expliquer». Entendons que la poésie sera, à l'égal de la Musique, ce discours où la question du sens, comme référence, ne sera pas pertinente, mais suspendue au profit d'un mouvement qui est celui de la signification imprimé par le système des rapports établis par le texte. La Musique, en termes mallarméens, a affaire au Mystère: elle ne vise rien du réel au-delà de sa propre performance; en elle le langage est opaque. La réflexivité du texte poétique, en le purifiant de tout impératif de désignation d'un élément extérieur à sa propre clôture, l'instituera en discours susceptible de prétendre au Mystère dont la musique est la jalouse gardienne.

Si la poésie, pas plus que la Musique, ne vise un sens extérieur à sa propre clôture, elles se rejoignent également en ceci qu'elles sont l'une et l'autre productrices de sens par le jeu du langage. Il est significatif que Mallarmé lorsqu'il porte dans «Crise de vers» l'accent sur le pouvoir performatif du langage, tel qu'il est déployé dans le discours poétique, a recours une fois encore à la Musique pour rendre compte de ce qui émane du discours en fait de représentation: «Je dis une fleur! et hors de l'oubli où ma voix relègue aucun contour, en tant que quelque chose d'autre que les calices sus, musicalement se lève, idée même et suave, l'absente de tous bouquets» (*Œuvres* 368). En ce sens, la poésie et la musique, la musique et les lettres deviennent à égalité les opérateurs d'un même phénomène, que Mallarmé nomme l'Idée: «Je pose à mes risques esthétiquement cette conclusion [...]: que la Musique et les Lettres sont la face alternative ici élargie vers l'obscur; scintillante là, avec certitude, d'un phénomène, le seul, je l'appelai, l'Idée. / L'un des modes incline à l'autre et y disparaissant, ressort avec emprunts: deux fois se parachève, oscillant, un genre entier» (*Œuvres* 649).

Musique et Poésie se rejoignent enfin, chez Mallarmé, en ceci que l'une et l'autre réclament interprétation, exécution et donc l'intervention non pas seulement d'un exécutant, mais d'une structure d'exécution. L'exécutant de la Musique, pour Mallarmé, ce n'est pas seulement en effet le musicien ou l'orchestre conduit par son chef, c'est l'ensemble du dispositif de la performance musicale, dans laquelle interviennent à parts égales le lieu du concert (circonscrit, ordonné par une séparation dynamique entre la scène et la salle) et le public «assistant à l'audition de sa propre grandeur» (649). De même, le poème réclame son lecteur comme un exécutant à part entière, sans lequel le texte ne serait que «processions macabres de signes sévères» (*Œuvres* 257). Le renversement est ici complet avec la position exprimée en 1862 dans «L'Art pour tous»: la musique vaut désormais non plus comme objet inacessible au non-initié, mais comme texte ou partition appelant, pour exister, sa propre exécution au concert. Le sens de l'œuvre, poétique ou musicale, n'est pas contenu dans l'œuvre: il est dans la relation que le lecteur ou le public entretient avec celle-ci.

La refonte du modèle musical est ainsi complète. Jadis appareil mythologique ou désignation sommaire du substrat sonore et rythmique du texte poétique, ce modèle devient, avec Mallarmé, modèle théorique, aux deux sens du mot de modèle, en ceci qu'elle est, à la fois, ce sur quoi la poésie moderne va tenter de régler ses propres opérations et un réservoir à métaphores théoriques, à schémas conceptuels qui ne doivent plus rien aux métaphores classiques de la représentation mimétique. Et qui permettent précisément d'appliquer les concepts d'orchestration ou de rythme à d'autres phénomènes textuels que ceux qui relèvent de la face sonore du langage, pour les étendre à la totalité du texte, pensé comme tissu de rapports formels, qu'ils soient sonores ou graphiques, liés aux mots mêmes du discours ou à leur position dans l'espace de la page. En définitive, chez Mallarmé en tout cas, la musique est le synonyme, d'un côté, au plus concret, de l'autonomie de l'écriture poétique (une autonomie qu'elle entend défendre contre l'empire grandissant du roman réaliste, à thèse ou de la presse d'information) et, de l'autre, en toutes directions, du travail même de l'écriture, en tant que phrasé, déploiement du langage et production d'un sens irréductible à quelque réalité pouvant s'exprimer en d'autres mots[2].

([2]) De là que dans sa note introductrice au *Coup de dés*, poème où le visible l'emporte sur le lisible, Mallarmé a encore recours aux métaphores musicales, celles de la partition, d'abord: «De cet emploi à nu de la pensée avec retraits, prolongements, fuites [...] résulte pour qui veut lire à haute voix une partition. La différence des caractères d'imprimerie entre le motif prépondérant [...] dicte son importance à l'émission orale et la portée, moyenne, en haut, en bas de page, notera que monte ou descend l'intonation.» Celle de la musique au concert ensuite: «Aujourd'hui ou sans

## Wagner via Baudelaire

On l'a compris, la musique comme modèle de la poésie, ce n'est pas seulement, de Baudelaire à Mallarmé, la substitution d'un art de référence à un autre. La musique se pense, poétiquement, comme tout autre chose qu'un langage autonome: en elle, et par elle, s'engendre un discours totalisant sur le monde moderne. La peinture chez les romantiques, la plastique chez les Parnassiens donnaient à voir et à regarder; la musique entend bien plus que donner à écouter: elle donne à lire, à déchiffrer et à interpréter — donc à construire — le monde moderne. Pas seulement, selon le rêve baudelairien, pour instaurer une magie des «Correspondances», mais pour faire du monde, tel que revisité par la poésie, une vaste et complexe partition — «C'est aussi simple qu'une simple phrase musicale», écrit Rimbaud en guise de clausule à une de ses *Illuminations* significativement intitulée «Guerre».

C'est avec Baudelaire que la machine poético-musicale se met en route, nous l'avons dit. Relisons cet article de 1861, «Richard Wagner et *Tannhäuser* à Paris», paru dans *La Revue européenne*, en dégageant les affinités que Wagner a permis de faire éclore chez les poètes et plus généralement les artistes soucieux d'art pur dans les quarante dernières années du siècle.

Baudelaire commence par raconter le scandale, la «question» Wagner, lors du concert qu'il donna de ses œuvres au Théâtre-Italien en 1860 puis à l'Opéra en 1861. Ce qui a fait scandale, c'est évidemment la non-observance des règles de

présumer de l'avenir qui sortira d'ici, rien ou presque un art, reconnaissons aisément que la tentative participe avec imprévu de poursuites particulières et chères à notre temps, le vers libre et le poème en prose. Leur réunion s'accomplit sous une influence, je sais, étrangère, celle de la Musique entendue au concert; on en retrouve plusieurs moyens m'ayant semblé appartenir aux Lettres, je les reprends.» («Préface», dans *Œuvres*, 455-456.)

ce que Baudelaire appelle la «routine» de l'opéra: «Un opéra sans ballet! qu'est-ce que cela?». Autant de faits qui font honte à Baudelaire: «[...] pendant les scandales soulevés par l'ouvrage de Wagner, je me disais: 'Qu'est-ce que l'Europe va penser de nous, et en Allemagne que dira-t-on de Paris?'» (815). Quatre idées-forces, lourdes de devenir moderne, se dégagent de cet article. Si Baudelaire dit avoir «subi une opération spirituelle, une révélation» à l'écoute de Wagner, c'est qu'il a senti une parenté intime entre l'œuvre du compositeur et la sienne, prenant à témoin un de ses plus célèbres poèmes, «Correspondances» (784):

> La nature est un temple où de vivants piliers
> Laissent parfois sortir de confuses paroles;
> L'homme y passe à travers des forêts de symboles
> Qui l'observent avec des regards familiers.
>
> Comme de longs échos qui de loin se confondent
> Dans une ténébreuse et profonde unité,
> Vaste comme la nuit et comme la clarté,
> Les parfums, les couleurs et les sons se répondent.

Par ailleurs, Baudelaire trouve chez Wagner — ce qu'il aura découvert chez le graveur Constantin Guys (dans «Le Peintre de la vie moderne») — l'illustration parfaite de sa conception de la modernité, à savoir que le moderne est consubstantiellement lié à l'antique et à l'éternel, exactement. C'est dans le théâtre grec que Wagner dit avoir trouvé le modèle de son drame. Dans sa *Lettre sur la musique*, il écrit ceci, que rapporte Baudelaire:

> «Nous nous étonnons à bon droit aujourd'hui que trente mille Grecs aient pu suivre avec un intérêt soutenu la représentation des tragédies d'Eschyle; mais si nous recherchons le moyen par lequel on obtenait de pareils résultats, nous trouvons que c'est par l'alliance de tous les arts concourant ensemble au même but, c'est-à-dire la production de l'œuvre artistique la plus parfaite et la seule vraie. Ceci me conduisit à étudier les rapports des diverses branches de l'art entre elles, et, après avoir saisi la

> relation qui existe entre la *plastique* et la *mimique*, j'examinai celle qui se trouve entre musique et poésie [...]»
> (789).

C'est cet idéal, «où tous les détails [...] doivent sans cesse concourir à une totalité d'effet», qui selon Baudelaire a «fait la destinée de Wagner.» (790)

Enfin, dernier temps fort de cette réflexion très prémonitoire: le rapport de l'œuvre artistique à l'histoire. Selon Baudelaire, Wagner a puisé dans la légende (*Tannhauser, Lohengrin, le Vaisseau fantôme,* etc.) ce qu'il appelle «le parti pris formel» de son œuvre, reniant au passage les «vieilles routines du livret» (*Rienzi*), et «quitt[ant] une fois pour toutes le terrain de l'histoire» au profit la légende et, plus encore, du mythe. Baudelaire ne peut que faire sienne cette conception wagnérienne de la «matière idéale du poète»: «Le mythe, écrit Wagner, est le poème primitif et anonyme du peuple»; «Dans le mythe, [...] les relations humaines dépouillent presque complètement leur forme conventionnelle et intelligible seulement à la raison abstraite; elles montrent ce que la vie a de vraiment humain, d'éternellement compréhensible, et le montrent sous cette forme concrète, exclusive de toute imitation, laquelle donne à tous les vrais mythes leur caractère individuel que vous reconnaissez au premier coup d'œil.» (792)

Rien d'étonnant, dès lors, que Baudelaire voie en Wagner l'incarnation du Beau moderne parce que l'œuvre du musicien, qui se disait avant tout poète, réconcilie l'éternel et le présent, dans une alliance forte entre un fonds légendaire et une manière très moderne de l'exprimer. Aussi rapporte-t-il ces propos gros de modernité: «Le seul tableau de la vie humaine qui soit appelé poétique est celui où les motifs qui n'ont de sens que pour l'intelligence abstraite font place aux mobiles purement humains qui gouvernent le cœur. [...] l'œuvre la plus complète du poète devrait être celle qui, dans son dernier achèvement, serait une parfaite musique.» (791)

## Orchestral *vs* vocal

« Une parfaite musique » : c'est l'idéal que tous les symbolistes s'emploieront à atteindre. Parce que la musique est par excellence l'art de la suggestion; parce qu'en elle s'accomplit la beauté d'un langage idéal qui ne devra plus rien ou presque à ce que Mallarmé appellera les « mots de la tribu » ; parce que la poésie faite musique est un ultime refuge de l'art pur, fantasmé tout au long de ce siècle finissant par de jeunes gardes qui résistent contre la tyrannie du progrès et l'industrialisation de la culture.

On a vu comment Mallarmé prolongeait en la radicalisant la position de Baudelaire en matière de musicalité. Constituant l'un et l'autre, à quelque trente années de distance, les têtes de pont de la théorisation des rapports entre musique et poésie (plus justement, il faudrait dire entre langages), ils ont aussi généré des mises en pratique très diversifiées (eux-mêmes, du reste, semblent s'en être tenus à une rêverie abstraite, davantage qu'à la mise en œuvre de leurs principes). On ne peut les citer toutes ici, mais une vision d'ensemble de la poésie du dernier tiers du XIX$^{e}$ siècle permet de dégager deux tendances fortes, qu'incarnent ou illustrent Mallarmé et Verlaine — et ce n'est pas un hasard: ils ont été aussi pressentis et ressentis comme les « chefs de file » de deux écoles, respectivement le symbolisme et la décadence. D'un côté — n'y revenons plus — une conception *orchestrale*: cérébrale et toute idéale de la musique comme métaphore sans phore de l'univers. De l'autre, une approche *vocale*: toute concrète, si l'on peut dire, et qui fait droit à un transfert très technique de formes musicales dans le poème, tout particulièrement, la chanson. Dite tour à tour « bonne », « grise » ou « douce », la chanson est non seulement motif poétique, mais surtout modèle d'expression. Chez Verlaine en tout cas, elle apparaît comme le genre le plus approprié à une esthétique de l'authenticité et de la sincérité — authenticité de l'expérience; sincérité de l'émotion. De *La Bonne Chanson* (1870) aux *Elégies* (1893), la musique s'assimile à la corporéité de la voix, simple et immédiate; une voix qui effleure le réel et trouve à le dire par ses menues représentations («Pas la couleur, rien que la nuance»). Souvenons-nous de ces vers slogans qui semblent avoir fait écho dans le développement de la chanson populaire au cours du XXe siècle — de l'«Art poétique» (*Jadis et Naguère*, 1884): «De la musique avant toute chose», «De la musique encore et toujours!». Le mot d'ordre est plus dévastateur qu'il n'y paraît: c'est le statut même de la littérature que sape la poésie-musique de Verlaine:

> Que ton vers soit la bonne aventure
> Eparse au vent crispé du matin
> Qui va fleurant la menthe et le thym...
> Et tout le reste est littérature.

Cette entreprise dialectique de surclassement de la musique *et* de déclassement de la littérature se retrouve chez d'autres poètes, Rimbaud et Laforgue notamment (eux aussi attirés par les formes mineures: l'opéra comique et les «airs de tête», tout particulièrement). Autour de Verlaine, de Charles Cros et de Jules Laforgue (pour ne citer que les principaux représentants), et sous l'influence des cafés-concerts qui ont été de véritables lieux de rencontre pour les poètes de cette génération anti-parnassienne, s'est développée cette conception de la musicalité poétique que nous avons qualifiée de *vocale*. On notera que cette tendance n'est en rien contradictoire avec la conception *orchestrale* d'un Mallarmé: ensemble, elles opèrent une refonte, plus fantasmatique que réelle, du statut de la littérature dans la société et hypostasient la négativité de l'art en général, qui n'est plus seulement «art pour art», mais surtout lieu de résistance critique au monde moderne. Faire de la musique le modèle quasiment linguistique du poétique, c'est tout à la fois donner dans la croyance qu'on est maître de cette institution des institutions qu'est le langage (qu'on croit pouvoir réinventer) et s'inscrire dans le refus d'une société perçue comme courant à sa perte.

## Crise ou fin de la modernité?

Ce n'est pas un hasard si la survalorisation par les poètes du modèle musical advient au moment où la poésie se dit en crise. Nous l'avons dit à propos de Mallarmé, qui a diagnostiqué et pronostiqué la situation du vers. On trouve une illustration de cette problématique langagière au cœur d'un des recueils les plus marquants de la fin du siècle: *Les Complaintes* de Jules Laforgue, publiées en 1885.

A mi-chemin entre décadents et symbolistes, Laforgue est probablement le seul à avoir mêlé au cœur de son recueil les deux conceptions, orchestrale et vocale, de la poésie. L'exigence de l'art pur, qui l'apparente à Mallarmé, n'exclut pas chez lui l'intégration de la musique mineure chère à Verlaine, celle de l'orgue de Barbarie que l'on entend en arrière-plan de ses *Complaintes.* En fait, la singularité de Laforgue est d'avoir fait de la référence musicale un principe qui non seulement projette la musique dans une topique obsessionnelle, mais surtout commande son écriture au plan formel. *Les Complaintes* disposent en guise de variations (voir le poème-préface significativement intitulé «Préludes autobiographiques») le thème des amours déçues et adolescentes: «aimer/être aimé» est la rengaine qui parcourt l'ensemble, pour s'épuiser dans un murmure désespéré. Ce qu'il métaphorise surtout, au-delà de son ancrage thématique qui lui sert de prétexte, c'est l'incommunicabilité de toute parole, et particulièrement de toute parole poétique, rabaissée dans sa prétention à dire le monde ou le sentiment ou quoi que ce soit. La «Complainte des Complaintes», avant-dernière du recueil (précédant la «Complainte-Epitaphe»), constitue le point d'orgue de cette logique déficitaire du dire poétique:

Maintenant! pourquoi ces complaintes?
Gerbes d'ailleurs d'un défunt Moi
Où l'ivraie art mange la foi?
Sot tabernacle où je m'éreinte
A cultiver des roses peintes?
Pourtant ménage et sainte-table!
Ah! ces complaintes incurables,
    Pourquoi? pourquoi!

Puis, Gens à qui les fugues vraies
Que crie, au fond, ma riche voix
— N'est-ce pas, qu'on les sent parfois?—
Attoucheraient sous leurs ivraies
Les violettes d'une Foi,
Vous passerez, imperméables
A mes complaintes incurables?
    Pourquoi? pourquoi!

Chut! tout est bien, rien ne s'étonne.
Fleuris donc, ô Terre d'occasion,
Vers les mirages des Sions!
Et nous, sous l'Art qui nous bâtonne,
Sisyphes par persuasion,
Flûtant des christs les vaines fables,
Au cabestan de l'incurable
    POURQUOI! — Pourquoi?

A défaut de dire et faute d'être entendue, la poésie est alors tressage de voix, espace polyphonique, concert même si l'on considère que le recueil de Laforgue se consomme dans l'instant et s'avoue dans le caractère éphémère de son avènement. Un concert qui donne à entendre, avec toute la distance ironique qui s'impose, les paroles et les bruits du monde: de la poésie, bien sûr, mais aussi de la liturgie, de la médecine, de la philosophie et même du commerce. Orchestrale et vocale tout à la fois, la poésie de Laforgue exhibe sa facture, tout en la déconstruisant par avance: elle procède essentiellement du *bruitage* («os sonore mais très nul», dira-t-il dans un autre poème, comme en écho de l'«aboli bibelot d'inanités sonores» de Mallarmé). C'est dire qu'elle dépasse en la brouillant une approche de la musique orphique et harmonieuse: le «vers faux» qui caractérise (ainsi que l'a bien vu Mallarmé) Laforgue participe pleinement de cette mise en crise de toute forme de langage et qui passe par un surinvestissement dans la signifiance (entendue comme au-delà du sens et de la signification, mais aussi comme travail sur le signifiant). D'une certaine manière, Laforgue sonne le glas de la médiation entre poésie et musique qui a fait la grandeur du symbolisme depuis Baudelaire. Est-ce un hasard si, une génération plus tard, Apollinaire — et avec lui les poètes de l'Esprit Nouveau — reprendra son bien non plus à la musique, mais à la peinture?

Mais nous sortons là du XIX$^{e}$ siècle, et la modernité s'est faite «modernisme», ce qui implique essentiellement de tout nouveaux rapports épistémologiques entre la poésie, le monde, et la musique.

**Ouvrages cités**

Baudelaire, Charles, *Œuvres complètes*, éd. Cl. Pichois, t. 2, Paris, Gallimard, «Bibliothèque de la Pléiade», 1976.

Lacoue-Labarthe, Philippe, *Musica ficta (figures de Wagner)*, Paris, Bourgois, «Détroits», 1991.

Laforgue, Jules, *Les Complaintes*, in *Œuvres complètes*, I, éd. J.-L. Debauve *et al.*, Lausanne, L'Age d'Homme, 1986.

Leconte de Lisle, *Poèmes antiques*, éd. Cl. Gothot-Mersch, Paris, Gallimard, «Poésie», 1994.

Mallarmé, Stéphane, *Vers et Prose*, Paris, Librairie Académique Perrin, 1908.

—, *Œuvres complètes*, éd. H. Mondor et G. Jean-Aubry, Paris, Gallimard, «Bibliothèque de la Pléiade», 1945.

—, *Correspondance*, tome VI, Paris, Gallimard, 1981.

Verlaine, Paul, «Art poétique», dans *Jadis et naguère*, *Œuvres poétiques complètes*, éd. Y.-G. Le Dantec revue par J. Borel, Paris, Gallimard, «Bibliothèque de la Pléiade», 1962.

# MOTS, CRUCHES, CLOCHES, ACOUSTRONS ET URSONATES, MACHINES À ÉCRIRE ET AUTRES INSTRUMENTS DE LA MUSIQUE DANS LA POÉSIE QUÉBÉCOISE

François Hébert

«*Nitwit! Blubber! Oddment! Tweak!*»

Que fait ou signifie cela, cette chaîne de phonèmes, de signifiants, dirait Lacan, ce carré d'as ou cette incantation, ou cette cacophonie, pour un francophone, et même pour qui comprend ces mots? Est-ce un poème, un canular, une devinette, une imprécation, un coup de dés? Que nous chante le professeur et mage Albus Dumbledore par ces mots, ces sons-là?

Ainsi accueille-t-il les jeunes à l'école de sorcellerie de Poudlard. J'en suis au quatrième tome des aventures de Harry Potter et les propos étranges, voire dadaïstes, du professeur Dumbledore n'ont pas encore été élucidés. Ils ne sont pas moins logiques, sans doute, d'une façon ou d'une autre, que ceux d'un Lewis Carroll. En effet, le professeur a bel et bien dit dans sa présentation: «Je vais vous dire quelques mots» et en conséquence il a prononcé, n'est-ce pas, quelques mots, ni plus ni moins.

Graphes, grammes, griffures.

Quant à ce que les trois mots signifient ou font, je ne suis pas assez avancé en sorcellerie pour saisir le propos et le pouvoir de l'invocation, ou de la provocation ou convocation, ni l'intérêt qu'il y a à lancer, comme ça, à des jeunes qui n'auront pas les oreilles pour entendre (c'est moi qui traduis): «Stupidité! Gélatine! Bizarrerie! Astuce!» Je ne me perdrai pas ici en hypothèses. On devine cependant que ces mots, ou *vocables* comme on disait, ont aussi quelque chose du pouvoir de ces autres mots en latin macaronique que les sorciers utiliseront, *lumos, expelliarmus,* pour jeter leurs sorts contre les forces du mal. Et enfin, qu'ils ne sont pas très différents de ces mots-là que certains, comme Harry, connaissent d'instinct et qui leur permettent de parler aux serpents.

La leçon que j'en tire?

La poésie, en sifflant, parle aux serpents qui sifflent sur nos têtes, comme la musique les charme. Il y aurait trois sons: la parole, le sifflement et le charme. Certes, poésie et musique sont des mots bien grands et indistinctement des concepts, des affects, des divinités, des lieux communs, des hypothèses, des hypothèques, des énigmes. Les Grecs employèrent le mot *phonè* pour dire le son, lequel comprenait la voix humaine, le cri de l'animal et la musique. La dimension matérielle de la musique, s'entend, parce qu'il y avait aussi, pour le sens plus élevé du mot, la mère Mnémosyne et ses Muses, qui sont aujourd'hui au musée. Musée: au sens matériel et institutionnel, et non pas religieux, mythique.

Je me tiendrai pour ma part dans les zones grises où les mots du poème ont des échanges avec le son, négocient leur place, trône ou strapontin, dans le poème. Mon signifié, dit le mot au son, pour ta belle paronomase; mon allitération, dit le son au sens, pour ta riche substance.

Mais sans la référence à quelque magie, comment aborder mon sujet?

Même après avoir potassé les typologies de Ruth Finnegan dans son essai *Oral Poetry* et de Paul Zumthor dans son *Introduction à la poésie orale*, lequel se fera plus ouvert à la sensualité de la voix dans son introduction subséquente à *Poésies sonores* (Barras et Zurbrugg), on arrive toujours assez mal, sans pour autant confondre tout à fait l'écrit et l'oral, ou l'oral et le sonore, ou le sonore et le musical, à se sortir de ces limbes où il n'est jamais exclu qu'une voix soit aussi un cri et une musique, ou bien qu'une musique soit aussi la voix de quelque sujet, fût-il imaginaire, et un cri, le cri de la matière, de l'archet sur la corde ou de la pierre qui fend sous le gel par exemple, ou bien qu'une voix ne soit pas que la voix physique, mais également, de quelque façon, la voix d'un dieu, ou d'un mort.

La linguistique fait peu de cas, c'est le moins qu'on puisse dire, des dieux et des morts. Ceux-ci le lui rendent bien, avec les poètes, qui n'ont cure, idéalement, de l'arbitraire du signe. Ils s'en accommodent, pour communiquer, mais ils trichent le plus souvent possible, et toute la versification est un complot contre la linguistique. Les assonances et les onomatopées sont des tentatives de *déborder la langue par ce qui la déborde.* C'est exactement ce qui se produit quand Verlaine joue du violon, plus haut que la langue même, à travers ses fameux «sanglots longs des violons de l'automne» ou quand Apollinaire reproduit le bruit des roues d'un train sur les rails:

Les feuilles
qu'on foule
Un train
qui roule
La vie
s'écoule.
(132)

La poésie tend ainsi à parler une autre langue, celle des choses, quand ce n'est pas celle de l'âme. Dans son célèbre poème, «*The Rocking Chair*», A. M. Klein ne nous donne-t-il pas à entendre à la fois le tic-tac de l'horloge, le drame canadien-français et le grincement des patins de la chaise par (dans, avec, sous...) les mots *invoke, revoke*? Qu'il n'y a qu'à répéter vingt fois, et avec un peu de cœur, pour en sentir tout l'effet, la magie...

*and symbol, symbol of this static folk*
*which moves in segments, and returns to base, —*
*a sunken pendulum: invoke, revoke;*
loosed yon, leashed hither, motion on no space.
(645)

Évidemment, un *chat* est aussi un chat…

> Mais Baudelaire:
> Il y a dans le mot, dans le *verbe*, quelque chose de *sacré* qui nous défend d'en faire un jeu de hasard. Manier savamment une langue, c'est pratiquer une sorte de sorcellerie évocatoire. (cité par Meschonnic 285)

Baudelaire a souligné les mots *verbe* et *sacré*, comme on les rendrait opératoires avec une baguette magique. Oublions ici l'hypertexte biblique. Il a conseillé la prudence (je souligne à mon tour): *quelque chose* de sacré, une *sorte* de sorcellerie.

Au sujet du hasard, Mallarmé semble dire le contraire, mais il bluffe peut-être en jetant ses dés sur la page comme des notes sur une portée. En tout cas, il n'est pas donné au premier prestidigitateur venu de faire apparaître et disparaître des choses avec une telle science: il n'y a pas de fleurs dans ses bouquets, et il réussit à créer un pur objet, sinon un pur vocable, certes plutôt imprononçable mais tout à fait digne de notre ébahissement, un *ptyx*.

Prenons d'autres mots: *j'aime, aujourd'hui, genoux, jaune*… Meschonnic explique que la séquence de ces mots-là, pourtant éloignés les uns des autres dans le texte où il les isole, à savoir le second sonnet du «Chant d'automne» de Baudelaire, que cette séquence signifie en soi et que chaque son inscrit sa note sur une portée musicale. Le propos est technique, d'un romantisme tempéré, intelligent, à lui soufflé par la kabbale juive. Encore faut-il, c'est la méthode, *entendre*, sous l'ode, la mélodie.

La musique franchit les limites de la langue, la poésie joue sur (ou avec) les deux registres. Cette vérité est banale, mais fondamentale.

Pour en finir, ou presque, avec Harry Potter, dont les aventures constituent à la fois un remake profane de la quête du Graal et un plaidoyer pour le système éducatif britannique, il faut noter qu'à la magie s'associe, dans le récit de Joanne

Rowling, une zoologie fantastique, puisque les personnages ont le pouvoir de se changer en animaux et que l'univers est habité de divers types de monstres[1].

L'animal supérieur est le phénix du mage blanc, Albus. Il a l'air d'un vieux poulet déplumé, mais il ne faut pas se fier aux apparences. L'animal inférieur est un gros serpent vert, avatar de Satan, peut-être via Goethe. Il vous tue d'un regard, dans un sifflement.

Le volatile et le reptile, symboles traditionnellement opposés, complémentaires.

Le poète Hopkins se lamentait, faussement modeste, de ne pas pouvoir chanter comme les oiseaux. Un jour, un poète hispanophone de ma connaissance, Edison Simons, m'a récité de ses vers et c'était véritablement comme si un oiseau gazouillait dans le salon; un homme venait de quitter sa cage et chantait cela, tout simplement, chantait ce que j'appellerais sa *revenue au monde*.

Soit le haïku suivant d'Alphonse Piché, qui fut navigateur, vendeur, comptable et chantre d'église, mort il y a quelques années:

> Doux soleil d'hiver
> Quelques notes de Schubert
> Grignotent le cœur.
> (12)

Pause dans le voyage d'hiver qu'est la vie vers la fin, ce poème déchire et réchauffe tout à la fois. Est-ce que je suis influencé par l'évocation de Schubert, ou bien est-ce que j'entends bel et bien, venant des mots mêmes, des notes de piano? Je

([1]) L'invention (de monstres) parodie la création (divine, la constitution des créatures), pour reprendre les termes du conflit actuel, selon George Steiner dans ses *Grammaires de la création*, entre «création» et «invention». Ou entre «foi» et «savoir», dirait Derrida. Au pays de Potter, Dieu est contesté et les nomenclatures de Linné aussi. Dans ce «nouveau» monde, le contrôle est toujours sur le point d'échapper aux «bons».

l'analyserais sans fin, mais je n'en épuiserais pas la mélodie, les motifs entrecroisés, la douleur et la douceur alliées.

Ce poème est de 1982, mais il n'a pas de date dans mon esprit. Je ne cherche pas à le situer historiquement, au sens chronologique du terme, ni dans ce qu'on appelle «la poésie québécoise», terrain vague réservé aux universitaires qui l'arpentent (et je m'inclus tout en me réservant le droit de faire à tout moment l'école buissonnière), lesquels conçoivent souvent assez mal que la poésie puisse les déborder, voire se déborder elle-même, ou se saborder parfois. Plutôt, je fréquente la «tradition», c'est-à-dire un ensemble de forces, l'attraction, les pressions, le magnétisme qu'un poème, avec d'autres, exerce sur moi, comme sur d'autres. Pour dire cet espace-temps, *culture* me semble un mot galvaudé, d'autant que nous vivons, dit Michel Deguy, qui a lu Guy Debord, dans «la culture du culturel» (152).

Le poème de Piché est certes culturel au sens où il *cite* Schubert et où il *emprunte* à une forme poétique japonaise. Mais il va plus haut que cela, par l'air qu'il entonne. Cette musique tend au naturel. La véritable culture participe d'une nature. La culture n'est pas un savoir, ni à plus forte raison un code ou une pédanterie.

Le poème en question a été gravé sur une plaque, fixée à la façade d'un collège, à Trois-Rivières. Parfois le soleil, l'hiver, doit réchauffer quelque peu les mots, et ceux-ci communiquer leur chaleur au passant.

C'est une manière de radar, et de performance.

Posthume.

> *La musique est dans les mots, dans le poème. Elle s'y fait entendre par divers systèmes du son, par des cheminements plus ou moins obvies du rythme. Mais dans nos langues, dites naturelles par les linguistes, les mots ne viennent-ils pas aussi de quelque musique? Le poème essaie de ramener les mots à leur source obscure.*

L'audible illumine, supplée au silence du visible.

Tous les mots que moi-même j'emploie ici, tels *source, cheminement, obscurité, silence*, sont d'appellation plus ou moins contrôlée. Je les emploie comme quelqu'un qui se serait égaré et tâtonnerait dans le noir.

Par trois vers, soudain la voix de Gaston Miron me parvient:

> ma poésie les yeux brûlés
> [...]
> ma poésie le cœur heurté
> ma poésie de cailloux chahutés
> (36)

La rime est là, pauvrette, mais qui fredonne pour vous son petit air. Et dans ce «cœur heurté», EUR, EUR, cela vous bouscule, secoue. Ce n'est pas seulement un signifiant, c'est un choc, le heurt même, au cœur du poème. La pompe cardiaque est grippée, c'est un moteur à deux temps, le sang cogne. La répétition et le hiatus, paradoxalement, sont euphoniques, poétiquement parlant, car précisément cacophoniques, physiquement parlant, vocalement hostiles. EUR et EUR sont braqués l'un contre l'autre dans un combat de coq sonores, avec tout juste un H entre les forces en présence, que l'on peut aspirer à son gré. Tout cela chahute, et apprend à parler, comme Démosthène s'exerçait à discourir avec des cailloux dans la bouche, pour parler plus fort que le monde. L'interlocuteur le plus valable du poète serait ainsi, à la lettre, la pierre, la matière. C'est l'allié et l'adversaire, qui ne parle pas pour ne rien dire.

Triple pierre, dans les trois vers cités. La pierre *devant soi*, brûlante, aveuglante. La pierre *en soi*, heurtant le cœur. Et la pierre *dans la bouche,* dans le chahut qui la profère, concasse, mâchouille, transmute.

Le poème lui-même est pierreux, et il s'agit d'en dégager la parole, l'esprit, le vif-argent. Le texte, oral ou écrit, n'en est jamais que la gangue. La musique en est la pierre précieuse, chanceuse. Elle est le filon secret du poème. Par là, le sacré affleure.

La musique est la magie du poème, son mystère, son ministère.

Sa voix propre.

Les saints entendaient des voix, et maintenant ce sont les fous qui doivent s'arranger avec ces voix-là, ainsi que les adeptes des émissions télévisées et radiophoniques, de plus en plus débiles, gueulardes, mondaines, superficielles.

Et par là violentes.

La poésie se souvient toujours de voix, les thésaurise, mémorise, réactive.

On les appelait les Muses. Elles sont devenues aujourd'hui les genres littéraires.

En Inde, ce sont des «saveurs», les *rasas*.

Aucun magnétophone jamais ne les enregistrerait, les Muses, et c'est le percutant message de la diva, dans le film éponyme de Jean-Jacques Beineix, nonobstant les péripéties rocambolesques et distrayantes. La diva refuse que l'on enregistre sa voix. La voix est sublime, taboue, foudroyante, étant unique et par définition inimitable. On ne saurait la conserver, pas plus qu'une neige qui tombe, ni la répéter. La répétition du son est le sacrilège suprême dans un monde où rien ne se répète jamais, sinon en apparence et seulement à peu près.

Or production et reproduction auront été les mots d'ordre du siècle dernier.

De quoi chahuter, quand on était un poète, de quoi être chahuté aussi.

La machine à écrire devient un instrument de musique chez Pauline Harvey dans le crépitant tapuscrit parodique suivant, intitulé, en séparant les phonèmes par mimétisme sonore et en jouant aléatoirement avec les lignes et les caractères pour la subversion, *ta daC tyLo va tapPer:*

ta dac tylo va taper va taper
attention ton taxi va t'appeler.

tu piétines ton tapis ton tapis
ton ami contacté contacté
attention ton taxi va t'appeler
[...]

tu piétines ton tapis ton taxi va t'appeler tu contactes un ami attention

ta dac tylo va taper.

On s'adresse ici à n'importe qui, dans l'anonymat de la ville aux mille sons mécaniques. Les touches du clavier parlent. Le clavier est la bouche, c'est la clé de la ville. L'informatique n'a pas arrangé les choses, depuis ce poème de 1978. La jubilation ne manque pas d'ironie. Avec le staccato, les répétitions et permutations, avec la pétarade d'occlusives, Harvey met son grain de sel, et de sable, dans l'engrenage du lyrisme poétique.

En mimant la danse des doigts sur le clavier de la machine à écrire, sa voix fait écho à Nelligan qui rêvait du clavecin des anges et de musiques célestes, qui «musiquait» sa mélancolie. L'automate de Harvey parle en perroquet, prophétise banalement, admoneste et grésille. Comparons avec un poème de Nelligan, musical en plusieurs sens, et qui déplore la disparition de la musique dans sa vie:

Je me souviens encor des nocturnes sans nombre
Que me jouait ma mère, et je songe, en pleurant,
A ces soirs d'autrefois — passés dans la pénombre,
Quand Liszt se disait triste et Beethoven mourant.
(215)

Liszt n'est évidemment là que pour la rime interne, avec triste.

Chez Harvey, ça tape, c'est pour l'épate.

Mais il n'y a pas de sot sentiment.

*Phonè*, racine prolifique depuis un peu plus de cent ans, à cause du développement des techniques reliées à la conservation et à la diffusion, à la reproduction des sons, de la voix et de la musique, développement qui s'est accompagné de recherches en sémiologie (*anaphonies* de Saussure) et en poétique (*hypophones* de Zumthor), a donné d'innombrables mots usuels, et autant de mots rares et biscornus.

Concepts et engins bricolés, dans le désordre, désuets ou branchés: gramophone, phonographe, phonotographe, autophone, microphone, mégaphone, pyrophone, magnétophone, aérophone, métaphonie, paléophone, euphonium, photophone, interphone, publiphone, taxiphone, visiophone, graphophone, dictaphone, stéréophonie, télégraphone, néophone, dynaphone, variaphone, électrophone, etc.

Sans oublier le téléphone, bien entendu, moderne esclavage selon l'auteur de *La Voix humaine*: «L'on vous sonne et vous y allez»...

Jusqu'au *phone* tout court de Réjean Ducharme, traduction par dérision de l'homonyme anglais, à cheval sur deux langues dans l'expression courante, en joual, «c'est le fun», et dont le Crazy Horse de Paris s'est récemment servi pour la publicité d'un de ses spectacles.

Ainsi la technologie a inventé mille appareils qui se sont hautement perfectionnés et sont dorénavant plus répandus dans le monde que le bon sens selon Descartes. La sonorisation du monde, propagande obscure, muette en tant que forme seule, et anonyme, met des échos partout dans le décor.

Et qui rendent anodine la fable où une nymphe pleure un Narcisse trop épris de soi; aujourd'hui, ce serait plutôt à Narcisse de pleurer, tant il y a des ondes qui en répercutent la présence. Narcisse est pris dans les rets du Web. C'est la vengeance d'Écho, changée en araignée pour l'occasion.

La dépossession de l'homme par sa voix trafiquée et la mondialisation semblent liées. Au supermarché, on choisit sa viande (du mouton?) en écoutant Patricia Kaas bêler que quelqu'un lui dit qu'elle est bêêêlle. C'est vrai qu'elle est jolie, mais où est le rapport? De quoi se plaint-elle, et pourquoi à nous? Elle chante pour nous distraire de notre occupation. Je me méfie. Un carnivore devrait être plus attentif à sa proie, même si elle lui est présentée, comme sur un plateau d'argent, dans des barquettes plastifiées. La chanson sera la même dans tous les supermarchés, mais pas la viande.

Chez le dentiste, la musique sert d'anesthésiant.

Au bar, d'apéritif, de boisson qui donne soif.

La musique est partout.

Thomas Bernhard, Pascal Quignard ont amplement râlé à ce sujet.

Un walkman, comme son nom l'indique, promène son homme, j'allais dire comme Marlene Dietrich tenait en laisse les troupiers du Reich. En français, un baladeur fait la même chose: il balade son homme comme un caniche promène son homme. La perversion, l'inversion du rapport entre l'humain et sa prothèse auditive viendrait ainsi de plus haut que les langues. Le maître de la voix est ici l'appareil, les caniches sont dociles. Ce n'est pas la musique américaine tonitruante que les masses mondiales écoutent véritablement, c'est le médium qui fascine. Et ce sont les Américains qui ont de l'oreille pour les innovations susceptibles de leur faciliter la vie et leur apporter celle des étrangers sur un plateau d'argent.

Plateau de cinéma, platine laser…

Quand je vois un walkman, je ne sors pas mon revolver, non, mais j'entends, en écho polémique, le titre du film bien connu *Dead man walking*. Des zombis ils sont tous, sortis du monde et comme morts aux vrais sons, les sons du monde réel, les sons en temps réel. La réalité n'est tout de même pas un *reality show*…

Comment parler, avec tous les hauts-parleurs qu'il y a, dont le substantif qui les désigne vise à nous faire accroire que ces boîtes-là parleraient, alors qu'elles ne font manifestement pas cela, mais semblent le faire?

Revenant aujourd'hui, Icare serait le journaliste, le porte-parole qui s'évertuant à parler aux gens, par une malédiction bien assortie à sa fonction, ne ferait que cracher de la cire et l'envoyer dans les oreilles des gens.

Dans la nature, il est ardu de trancher entre son brut, ou bruit, et musique. Deux arbres dont les troncs se frottent, par jour de grand vent, jouent des airs de violon. D'ailleurs, le vent est l'instrument à vent par excellence. Il joue des airs, évidemment instrumentaux. Or quel archet est-ce, un arbre?

Et le son de l'eau, est-il musical ou non, quand il coule dans les ruisseaux et y gargouille tel un borborygme soutenu?

Saint-Denys Garneau est un bon paysagiste et un mélomane averti, dans la vie comme dans ce poème:

> Toute la respiration des champs a trouvé ce petit
> ruisseau vert de son pour sortir
> A découvert
> Cette voix presque marine
> Et soupiré un son tout frais
>
> Par une flûte.
> (non paginé)

Comme il a marché dans les pas de Baudelaire critique d'art, il fait siennes les correspondances de Baudelaire. C'est moins capiteux ici, plus discret, minimal et morcelé, mais ce sont toujours les sens qui se répondent. La voix a une couleur et une fraîcheur. Et Garneau croit que les champs ont des poumons et la capacité de chanter. Le trouverons-nous naïf, simplet, puéril? Est-ce un jeu? Le vers est devenu libre, primesautier, printanier, ruisselle à sa guise, finit dans un alexandrin ternaire, mais coupé, aux S et aux F éloquents, mimétiques, sifflotants.

Il est ardu de parler de la musique en termes autres que métaphoriques. Le critique doit pourtant s'aviser que le poète ne s'est pas gêné. La vision est là, et l'audition. Sinon la nature, du moins la poésie est fantastique.

Le critique, à tort, travaille rarement sur le motif.

La notion de bruit, en tant que nuisance, semble avoir été étrangère aux Grecs. Le mot *bruit* nous vient du latin *brugere*, mais ne signifie au XIIe siècle que le brame du cerf.

Depuis, les cerfs ont été transformés en automobiles, comme Kafka en cafard, et à peu près à la même époque.

Le mot *nuisance*, en son sens actuel, date de 1965.

À Montréal, dans ces années-là, des bombes sautaient dans les boîtes aux lettres. Un cri crée la bombe et la bombe ramène au cri. Miron trépigne:

> pas de temps pour le beau mot, pas de temps
> pour l'extase, le scintillement, le tour noble
> ces jeux qui ourleraient si bien la poésie
>     hara!
>     hara!
>     kiri
>     la poésie.
> (148)

Et Paul Chamberland, dans *L'Afficheur hurle*, affirme vouloir «vivre à partir d'un cri d'où seul vivre sera possible». Cri primal?

> je ne sais plus parler
> je ne sais plus que dire
> la poésie n'existe plus
> que dans les livres anciens tout enluminés belles voix d'orchidées
>     aux antres d'origine parfums de dieux naissants
> moi je suis pauvre et de mon nom et de ma vie.
> (Mailhot et Nepveu 257)

Notez les lieux où la poésie subsisterait, lieux ici condamnés: les livres, le passé, l'esthétisme, la femme peut-être bien, la nature et le ciel. On est révolté et la révolte s'infiltre dans le poème, avec ses slogans et polarisations polémiques, attaques et replis. La voix vocifère, la ponctuation s'est volatilisée.

Plus tard, Chamberland publiera des recueils calligraphiés, aux ondulants syntagmes, et se réconciliera avec les dieux.

Ou bien l'on aura recouvert, *in illo tempore,* les dieux morts et les vieux rythmes sous des coulées improvisées, délires et dérives conviviales, psychédéliques, du genre de celle-ci, de Patrick Straram, dit le Bison ravi, qui anima une émission de jazz, et jazzée, à la radio, intitulée *Blues clair*, dont il témoigne dans son livre au titre alcoolisé *Irish Coffee au No Name Bar & vin rouge Valley of the Moon:*

> Dionysos en face du crucifié, à l'atelier de claire lejeune où jean-luc godard parle «comment ça va», trains et vélos, en musiques django reinhardt et jacques brel, gustav mahler et alban berg, charlie parker et association for the advancement of creative musicians, le sentir, la morale et le lyrisme pour en marguerite duras me consumer ex-centrique dans les événements avec lesquels faire mon vivre différence.
> (Mailhot et Nepveu 444)

Le poème est une improvisation avec ses règles, du charabia parfois quand même, et une camaraderie, de la pub pour les copains, une macédoine. Parisien d'origine et Californien d'occasion, Straram paraphe ses textes de pictogrammes, de flèches et de motifs amérindiens. Il portrait une veste de daim à franges, à la Davy Crockett.

Il a dit «pour en marguerite duras me consumer» et vous avez entendu autre chose brûler ici sous le nom de Marguerite Duras: de la marijuana, l'encens aux dieux de la contre-culture.

On sacrifiait à la divinité *Lucy in the Sky with Diamonds.*

Jacques Derrida, dans *La Voix et le phénomène*, écrit, en italiques comme pour donner à sa voix du tonus, un relief, en la décalant par rapport au contexte: «*L'histoire de la métaphysique est le vouloir-s'entendre-parler absolu.*» (115)

Cette proposition se compare avec l'expérience du communiste Kyo, dans *La Condition humaine*, quand le héros est bouleversé par le fait qu'il entend sa voix de deux façons, par la gorge quand il parle et par l'oreille depuis le phonographe d'où sa voix enregistrée lui parvient, ou lui revient, comme un boomerang et une angoisse.

Entre l'absolu et le phonographe, c'est l'étau de la voix, au XXe siècle.

Prêtons au poète quatre voix. Dans le poème, la seconde voix bouge dans la gorge du poète; la troisième lui revient en écho et la quatrième s'en va au loin, comme une sonde. D'où vient, d'où parle la première, demeure un mystère.

Dans *Tintin au Congo*, on voit le reporter enregistrer en cachette la voix du sorcier noir Babaorum, qui se trahit. Le procédé permettra non seulement de connaître la vérité, mais encore de la diffuser. Le sorcier au fétiche truqué apparaîtra sous son vrai jour devant le peuple crédule dont il abusait. La crédibilité de l'un, avec son phonographe, et de l'autre, avec son fétiche, sont mesurées, vérifiées. Le sorcier n'est évidemment pas sérieux, Hergé ne le veut pas, et ses secrets seront vite éventés.

Pour sa part, Tintin n'a rien d'autre à cacher que la raison pour laquelle son pull est toujours bleu ciel. Là est la sorcellerie, la duplicité occidentale. Bleu est ici l'objet poétique, le talisman métonymique du ciel moral européen, le lieu de la magie, *blanche* au sens racial, l'espace mental où un chien avec un nom, comme Milou par exemple, peut penser et parler, comme dans les apologues et les contes pour enfants.

Contrairement au toutou de bois magique de Babaorum, dont la magie est *noire*, aux yeux de Tintin et au sens ésotérique et critique, Milou par contre, qui est le *fétiche* de Tintin non pas au sens psychanalytique mais au sens où l'enjeu est politique et religieux, Milou, lui, fonctionne, fidèle à la voix de son maître. La preuve? Il peut faire pipi sur les bombes des méchants.

Dans sa période surréaliste, André Malraux appelait le phonographe une *idole à trompe*.

Siècle saturé de sons, finalement. Cela n'aura pas été sans conséquences chez les poètes, ou bien ils auront prévu le coup et nous auront prévenus, mais cela ne devient clair qu'aujourd'hui. Les poètes auront rompu avec d'anciennes conceptions de l'harmonie et des rapports entre les mots et la musique dans le poème, à cause précisément de dissonances extérieures, couacs, bruits adventices, cacophonies, parasites.

Sans doute une bonne partie de ce que l'on entend par la *poésie sonore* du XXe siècle découle-t-elle, de manière ambivalente, de l'admission et du refus simultanés du fait de l'envahissement de nos vies par le *son machiné*, que ses défenseurs vont utiliser, magnifier à des fins à la fois de louange échevelée et de parodie inconsciente, ou de parodie apparente et de consécration involontaire.

En 1958, dans son «Quatuor climatisé», Fernand Ouellette, sur un rythme haletant, s'inspire de Varèse:

> Le cœur propage aux veines des télégrammes de glace. Sons de sève. Ciel de chiffres. Oxygène!
> (cité par Dumont 71)

À quoi répond, de loin dans le temps et dans l'espace, le mot d'ordre non moins lancinant et saccadé du Belge Verheggen:

> Ah! Oxygénez! Oxygéna! Oxygéna! Oxygéna! Oxygéna! Oxygéna! Oxygénons! Sans nous gêner!
> (171)

On est malade, on manque d'air, on appelle le docteur. Lecteurs, apportez vos bonbonnes!

Déjà, Garneau, le poète au souffle coupé, nous avait avertis:

> Dans ma main
> Le bout cassé de tous les chemins

[...]
Où sont les ponts les chemins les portes
Les paroles ne portent pas
La voix ne porte pas.
(143)

Ces bouts sont péniblement rimés, volontairement, dans la lassitude et la paresse d'un découragement profond, d'abord amusé, puis ne rimant à rien. Garneau a le cœur malade, au propre et au figuré, fiché là dans sa cage thoracique comme un corbeau, comme un grelot. Ses vers sont déglingués, poussifs, quelquefois sautillants, guillerets, mais toujours fragiles. Il abandonnera la poésie pour le jardinage, les randonnées en forêt, sur la rivière.

Des ormes qu'il nous laisse, je ne sais pas s'il s'agit de ces fameux ormes en forme de parasols que peindra l'immense Marc-Aurèle Fortin; je crois plutôt que Garneau regardait ceux qui poussent un peu n'importe où dans les champs et sur les bords de chemin, et qui ont l'air de pinceaux hirsutes plantés dans les sols les plus ingrats, souvent solitaires et maigrichons, comme il y en aura dans ses propres tableaux:

Ils ne parlent pas
Je ne les ai pas entendus chanter.
Ils sont simples
Ils font de l'ombre légère
Bonnement
Pour les bêtes.
(41)

Ils font ce qu'ils sont, ils sont ce qu'ils font. On les envie. Pour être, ils n'ont besoin d'aucune ontologie. L'ombre qu'ils font, ces ormes, ces sortes d'hommes, tient lieu des airs qu'ils chantent peut-être, parfois, quand vous n'êtes pas là. Leur tranquillité masque la fébrilité du contemplateur, sa nervosité, son tracas.

Il peint des arbres qu'il préférerait entendre, il a des yeux à la place des oreilles.

Dans ses tableaux, moins intellectuels, plus impressionnistes, la touche est vibratoire, musicale, tantôt douce et tantôt hachurée.

Après avoir défini *phonè* comme désignant les sons naturels, en incluant la musique, les Grecs appliquèrent ensuite le mot *phonè* à la langue, au langage, de même sans doute que l'on dit, du moins chez les philosophes historicistes, que le «logos», ou langage rationnel, succéda au mythos, ou langage inspiré.

Mais au départ, avant la langue et la raison, le mot *phonè* est encore humide de son lien avec la substance même de ce qu'il désigne et côtoie, ou rappelle ou annonce, s'en séparant malaisément, comme s'il n'y avait qu'une seule poussée indifférenciée, au commencement, sous la triple dénomination voix / cri / musique, que la *Genèse* nomme le *Verbe* et Valéry la *Fable*, l'archi-son d'avant le don d'un son spécifique à l'homme, à l'animal et à la plante, et aux atomes.

*Phonè* pourrait être quelque chose comme la bouche du nourrisson, par exemple, encore attachée au sein maternel par la corde du lait et parlant la bouche littéralement pleine, le nourrisson, forcément, ne distinguant pas le signifiant, jouisseur insigne, du signifié, jouissance interdite, dans une profuse et confuse sémiologie, dans une faim qui le contient totalement, comme s'il n'était pas tout à fait né, ni du référent, décor sans intérêt, qu'il ne voit guère à son âge mesurable en heures, voire en minutes, et s'exprimant par des lapements et des lallations qui sont aussi des respirations, des prises du sein par la ventouse de la bouche, des ingurgitations et des régurgitations, des hoquets, des bulles.

On dirait que ça me manque et que j'en salive, mais c'est plutôt pour parler de la poésie de Nelligan que de telles évocations sont requises, d'où justement elles me viennent, j'y reviendrai.

Le corps n'est jamais loin des dieux. La voix nous rappelle cela.

Avec les larmes, observe Georges Bataille dans *La Théorie de la religion* (65), dont la voix pourrait être la contrepartie, le contrepoint.

Anne Hébert, dans «Le tombeau des rois»:

> L'immobile désir des gisants me tire[2].
> (60)

Dans ce vers, les I sont aimantés et ils tirent, hiératiques, hivernaux, subliminaux, par un magnétisme secret que la musicalité du vers traduit de l'original, qui n'est en aucune langue, et manifeste.

On peut parler ici, tout simplement, d'assonance, si on croit qu'un tel terme technique subsume la magie et décrit bien la voix des morts, leur appel, leur vampirisme, leur présence effective, la *succion* qu'ils exercent sur leur promise.

Dans les poèmes, les mots n'ont pas tout à fait rompu leur cordon ombilical, leur lien originel avec les choses.

Un linguiste dira que les signes ne sont pas entièrement arbitraires, qu'il leur reste une bonne part de motivation, plus ou moins analysable au demeurant. Une onomatopée est parlante, mais que nous fait un A, un V, un U? Si on ne peut pas dire exactement ce qu'il nous fait, on ne doit pas dire pour autant qu'il ne nous fait rien.

Ou plutôt, les poèmes s'affairent à le rattacher, le cordon coupé. Ils se souviennent d'avoir eu des pouvoirs qu'ils ont perdus. Ils appellent les Muses, ils sont en quête de musique.

En ce cas, *musique* est synonyme de *métaphysique*, non pas au sens philosophique, mais au sens où elle donne accès

(2) L'élasticité du i ne passe pas dans la traduction de Frank Scott: d'abord, «*The motionless desire of these bodies attracts me*»; puis, «*The motionless desire of the recumbent dead draws me*» (Anne Hébert et Frank Scott, *Dialogue sur la traduction*, HMH, coll. «Sur parole», 1970; p.71-72).

au *divin*, à cela dont parle la *religion* et à cela dont le *sacré* montre le caractère à la fois effrayant et désirable.

Or les dieux seraient morts, c'était du moins la croyance du siècle dernier.

Au XIX$^e$ siècle, les rabâchés automnes «monotones» de Baudelaire et de Verlaine s'endimanchent littéralement et deviennent chez Rodenbach, dans *Le Règne du silence*, «les longs dimanches de l'automne», «les somnolents dimanches», beaux si la mélancolie vous attire. Dieu, vu que c'est sa journée, vous endort, mais vous berce dans les langueurs sonores du poète, ses effets d'ordre musical. Les homophonies attestent la vocation du poème, qui est justement d'être une voix, ici consolatrice.

Dans le poème, la voix dans la bouche est la bouche de la voix. Par le poème, cela advient. Ce n'est pas difficile à comprendre, c'est impossible. C'est comme si vous aviez une flèche et une cible, et que l'on vous demandait de viser la flèche avec la cible.

C'est zen, tordu comme un poème de Mallarmé.

Ce n'est évidemment pas que le mot *automne* soit en tant que tel plus près de «l'automne», la saison de l'agonie temporaire de la nature, lequel temps pourrait être représenté par n'importe quel autre mot, casserole, gélatine, crapaud ou colloque, par exemple. C'est plutôt, comme l'a montré Meschonnic, que la répétition modulée d'une consonne ou d'une voyelle crée le rythme, le chant, le thème même, la musique, le nombre, le mètre, la cadence, l'harmonie, l'enchantement du poème. Autant de mots dont l'usage a fluctué, et pour dire quoi?

Pour ne rien dire *d'autre* que ce que cela *échoue à dire*.

Pour essayer de dire le son d'origine et l'origine du dire même, le moule primordial, la forme du son, l'étincelle magique ou l'eau lustrale.

On voudrait être plus clair, moins idéaliste, plus limpide.

Nos oreilles, dans le processus poétique, sont convoquées à un rite, à une plénitude et à un manque à la fois, à un flottement réel dans l'irréel et vice-versa, à une adhésion et à un arrachement concomitants.

Du simple souci euphonique de base à l'orchestration de sons en symphonie, en sonnet par exemple, le poète travaille ses effets phoniques, ses effets spéciaux comme on dit au cinéma, dans le souci de créer une sensation particulière, relativement précise, un accompagnement, non pas séparé du sens ou du sentiment, mais intégré, consubstantiel. Le frisson approprié au thème traité et le thème musical approprié au frisson recherché coïncident, dans un jeu de transfert, de bascule, de transbordement du signifiant et du signifié l'un dans l'autre, comme le continuo qui établit dans l'*Orfeo* de Monteverdi le pouvoir de Pluton sur l'Averne, la longue basse continue, monocorde, la caverneuse vibration, létale.

Exactement comme la ligne étale du mort, dans un hôpital, à l'écran du moniteur cardiaque. Il est mort, psalmodie le bip-bip, ainsi soit-il.

Nelligan partait des sons, on le sait, pour y ajouter par la suite des idées, des choses, des événements, des sentiments. De la musique vient avant toute chose. Nelligan a compris le message. Sa poésie sera bourrée de mots, souvent creux, justement pour être sonores.

Mots vaisseaux. Cruches, cloches.

Dans son livre *L'Évolution du sonnet français*, André Gendre affirme du sonnet de Baudelaire qu'il devient «symphonique» (175), pour dire sa nouvelle ampleur, son harmonie étudiée et complexe. Nelligan est nettement moins intellectuel que Baudelaire, moins cohérent dans ses idées, d'ailleurs rares et convenues, moins équilibré dans son style et dans ses moyens, prenant son bien là où ça lui chante, parnassien un jour, symboliste le lendemain, plus ou moins décadent toujours, et tout ça souvent dans un même poème, avec des relents de romantisme et une tendance à imiter le premier poète lu, un Coppée pour son sentimentalisme, un Rollinat pour ses névroses appliquées.

Mais il demeure un virtuose au niveau de l'architectonique sonore, peut-être parce qu'il est bilingue, né d'un père irlandais et d'une mère du bas du fleuve. Il est le familier de deux langues, l'anglais et le français, et toutes deux lui sont également étrangères. Une langue étrangère a son timbre particulier, si beau, avant de signifier quoi que ce soit. Une langue étrangère vous emporte dans un étrange voyage sur place.

Ce n'est pas un hasard si la thématique de Nelligan est pleine de références à la musique et aux instruments qui la permettent ou traduisent, et aux musiciens de l'époque. On notera sa prédilection pour les cloches, rappelant celles que l'on entend sonner, et consoner, dans les brumes de *Bruges-la-Morte*[3]. Écoutons-le s'adresser à Rodenbach, tendons l'oreille pour entendre le babil incrusté dans le quatrain, presque l'écholalie, en tout cas le balancement, l'oscillation, le labeur du L et de la langue battant le palais, puis s'en détachant, et faisant le son dans le sonnet pour en faire le sonnet du son, avec l'aide du souffle, dans cette cloche qu'est toute bouche, dans le poème suivant où l'on entend assez distinctement l'air qui s'y joue:

> Bruges, où vont là-bas ces veuves aux noirs châles?
> Par tes cloches soit dit ton deuil au firmament!
> Le long de tes canaux mélancoliquement
> Les glas volent, corbeau d'airain dans l'air sans hâles.
> (Nelligan 233)

(3) «Associées à une langue rythmée et volontiers allitérante et consonante, [les métaphores] donnent à voir une Bruges toute de langage, qui devient de plus en plus irréelle au fil du récit», écrivent Jean-Pierre Bertrand et Daniel Grojnowski («Présentation», Georges Rodenbach, *Bruges-la-Morte*, GF Flammarion, Paris, 1998 (1892); p. 36.)

L'air en question pourrait être isolé de la façon suivante:

LA-ÂL / LO / LE-LON-LAN-LI / LÈ-LA-OL-LÈ-ÂL.

Le dernier hémistiche carillonne, pour peu qu'on prête l'oreille.

Il est intéressant de noter que la cloche, anciennement associée à la vie religieuse et aux sacrements, marquant l'année chrétienne avec ses fêtes et les heures du jour avec l'angélus, devient l'indice obsessif d'un deuil, de la perte de la foi. L'airain dans l'air rend un air de glas. Si elle est tout de même priée, la cloche, telle une divinité encore révérée et crainte, la sourdine est mise sur l'espérance. Dans ce qu'Alain Corbin appelle la «littérature campanaire» (269), assurément les cloches de Nelligan se rattachent au corpus romantique (Schiller, Goethe, Novalis).

On s'explique ainsi la quête, la mort et la résurrection de l'idiote, dans «L'Idiote aux cloches», qui allait cherchant les cloches «du Jeudi saint sur les chemins», clopin-clopant et on a envie de dire *à cloche-pied*, dans un poème mineur mais révélateur, où le mot même, *cloche*, va se mettre à sonner, sinon à clocher, dans les propos de la folle, puis à résonner dans le refrain, non pas insensé mais proprement dénué de sens, «ah! lon lan laire et lon lan la», qui célèbre et moque à la fois la toquée:

— Je veux trouver les cloches, cloches,
Je veux trouver les cloches
Et je les aurai dans mes mains;
Ah! lon lan laire et lon lan la.
(Corbin 176)

Elle les aura à la fin, ses cloches, notre idiote, mais au ciel seulement.

Ciel feint, de comptine. De pacotille?

Ciel gris, ciel mitoyen, ciel indécis, couvert: le poète plaint la folle qui lui ressemble, mais s'en dissocie à cause de son ridicule.

Ciel ringard, rimbaldien, un brin ironique, rare chez Nelligan.

Mais de quelle *nature* est-il au juste, ce son qui tarabuste Nelligan avec tous ses L? Peut-être faut-il établir ici un lien entre la chanson enfantine et le goût du lait maternel qui lui reviendrait par les sons, une lallation sublimée, un agréable roulement de la langue de chair, un babil d'avant l'articulation de la langue abstraite. Un retour à la source du lait. Le sein serait ainsi le doublet refoulé de la cloche, et celle-ci une manière de soutien-gorge inconscient dans le complexe de Nelligan, travesti en son idiote…

Le lait *parlerait* sur le bout de la langue du poète, en *perlant* là, pour faire un jeu de mots à la manière de Jean Larose, lequel a parfaitement raison de soutenir, dans son essai de jeunesse, que la musique, chez Nelligan, «est l'objet perdu qu'elle retrouve», même s'il est difficile de concevoir que la musique puisse être en même temps *l'acte* de retrouver et *l'objet* à retrouver. Le désir se paie de son abolition. On ne peut pas avoir le beurre et l'argent du beurre.

Par la richesse de la gamme, des effets, des ficelles formelles, des échos, des figures, des licences, des préciosités, des reprises, des béquilles, des insistances, d'une espèce d'adiposité des sons, devenus si présents, si forts, la musique nelliganienne vire à la manie, à la verbosité, à une bouillie ou sanie sonore souvent. On a des brouillons de lui où le sonnet a des trous, comme un gruyère pour filer la métaphore lactescente, temporairement suturés avec de pures sonorités, trous pas encore devenus des mots, en attendant les substances les moins impropres à la traduction dans la langue et en idées de ce que le poète a d'abord entendu.

Il est difficile d'aller plus loin dans le destin de Nelligan. Le fou côtoie l'artiste de si près que l'on ne sait plus très bien lequel des deux signe l'œuvre.

Le rêve, le supplice, le délire…

Un fou n'a pas l'esprit en place, c'est l'évidence. Mais toute musique est nécessairement déplacée, n'est pas naturelle, est toujours une folie, un transport, la métaphore d'un souci, la translation d'une joie ou d'une angoisse dans les vibratos de la gorge ou du violoncelle aux fins troubles que Pascal Quignard a si méticuleusement analysées dans *La Haine de la musique*. Il dit quelque part que nous aurions immédiatement accès au paradis, que nous nous y rejoindrions, si nous n'avions pas été séparés au départ dans nos corps mêmes, c'est-à-dire si nos membres et nos organes, et nos cinq sens, ne s'étaient pas différenciés et spécialisés, pour s'en aller, chacun, fonctionner dans son secteur, dans l'hétérogénéité, dans le cloisonnement de toute action, de toute perception.

En effet, l'œil ne sait pas écouter, l'oreille est aveugle. Le nez ne peut pas prendre les odeurs dans les bras qu'il n'a pas. Les sons ne sont pas comestibles.

Déjà Bosch avait compris que nous étions en enfer, et Baudelaire. Rimbaud y brûlera aussi, dans le dérèglement des sens.

Mais la musique, comme dans le film *Tous les matins du monde*, peut travailler au retour de l'Eurydice en allée, mordue par le serpent, comme en témoignent encore les derniers vers, phonétiquement lourds et lugubres, du poème d'Alain Grandbois, «Avec ta robe...», dont le sujet essaie de fermer les yeux pour ne pas voir le visible promis à l'invisible:

> Pour ne pas voir dans l'épaisseur des ombres
> Lentement s'entrouvrir et tourner
> Les lourdes portes de l'oubli.
> (49)

Ou travailler à la restauration du corps brisé, comme Isis soigne Osiris. Et Nelligan rêve d'une telle sœur, qui ne viendra cependant pas.

Grandbois n'est pas moins occupé à essayer de recoller les morceaux du corps de l'amante, main, tête, pieds, bras, genou, seins, corps dont l'aile et les courbes cependant se dérobent.

Un alexandrin de Charles Gill m'amuse. Il vient d'échapper à la mort romantique qu'il s'était bricolée dans un décor gothique de feu, de nuit et d'ouragan, et voici qu'il fait retentir la cloche de l'église de Tadoussac, en poète psychopompe, passeur d'âmes et de comptes à régler entre vivants et morts, et thaumaturge puisque le chef montagnais décédé Tacouérima va aussitôt émerger des brumes chtoniennes et se mettre à dialoguer avec lui et à pleurer sa nation morte, dont la cloche sonne évidemment moins la résurrection que le glas:

> Dongue! dongue-dongdon! daïngne! don! dôgne-dongue! (145)

Mais le sonneur Gill n'a pas fait sonner une bien vaillante cloche, en fin de compte. Il n'a plus la foi sonnante et trébuchante, il ne croit qu'en la poésie. Il va à son école, fait ses devoirs, des exercices. Sa cloche est théâtrale, il pose avec elle. C'est un bedeau de comédie. Ses vers sont du sonore pour l'effet, non pour l'âme, quoi qu'il en dise. C'est de la rime organisée. Un coup monté. En un mot, du spectacle.

Le cinéma vient d'ailleurs d'être inventé.

Le vague à l'âme appelle les cloches, qui aident à se ressaisir, à se souvenir et à s'orienter. Nelligan interné marmonnera d'anciens chants célébrant la brumeuse cité celtique perdue, Tara, l'Irlande lui remontant à la gorge.

On a conservé des bribes de poèmes du cycle ossianique dans lesquels l'auteur légendaire, Ossian (en gaélique, on prononce *Euchine* et le mot signifie «faon»), dialogue avec l'évangélisateur Patrick (Padraig) et où il regrette le temps d'avant les églises, leur préférant les collines de la verte Érin, et plaçant divers types de sons au-dessus de celui des cloches: le son de ses trompes, le jappement de ses chiens de chasse et la voix des filles aux cheveux blonds et bouclés, le chant du merle sur son buisson épineux, le cri solitaire de l'aigle et le *cantan na ndhobran*, c'est-à-dire le marmottement des loutres.

Dans ses *Fragments of Ancient Poetry Collected in the Highlands*, l'Écossais MacPherson réinventera en 1760 la saga ou l'épopée de Finn, le patriarche, dont le fils, le barde Ossian, pleurera le troisième de la famille, le petit-fils Osgar, mort au combat contre l'envahisseur chrétien. Ces fragments, on le sait, sont des faux, mais ils ont eu une véritable influence sur la genèse du romantisme européen. Et si ce n'est pas trop simplifier ce formidable courant, on peut en voir la conclusion chez Joyce, qui parle en langues dans son *Finnegans Wake* pour retrouver la parole perdue des Celtes.

Quand Miron écrira un poème en hommage à un Ossian qu'il entend, dit-il, chanter «dans les radars» (147), ce sera moderniser, médiatiser, concrétiser la nostalgie et l'espérance tout ensemble, en dotant l'univers de ces machines sensibles, de ces prothèses métaphysiques, bouches muettes ou oreilles tournantes, *paraboliques* dans les deux sens, baroques, ironiquement transcendantes.

Comme Gatien Lapointe, l'*Arbre-radar*, «dans l'énigme qui tinte» (je cite de mémoire).

De même qu'un radar est un émetteur et un récepteur d'ondes, de même le mot *radar* est un palindrome. L'œil entend bien ce mot...

Le «tintement» est la résonance de la cloche. L'onde invisible et inaudible qu'enregistre le radar prolonge le tintement de l'ancienne cloche.

> Je vis depuis d'une *blessure* à *tête* de *phare*
> par delà le *tin*tement des choses *étein*tes,
> (159)

dit Miron (c'est moi qui souligne). Qu'est-ce à dire? L'hybride, le monstrueux locuteur est une manière de cadavre exquis, de magnifique mort, formé d'une douleur ou béance que complète ce que l'on pourrait appeler une tête doublement *chercheuse*, dans une esthésie croisée, visuelle et auditive, tête dont l'œil, d'abord, tel un phare, balaie les lointains dans une manière de sur-temps, dans l'attente indéfinie du retour incertain dans l'*après-mémoire* d'un temps révolu, et se revoit vaguement dans sa réincarnation surréelle, et tête dont l'oreille, ensuite, ne perçoit plus rien, même plus le tintement, la résonance des choses disparues, dans un silence d'*outre-corps* auquel le poème fait écho, mais un écho paradoxal, puisque le silence ne saurait être répercuté par du bruit; or le tintement s'entend bel et bien dans le vers avec la rémanence sonore de la première syllabe du substantif *tintement* dans la seconde de l'adjectif *éteintes*.

D'autres sons, se réveillant et carambolant, nous parviennent des surréalistes québécois et des automatistes.

Roland Giguère est disciple d'André Breton et de sa Mélusine, de Max Ernst en peinture et, en poésie, de Henri Michaux dont les «immoncéphales glossés» honnis migreront chez l'auteur de *Forêt vierge folle* et muteront:

> toi la mordore
> toi la minoradore
> entourée d'aurifeuflammes
> [...]
> désopérante espérancéphale
> [...]
> nous laisseras-tu sans voix
> sans vue et sans bras
> tout nus dans la poix.
> (78-79)

Il y a dans tout ça la mort, du mordoré et du noir, une mine et de l'or, et la dame adorée. Il y a de l'espoir et le contraire. Celui qui parle est «Mécanicien» et il agite sa lanterne dans la nuit. Il y a un appel et des feux de mots et de sons qui font que la nudité est cécité et vice-versa, et que la parole est l'anti-poisse, et que l'absence de la voix équivaut à l'absence de bras dans la mesure où la voix a pour vocation de caresser, de même qu'on peut se passer de paroles quand on enlace l'autre.

L'autre est ici une luciole, petit œil ailé.

Sans doute est-ce dans la mouvance surréaliste que les poètes ont été le plus attirés, comme Giguère, par le mélange des genres et des arts, puisque Paul-Marie Lapointe étudia les beaux-arts, fit des calligrammes et, il n'est pas inutile de le signaler, épousa une artiste qui illustra parfois ses poèmes. Et, comme son frère Pierre, Claude Gauvreau dessina.

Gauvreau fut surtout dramaturge, à défaut d'être guérisseur et de se soigner soi-même. Il se prit un jour pour Icare et se suicida en se jetant dans la rue du haut d'un toit, quelques mois après son inoubliable prestation lors de la Nuit de la poésie de 1970, où il déclama, fier comme un merle, des vers écrits en sa propre langue, secrète, purulente, l'exploréen, que d'aucuns verraient plutôt comme étant de la cacophonie ou une quelconque glossolalie, et dont s'inspireraient Réjean Ducharme et son héroïne Bérénice, inventeurs conjoints du bérénicien, langue mort-née, belle un moment, puis bonne pour la poubelle.

C'est Gauvreau, le vampire dans sa pièce *Le Vampire et la nymphomane*. Voyez-le planter ses crocs dans le sang des mots, qui se fige, dans des versets sataniques, pleins de caillots, de grumeaux, de cailloux, qui sont d'une lourde opacité et sonnent creux en même temps, incantatoires et dérisoires comme un exercice de chaman qui ne se souviendrait plus de ses formules magiques, perdu dans la toundra spirituelle de la civilisation du bonheur et de la marchandise. Et je m'amuse, modérément il est vrai, à l'idée que le loufoque Gauvreau prophétise, dans sa fantasmagorie exploréenne, dans les objurgations et purgations morales suivantes, les épidémies qui s'abattent actuellement sur le pauvre bétail européen:

> Le vertige des pattes mallaxeudes, curetées dans les lamas du neptune, brise mes os et décolore mes détrempes fulminigentes! Bohec de barbare!
> [...]
> Que la destruction incendiaire apostasie la crochure des belettes dogmatiques!
> Laissez l'horizon et le cor de chasse aux diphtongues patriciennes, laissez-les morceler la parade dontécéenne!
> [...]
> Laissez mon cœur, laissez mon cœur chanter, laissez ma luette répéter aux échos des timbales le fromage menuisé que la couronne d'acacia marque d'un stigmate pontéléon!
> (180-81)

La voix dit le corps et le corps s'entend dans la voix. Le cas échéant, le langage vient ensuite, avec ses lois et sa jurisprudence.

Travaillera dans cette veine André Gervais, professeur et néanmoins poète, spécialiste de l'œuvre de Marcel Duchamp et l'auteur de *Hom storm grom* puis de *L'Instance de l'ire* (lire aussi: de lire...), livre hybride, polyglotte, restes d'un obscur pillage, fatras de lambeaux:

> hop frog hap scrap
> hom from
> and aire end here
> fragm isthm
> us then.
> (10)

*Scrap* est sans doute le mot-thème, le mot de passe d'une langue à l'autre. Gervais récupère, dans les deux sens: il a eu un infarctus du sens et il ramasse ses morceaux, rabiboche ses tuyaux éclatés. Tel Joyce, il se bricole des pontages verbaux, mots-valises, rébus, calembours, jurons et talismans, exorcismes:

> à faire sa cour de scrap sur le limbe or d'une feuille de papier en le vide alléchant y enlevant la dèche et en cette place l'étal hom oint

de ces brins bribes débris détritus résidus
[...]
scrappogramme d'hommincides en scrappositions
fermétissé
ferrimailles
scrapoussière
scrapouv-R-oir

... de littérature potentielle, j'entends bien, et ça n'a de cesse:

corpscrap
oscrapeau
asscrapisse
fragmindhaend
qu'horscrappoint de verscraperte.
(17)

Le corps, et en particulier le cerveau, s'invente des mots à partir des mots anciens, ordinaires, obsolètes et décomposés, dans une isotopie de restes humains, pertes, pisse, ossements et poussière, l'humaine ordure.

L'oreille rattache les syllabes, pour voir.

Rutebeuf se moque, non pas de Gervais, mais d'un sorcier, dans *Le Miracle de Théophile*:

Bagahi laca bachahé
Lamac cahi achabahé
    Karrelyos
Lamac lamec bachalyos
[...]
Harrahya!
(cité par Zumthor, *Langue* 53)

De tels phonèmes dérisoirement diaboliques, ironiquement cabalistiques, moliéresques déjà, non chrétiens, cacophoniques, ridiculisaient l'étranger et sa langue, ses rites. Ou alors, on s'en servait pour moquer les superstitieux en général.

On appelait *hébreu* un tel charabia. On n'oserait plus.

Le charabia était inséré dans du texte qui faisait sens. Mais que se passe-t-il quand il n'y a plus de contexte, quand le texte entier est du charabia, quand toute la parole est ensorcelée?

Plus inquiétants, à vrai dire, sont des spectacles actuels comme deux de Marylin Manson et des ses «satanistes», où l'on préside à de noires cérémonies, sadiques, scatologiques et transgressives, et violentes, antireligieuses et pourtant plus religieuses que la religion la plus religieuse, dans les feux d'artifice et brumes typiques des spectacles de l'industrie de la chanson américaine.

On est loin d'un Robert Charlebois qui, dans les années soixante, cassait presque gentiment sa guitare sur la scène à la fin de ses spectacles, ou quand, sautant les murs de la francophonie, le cœur sur la main mais l'œil ailleurs, il faisait rimer les mots *corazon* et *caleçonn*. Une fois, il affirma que le joual était du français amélioré. C'était pour impressionner les Français, qui l'intimidaient. Il a amélioré son français, finalement. Ses mœurs se sont adoucies, avec sa musique.

Le chansonnier, le chanteur ajoutent la musique aux paroles; le poète l'intègre dans les mots. Il s'agit d'une musique interne, subtile, muette ou quasi inaudible, discrète.

Lorsque Félix Leclerc parle dans une chanson de son fils révolté, qu'il compare à une «alouette en colère», le mot *colère* n'a rien de poétique ou de mélodieux en soi, dans le texte. Mais dès qu'il entonne le mot, celui-ci prend son envol: *colèèèère...*

Assurément, à ce compte-là, le général de Gaulle fut un ténor remarqué à Montréal, en 1967, quand il lança: «Vive le Québec *liiiiiibre...*»

Les trémolos sont politiques aussi.

Dans la documentation relative à l'école des «poètes sonores» que j'ai pu consulter, je n'ai trouvé qu'une petite mention de Raoul Duguay. Le pape de cette école, Henri Chopin, le disqualifie pour les deux raisons suivantes: parce qu'il chante (étonnamment, cela serait suspect chez les intégristes de la poésie *sonore*, épithète à entendre au sens de « machinée », d'« artificielle ») et parce qu'il se sert dans ses œuvres du vieux parler québécois (la poésie sonore se fonde paradoxalement sur une tradition de la rupture, sur un modernisme qui date et mise sur l'internationalisation des idiomes).

Duguay anima l'Infonie avec Walter Boudreau. Ce dernier fut récemment l'instigateur de la gigantesque célébration du millénaire à l'oratoire Saint-Joseph, à laquelle la population était invitée à participer. Pour quelques dollars, vous achetiez votre clochette et pouviez l'agiter au moment prévu dans la partition. Les cloches de toutes les églises de la ville enchaînèrent et il paraît que ce fut grandiose.

Mais pour célébrer quoi, en définitive? Pour participer au culte du Nombre. Dieu le chiffre 2000 agréa-t-il l'offrande?

Les spectacles de l'Infonie, dans les années soixante, furent des fêtes tout à la fois du geste, du costume et de l'élocution. Vêtu d'une ample robe violette ornée de symboles ésotériques, le gourou Duguay montait sur scène avec ses longs cheveux et ses dix-huit musiciens, et vous regardait de ses grands yeux hallucinés et myopes, à travers les fonds de bouteille de ses lunettes à monture noire, comme en portent Woody Allen et Alfred Brendel, puis se lançait dans d'interminables vocalises ou dans des *brékékékékkéké* qui eussent laissé pantoises les grenouilles d'Ésope. Le charme opérait immanquablement. Tout ce qu'il proférait proliférait aussitôt dans tous les sens. L'on adorait, en riant un peu.

Dans ses recueils, la lettre se déploie sur la page en géométries diverses, en dessins liés à la structure générale du poème et des strophes, en mandalas appliqués, en vérité moins ésotériques qu'exotiques (mexicains, indiens...). On était alors influencé par l'Asie pour la mystique, avec sa philosophie du genre yin-yang prêt-à-porter, par Che Guevara pour la politique et la barbe, par l'idée chinoise de la révolution culturelle, devenant chez nous contre-culturelle avec le retour à la terre, la culture redevenant agriculture, et en particulier la culture des plantes littéralement les plus excitantes, et par le romanesque collectif du *flower power* et du *peace and love* des campus américains.

La troisième oreille sonne et entre partout
Un œuf léchait la flamme lavant de l'eau
Qu'as-tu cueilli dans le cœur de la bête
[...]
L'automne tremble nous sommes une pomme de neige
[...]
Chaque lettre sera une fleur un fruit un dessin
[...]
Les nerfs tendus comme une harpe la foudre chante.
(252)

Son recueil *Lapokalipsô* est un capharnaüm. Il y a des chemins de joie, parodiant ceux de la croix. Il y a les manifestes de l'Infonie, où Duguay essaie fébrilement de définir l'indéfinissable genre infiniment ouvert qu'il pratique. Il y a des textes sur le «Kébek», des dramatiques télévisuelles pastichées, des fragments de curriculum vitae, des discours, un snack-bar, des contes (occultes, érotiques et autres), des complaintes, des abécédaires. Et des apocalypses, évidemment. Et il y a les partitions, qu'il signe Wésiwéso, c'est-à-dire le petit oiseau, dit en langue pour enfant, avec l'accent local (appuyé), sinon dans la langue même d'un oiseau, oiseau rare on en conviendra.

À l'audition, le poème est un mantra. Un «acoustron», précise-t-il quelque part, marqué par la technologie des systèmes de son, et ailleurs il dit composer des «stéréo-poèmes audio-visuels».

Les poètes sonores ont de la faconde quand il s'agit de définir leur genre: *ursonates, optophonies, pense-agit-neuf, méga-pneumes, discours absolu, métapoésie, crirythmes, paralloïdres, cut-ups, permutations, dream-machines, verbophonies, silences, poésie liquide, poèmes-partitions, lingual music, néo-psalmodies, allophones, phonatomes, logatomes, ponomatopées...*

Aujourd'hui, comme on le précise à la fin des films, pour nous renseigner sur le sort ultérieur des personnages et aussi pour nous donner l'impression qu'ils ont réellement existé vu qu'ils existeraient encore, Raoul Duguay vient d'échouer à se faire élire aux élections canadiennes, mais poursuit une belle carrière de chanteur.

Jamais sans doute il ne sera venu à l'esprit de Paul-Marie Lapointe de se lancer en politique. Une fois cependant, il eut à se mêler des affaires de l'État, quand il dirigeait le service des nouvelles de Radio-Canada, à l'occasion d'une campagne électorale. Le premier ministre de l'époque voulait diffuser des entretiens préenregistrés au lieu de répondre en direct aux questions des journalistes, et Lapointe eut le courage de défendre le droit d'accès des auditeurs à la voix réelle de l'homme politique, du moins à sa voix en temps réel, et nonobstant le fait que le personnage en question allait de toute façon s'adresser au bon peuple dans la seule langue qu'il sache, ou puisse, parler, c'est-à-dire la langue de bois.

Soit dit en passant, il y a une loi du genre journalistique, et elle est d'ordre musical. Il y a une mélodie du bulletin de nouvelles, qui fait que l'on sait de quoi l'on parle avant même de savoir de quoi il s'agit. Cet air est le même à Tokyo et à Caracas, et on le comprend même si on ne parle pas la langue du *speaker*, du parleur. Le journaliste est le haut-parleur de ces messieurs-dames du pouvoir et de l'opinion. Édouard Glissant soutient que le poète d'aujourd'hui doit être un *déparleur*.

Lapointe est loin d'être un poète misant sur l'oralité, et pourtant… Après avoir composé des poèmes lettristes dans les deux volumes d'*écRiturEs*, parodiant notamment les mots croisés, Lapointe, s'inspirant dans *Le Sacre* à la fois de Bernard de Ventadour, de Joyce, de Roussel et de Perec, fera pleuvoir sur nous «une pluie poétique, pluie de lettres et de mots, à l'image même de la pluie». Ludique et systématique, comme à l'Oulipo et au scrabble, l'artisan trouvera, par exemple, toutes les épellations possibles du mot *Acapulco* pour en faire seize sonnets de quatorze mots ou groupes nominaux de quatre syllabes.

«Tabatières à musique», raillerait Claudel. «Sonnets de sons», répondra l'auteur, «où l'homophone et les phonèmes aiment la faune».

D'autres poèmes sont moins bavards, clinquants. Dans «Noires pies et paons», le poète fait l'éloge du silence des plumes et de la roue que le paon fait, défiant le Soleil

> qui déploie du silence
> l'éventail et la science.
> (32)

«Orignal», brame Miron dans «La marche à l'amour», «coule-moi dans ta palinte osseuse». C'était une faute de typographie, à l'origine, que cette *palinte*, mais Miron la trouva si éloquente qu'il la conserva, estimant que le mot ajoutait au squelette de l'animal un nouvel os, et cachait mieux l'autre chose, la «plainte», laquelle prenait, dans l'échange, plus de sens, en durcissant dans l'os, en se faisant ossature de l'âme.

L'adjectif *osseuse* sert ailleurs à qualifier la mémoire. Nous portons en nous notre passé comme un squelette, et notre mort, notre avenir.

Légendaire de son vivant, Miron chantait, tel l'Ossian légendaire, et jouait de l'harmonica, ou *musique à bouche*.

Dans son poème «Art poétique», il évoque son père mort et sa mère tissant comme Pénélope. Il n'y parle nullement de poésie, sinon à mots couverts, quand il dit entendre la paix de ses parents «se poser comme la neige…» (129). Les points de suspension figurent, prolongent le silence, j'allais dire comme des petits flocons d'encre ou les «voix du silence», pour reprendre l'expression de Malraux.

Le silence serait ainsi la musique du poème, écrit ou oral, son lieu, son temps, son problème, son but et son moyen.

Le poème est ainsi doublement inutile, d'abord en tant que parole puisqu'elle n'est pas crédible, n'a pas la force de dire le monde ou l'homme, ou bien a tout juste la force de chuchoter qu'il n'a pas cette force, ensuite en tant que silence, puisque le silence est le consentement absolu et n'a pas besoin du nom de *poème* pour couvrir son activité, son service, voire sa passivité ou béatitude.

On peut en dire autant de la musique, qui est le poème du silence.

Mais s'il est bien vrai que le poète n'a aucune autorité, il ne faut pas passer sous silence tous les tonitruants tubes et les tounes tristounettes que nos enfants téléchargent dans leurs têtes, c'est leur poésie et leur musique, grâce aux ordinateurs et aux fichiers MP3. Ils ont à leur disposition le répertoire entier de la chanson, surtout anglo-américaine, vecteur de l'acculturation massive.

Que reste-t-il de la voix des poètes dans un tel monde, désenchanté et filandreux, sillonné de fils visibles et invisibles, dans l'arachnéen réseau du *ouèbe* et dans tous ses miroirs, visuels et sonores, obscurs ou aveuglants?

Dans le rap francophone, souvent le récitatif est en français, mais l'aria en anglais.

Est-ce «la mort du français», dont Claude Duneton soutient que sa musique a disparu? Jusqu'à la langue serait atteinte?

Paul Zumthor a parlé de ce rituel inuit appelé *katadjak*, ce qui signifie «passage» (*Introduction* 161), lequel consiste en un face à face où deux vieilles femmes, ou des enfants, se disent et redisent une même phrase longtemps, jusqu'à la transe, jusqu'à ce que l'hilarité s'empare des participants. Leur rire, je le dirais musical.

Le vieil Albus Dumbledore a eu raison de dire *n'importe quoi*, dans son discours inaugural, initiatique, dont j'ai parlé au début de cet article.

J'ai retrouvé quelque chose du jeu en question au supermarché, récemment, à la caisse, pendant que défilaient les articles sur le comptoir roulant, chez deux petits garçons qui se traitaient de tous les noms, des noms les plus drôles qui leur passaient par la tête, en se toisant, en souriant narquoisement et en rigolant aussi: «t'es une éponge, toi t'es un dentifrice, toi t'es du lait, toi t'es du papier toilette, toi t'es une carotte...» Leur marchandage se moquait bien de l'indice Dow Jones et du prix des choses réelles. Ils s'ensorcelaient l'un l'autre, bons candidats pour l'école des sorciers de Harry Potter.

«Stupidité! Gélatine! Bizarrerie! Astuce!» Autant de définitions possibles de la poésie, non?

L'aquarelliste Jacques Brault entend lui aussi le silence, dans *Ce que disent les fleurs*, dont on sait bien qu'elles n'ont jamais parlé, sinon aux enfants et dans les histoires à eux destinées, dans un double distique, en forme de diapason, où se dérobe la terre, pourtant promise, dont les sauvages merveilles ne sauraient être dites, mais dont le parfum nous est offert, dans un ultime souffle:

> devant l'ardeur du buisson qui s'éteint
> jusqu'à l'absence de Dieu l'âme éprise
>
> n'aiguillonne pas son regret Moïse
> hume l'églantine close et se tait.

**Ouvrages cités:**

Apollinaire, Guillaume, *Alcools*, Paris, Gallimard, coll. «Poésie», Paris, 1980.

Barras, Vincent, et Nicholas Zurbrugg (dir), *Poésies sonores*, Paris/Genève, Contrechamps éditions, 1992.

Bataille, Georges, *La Théorie de la religion*, Paris, Gallimard, coll. «Tel», 1973.

Brault, Jacques, *Ce que disent les fleurs*, Montréal, Editions des Antipodes, 2000, non-paginé.

Corbin, Alain, *Les Cloches de la terre. Paysage sonore et culture sensible dans les campagnes au XIX^e^ siècle*, Paris, Flammarion, coll. «Champs», 1994.

Deguy, Michel, «Non au 'rendez-vous des poètes'», in *Poésie*, n° 92, 2e trim. 2000.

Derrida, Jacques, *La Voix et le phénomène*, Paris, Presses Universitaires de France, 1972.

Duguay, Raoul, *Lapokalipsô*, Montréal, Editions du Jour, 1971.

Dumont, François, *La Poésie québécoise*, Montréal, Boréal, 1972.

Finnegan, Ruth, *Oral Poetry. Its nature, significance and social context*, Cambridge/London/New

York/Melbourne, Cambridge University Press, 1977.

Gauvreau, Claude, *Œuvres créatrices complètes*, Montréal, Parti pris, coll. «Chien d'or», 1971.

Gendre, André, *L'Évolution du sonnet français*, Paris, Presses Universitaires de France, coll. «Perspective universitaire», 1996.

Gervais, André, *Hom storm grom*, Montréal, l'Aurore, 1975.

—, «L'Instance de l'ire», in *Les herbes rouges*, n° 56, Montréal, octobre 1977.

Giguère, Roland, *Forêt vierge folle*, Montréal, l'Hexagone, coll. «Parcours», 1978.

Gill, Charles, *Poésies complètes*, Montréal, Edition critique de Réginald Hamel, Hurtubise-HMH,

Cahiers du Québec, coll. «Documents littéraires», 1997.

Grandbois, Alain, *Les Îles de la nuit*, Montréal, l'Hexagone, 1963.

Harvey, Pauline, Dans la revue mium/mium, n° 21, éditions Cul-Q, Montréal, 1978.

Hébert, Anne, *Poèmes*, Paris, Seuil, 1960.

Klein, A., *Complete Poems. Part 2. Original Poems, 1937-1955 and Poetry Translations*,

Toronto/Buffalo/London, University of Toronto Press, 1990.

Lapointe, Gatien, Arbre-radar, Montréal, l'Hexagone, 1980.

Lapointe, Paul-Marie, *écRiturEs*, Montréal, L'Obsidienne, 1980.

—, *Le Sacre*, Montréal, l'Hexagone, 1998.

Larose, Jean, *Le Mythe de Nelligan*, Montréal, Quinze, coll. «Prose exacte», 1981.

Mailhot, Laurent et Pierre Nepveu, *La Poésie québécoise, des origines à nos jours*, Montréal, Presses de l'Université du Québec, 1980.

Meschonnic, Henri, *Pour la poétique III. Une parole écriture*, Paris, Gallimard, 1973.

Michaux, Henri, *L'Espace du dedans*, Paris, Gallimard, 1984.

Miron, Gaston, *L'Homme rapaillé*, l'Hexagone, Montréal, 1995.

Nelligan, Emile, *Poésies complètes*, Fides, coll. «du Nénuphar», Montréal, 1952.

Ossianiques, trad. André Verrier, Paris, Orphée / La Différence, 1989.

Piché, Alphonse, *Dernier profil*, Trois-Rivières, Écrits des Forges, 1982.

Quignard, Pascal, *La Haine de la musique*, Paris, Gallimard, coll. «Folio», 1997.

Rodenbach, Georges, *Le Règne du silence*, Bruxelles, Le Cri éditions, 1994.

Saint-Denys Garneau, Hector de, *Regards et Jeux dans l'Espace*, Montréal, 1937.

—, *Regards et jeux dans l'espace*, Montréal, BQ, coll «Littérature», 1993.

Simons, Edison, «Mosaïques du Sébastien», dans *Poésie*, n° 10, trad. J.P.I. Amunategui, Belin, Paris, 3e trim., 1979. Et «Sextine», dans *Poésie*, n° 63, trad. Robert Marteau.

Verheggen, Jean-Pierre, *Ridiculum vitae*, Paris, Gallimard, coll. «Poésie», 2001.

Zumthor, Paul, *Langue, texte, énigme*, Paris, Seuil, coll. «Poétique», 1975.

—, *Introduction à la poésie orale*, Paris, Seuil, coll. «Poétique», 1983.

# UN AVEUGLEMENT NÉCESSAIRE : EZRA POUND ET LE RYTHME

PETER NICHOLLS

*(traduit de l'anglais par Christine Pagnoulle)*

S'il nous fallait isoler un trait qui caractérise le passage de la fin du XIXe siècle à ce que nous appelons le Modernisme, ce serait sans doute le déplacement de la musique à la peinture comme modèle de prédilection de l'écriture d'avant-garde. Le linguiste Roman Jakobson en dit ceci: «Le slogan romantique qui veut que l'art soit attiré par la musique avait été en grande partie repris par le Symbolisme. Les fondements du Symbolisme ont été ébranlés par la peinture, et au début du Futurisme, c'est la peinture qui s'impose comme art dominant.» (302-3) Ces lignes sont tirées d'un essai sur Pasternak et Jakobson pense surtout à l'évolution de l'art russe, mais l'énoncé nous est familier et représente sans doute la seule façon possible de caractériser le mouvement qui mène le modernisme anglo-américain du monde solipsistique de la décadence fin-de-siècle vers la lumière du monde extérieur, une lumière qui serait à nouveau clairement perçue pour la première fois depuis Homère, Dante et Shakespeare. Le Futurisme italien lance cette forme de modernisme en réaction tapageuse à l'association symboliste entre la musique et diverses formes d'idéalité ainsi qu'à la poétique de la mémoire, de la perte et du désir qui en découle. Peinture et sculpture, radicalement renouvelées, fournissaient la base d'une esthétique essentiellement différente, où la spatialité correspondait à la préoccupation avant-gardiste de modernité — dynamisme, simultanéité, perspectives multiples, etc. Cette approche nous offre peut-être un lien cohérent qui nous permet de relier entre elles les différentes avant-gardes modernistes. Même le surréalisme, fasciné qu'il était par les mouvements occultes de l'inconscient, percevait la transition historique dans des termes fort semblables. Yvan Goll n'écrivait-il pas en substance dans l'unique numéro de sa revue *Surréalisme* parue en octobre 1924, qu'alors que jusqu'au début du XX$^{e}$ siècle, l'*oreille* avait décidé de la qualité de la poésie (rythmes, sonorités, cadences, allitérations, rimes), pendant les quelque vingt premières années du siècle, l'œil a pris sa revanche.

Ezra Pound est une référence quasi inévitable quand on se penche sur cette évolution, ceci dans la mesure où les mouvements et les tendances qui lui sont associées — essentiellement l'imagisme et le vorticisme — étaient tous les deux étroitement liés à des développements similaires dans les arts plastiques, notamment à l'intérêt grandissant de Pound pour l'œuvre d'artistes comme Wyndham Lewis, Gaudier Brzeska et Jacob Epstein. De plus, le début de la carrière de Pound, passant des tonalités préraphaélites de ses premiers recueils aux poèmes imagistes de *Lustra*, semble clairement illustrer ce déplacement de la musique à la peinture que Jakobson identifie comme constituant l'origine du modernisme. La pensée de Pound dans ce domaine était en partie influencée par les arguments de Wyndham Lewis en faveur de ce qu'il appelait sa «philosophy of the EYE» (philosophie de l'œil, mais aussi du Je, eye/I, MWA, 97) et la «méthode externe» de la satire qui lui est liée; les premières tentatives de Pound pour s'affranchir du monologue dramatique à la Browning font écho au mépris affiché par Lewis pour les formes d'intériorité qu'il associait à Freud et surtout à Henri Bergson (*Men* 97). Comme le fait remarquer Martin Jay dans son étude monumentale sur l'ocularo-centrisme ou tendance à privilégier la vision dans la tradition occidentale (*Downcast Eyes*), c'est seulement avec Bergson que «les droits du corps sont explicitement opposés à la tyrannie du regard» (191-2). Pour Lewis, la façon dont Bergson se tourne vers le corps et le «flux» sombre de la vie intérieure résume l'«empirisme du chaos de sensations» qui était pour lui le trait distinctif de la culture de son époque. Bergson, écrit-il, «est en fait l'ennemi juré de toute impulsion ayant son siège dans l'appareil de la vision et nécessitant un monde concret.» (*Art* 416) En revanche, l'œil spatialisateur du peintre percevait un monde intelligible où la séparation nette entre sujet et objet permettait à l'intelligence, et non pas seulement aux sensations, de fonctionner. Dans les termes de Lewis:

> Autant [Bergson] prend plaisir à voir les choses «se pénétrer» et «se fondre», autant nous nous réjouissons de l'image inverse de leur distinction — le vent qui souffle entre elles et l'air qui circule librement au-dedans et au dehors: autant il prend plaisir à l'«indistinct», au «qualitatif», à l'embrumé, à l'extatique, englué de sensations, autant et bien plus nous apprécions le distinct, le géométrique, l'universel, sans qualité — le clair et le léger, ce qui ne relève pas des sensations.... On préférera le monde de la philosophie grecque, l'extériorité païenne, au monde de la musique.... (*Time* 416)

Les éléments essentiels de la critique formulée par Lewis à l'égard de Bergson se retrouvent dans la poétique de Pound, tout particulièrement son goût pour ce qui est «distinct et géométrique» et sa propension pour la lumière et la clarté. En fait la première version du premier Canto annonce de façon tout à fait programmatique cette insistance sur le visuel: «Mantegna a sterner line, and the new world about us:/ Barred lights, great flares, new form, Picasso or Lewis./ If for a year man write to paint, and not to music...» La conjonction de Mantegna, Picasso et Lewis annonce la préférence de Pound pour un art de la clarté et de la précision formelle — un art qui prône aussi une certaine austérité, qui évacue la sentimentalité et substitue la ligne rigoureuse («stern») à l'attrait tout en courbes de la forme corporelle et de ce qu'il appelle plus loin dans les *Cantos* «la viande brune de Rembrandt».

Pourtant cette insistance sur le visuel ne permet qu'une explication partielle des modes des *Cantos*, comme le remarquait Lewis lorsque, dans *Time et Western Man* il critiquait la façon dont Pound dépendait encore toujours de ce qu'il appelait la «méthode hypnotique répétitive» et des «accessoires à la Swinburne» (71). Comme il va apparaître dans le reste de cet article, la référence à Swinburne est particulièrement pertinente, tout comme d'ailleurs la supposition que l'influence de Swinburne place son œuvre irrémédiablement en dehors du paradigme moderniste si celui-ci doit reposer sur une philosophie du regard («philosophy of the EYE»). On sait pourtant qu'Eliot et Pound avaient des sentiments partagés à l'égard de Swinburne et c'est dans cette ambivalence même que nous pouvons percevoir un élément qui complique singulièrement le modèle de visualité mis en avant par ces deux poètes dans leurs écrits théoriques, modèle apparemment diamétralement opposé au mode de fonctionnement de Swinburne.

Comme souvent, ce que nous (public et critiques) avons repris à notre compte et transformé en histoire de l'évolution de la poésie, c'est la version qu'ont donnée les modernistes de la manière dont ils ont surmonté la décadence. Qui, d'ailleurs, mentionne jamais Swinburne sinon pour désigner une façon d'écrire que le modernisme a réussi à dépasser? Il convient pourtant de se rappeler qu'à son époque, l'œuvre de Swinburne représentait une charnière essentielle dans les rapports littéraires entre France et Grande Bretagne et qu'elle posait ainsi les fondations de liens continentaux qui allaient être essentiels pour Pound et Eliot. De fait, il n'est pas exagéré de dire que Swinburne fut véritablement adulé en France, et par un poète aussi reconnu que Stéphane Mallarmé.

S'il est difficile de dire si Swinburne s'est jamais penché sur la poésie de Mallarmé, l'estime du poète français s'exprime clairement dans sa dédicace de «L'Après-midi d'un faune» au «Maître que j'admire de loin»[1]. Qu'est-ce donc qui a rendu l'œuvre de Swinburne immédiatement attrayante pour l'imaginaire symboliste? Swinburne avait, certes, appris de Baudelaire que la poésie se devait d'éviter tout didactisme: «une œuvre d'imagination ne devrait être ni teintée de philanthropie ni déformée par un but», écrit-il dans une lettre (*Letters* V 207). Et il s'était très tôt engagé dans une poétique de la suggestion qui préfigure clairement l'esthétique mallarméenne. Ainsi, dans son essai sur Blake, Swinburne déclare-t-il: «l'artiste pur n'affirme jamais rien, il suggère, son message est par conséquent inaccessible aux moralistes et aux scientrolâtres» (cité par McGann 56). Comme l'a remarqué Jerome McGann, la fameuse «monotonie» des poèmes de Swinburne trouve son fondement dans l'opinion qu'il partage avec Mallarmé selon laquelle la poésie idéale est «impersonnelle, dépourvue de musique et même (dans un certain sens) dépourvue de signification» (65). Nous pouvons ajouter que les deux poètes pratiquaient tous deux l'écriture dramatique en vers et que Mallarmé décelait dans les pièces de Swinburne *Atalanta in Calydon* et *Erechtheus* quelque chose qui s'approchait de sa propre alternative idéale à ce qu'il appelait un «théâtre national du quotidien» (*Œuvres* 703). Dans sa recension d'*Erechtheus*, Mallarmé parle d'une «sublime musique» qui persiste dans l'esprit bien après qu'elle se soit tue, d'un rythme de «motifs purs vibr[ant] sur un fond d'émotion la plus subtile et la plus noble» (700). C'était là, et c'est essentiel, une sorte de musique intérieure, le présage d'un théâtre dont, disait Mallarmé, on n'est spectateur qu'en son for intérieur, devant un livre ouvert ou les yeux fermés. Ailleurs, Mallarmé parle d'un «théâtre inhérent à l'esprit» (328). Cette réaction au théâtre de Swinburne annonce à plusieurs égards

(1) Il est vraisemblable que Swinburne faisait l'objet de débats lors des fameux mardis de Mallarmé, puisque s'y trouvait entre autres Gabriel Mourey, traducteur de *Poems and Ballads*.

les termes clés de l'essai plus tardif «Crise de vers», où les fonctions du rythme et du silence dans *Erectheus* trouvent leur formulation définitive. Il parle là du volume idéal de poésie où «une ordonnance [...] poind innée ou partout, élimine le hasard [et] implique, parmi les morceaux ensemble, tel accord, quant à la place, dans le volume, qui correspond. Susceptibilité en raison que le cri possède un écho — des motifs de même jeu s'équilibreront, balancés, à distance.» Et aussi: «Tout devient suspens, disposition fragmentaire avec alternance et vis-à-vis, concourant au rythme total, lequel serait le poëme tu, aux blancs; seulement traduit, en une manière, par chaque pendentif» (366).

Il convient de s'arrêter ici pour se demander ce que Mallarmé entendait par «musique». Le but du poème, dit-il, devrait être «un art d'achever la transposition, au Livre, de la symphonie ou uniment de reprendre notre bien: car, ce n'est pas de sonorités élémentaires par les cuivres, les cordes, les bois, indéniablement mais de l'intellectuelle parole à son apogée que doit avec plénitude et évidence, résulter, en tant que l'ensemble des rapports existant dans tout, la Musique» (367-8). C'est là un passage connu, en partie parce que Mallarmé y dit clairement que la musique de la poésie n'a pas de rapport mimétique à la musique en tant que telle (et, implicitement, à la musique de Wagner)[2]. En fait, c'est de la musique reconceptualisée en écriture qui est en cause, ou de la poésie qui est *lue,* et non récitée (Bernard 74). Mais ce qui frappe aussi, c'est la notion de *clarté* que Mallarmé souligne sans cesse quand il parle de «musique» et que, ne l'oublions pas, il décelait dès les années 1870, dans l'œuvre de Swinburne. La conception de musicalité poétique à l'œuvre ici est manifestement très différente de celle qui prévaut dans les remarques critiques formulées ultérieurement par Pound et Eliot à l'égard

(2) Au sujet de cette distinction, voir Lacoue-Labarthe 41-84 et Rancière 67-78.

de Swinburne. Pour Pound, on peut trouver une certaine «splendeur» dans ce qu'il présente comme les «dactyles bondissants» de Swinburne, mais cette puissance émotive peut également donner dans le ridicule: «le son dans *Dolores*, dit-il, ressemble par endroits au bruit de sabots de chevaux que l'on arrache à la boue» (*Literary* 293). Eliot est du même avis: «'*Gold*', '*ruin*', '*dolorous*': ce n'est pas seulement le son que cherche [Swinburne], mais les vagues associations qui s'attachent aux mots.» (*Selected* 325-26). Ainsi là où Mallarmé s'émerveille devant la clarté émouvante dans la poésie de Swinburne, Pound et Eliot soulignent l'imprécision et le flou.

À première vue, il n'est pas trop difficile d'expliquer cette divergence de perspective. Tout d'abord, ni Pound ni Eliot n'appréciait particulièrement Mallarmé — Pound voyait en lui une victime du culte typiquement français de Poe («un phénomène exotique introduit par Mallarmé et Arthur Symons», comme il dit [*Literary* 218]) et Eliot contraste l'obscurité de Mallarmé et son propre idéal du «rapport immédiat entre poésie et conversation» (ceci, notons-le, dans un texte intitulé «The Music of Poetry», [*Selected* 54-56]). Dans les deux cas, Mallarmé et Swinburne représentent la même incapacité à objectiver; comme le dit Eliot dans un passage célèbre: «La langue en bonne santé présente l'objet, en est si proche que les deux se confondent. Ils ne se confondent dans la poésie de Swinburne que parce que l'objet a cessé d'exister, parce que la langue, déracinée, s'est adaptée à une vie indépendante où elle se nourrit de l'air ambiant.» (*Selected* 327). Ce que nous trouvons ici, ce n'est pas seulement un verdict moderniste à l'égard de Swinburne et de Mallarmé, mais l'origine même de ce qui allait bientôt devenir la version de référence de ce «tournant» de la musique à la vision. Pour Pound et Eliot, Swinburne est un poète avec qui il faut compter précisément parce que c'est lui qui semble le plus pleinement nier le pouvoir de l'«image visuelle précise» qui, d'après Eliot, devrait compléter «une poésie faite pour le chant»; l'émotion chez Swinburne, remarque-t-il, «n'est jamais spécifique, jamais directement perçue, jamais clairement définie» (*Selected* 324-5). Si nous analysons n'importe quel poème de Swinburne, dit Eliot, «nous nous apercevons toujours que l'objet n'y était pas — seulement les mots. Comparons ces vers de Swinburne

> Snowdrops that plead for pardon
> and pine for fright
> (Des perce-neige qui plaident le pardon
> et se perdent de peur)

avec les jonquilles qui arrivent avant que ne joue l'hirondelle. Les perce-neige de Swinburne disparaissent, la jonquille de Shakespeare reste.» (326). Eliot renvoie ici, sans vraiment les citer, aux vers du *Conte d'hiver* — «...daffodils / That come before the swallow dares, and take / The winds of March with beauty...» (des jonquilles / qui arrivent avant que ne s'y risque l'hirondelle et emportent / en beauté les vents de mars) — de sorte que nous ne remarquons pas forcément que le mot «daffodils» (jonquilles) acquiert un poids certain à la fin du vers; ce qu'il suggère, c'est que l'allitération y est différente de l'épaississement des vers de Swinburne où la triple allitération rendrait les perce-neige évanescentes. On pourrait avancer qu'en fait c'est plutôt la façon dont Swinburne joue sur le sens métaphorique de «pleading» et «pining» qui est en cause, mais Eliot choisit de souligner l'intensification de l'effet verbal plutôt que l'image. En ce sens, Swinburne se rend coupable de quitter l'objet du regard au moment crucial, lui permettant de s'évaporer en une écume allitérative. C'est là en quelque sorte un aveuglement délibéré ou sybarite, et le projet moderniste était fait pour le corriger systématiquement. Pourtant le caractère tranché des termes employés par Eliot ne rend pas compte du fait qu'il existe bel et bien une forme de lyrisme qui opère, tout comme le théâtre poétique de Mallarmé, «les yeux fermés», c'est-à-dire, pourrions-nous dire, en prenant comme prémisse un moment de non-visualité. C'est le genre de lyrisme que nous trouvons par exemple chez un poète comme Rilke, dont les aveugles, comme le dit Jacques Derrida dans son livre *Mémoires d'aveugle*, «chantent aussi la condition poétique, à savoir le lyrisme même en tant qu'il s'ouvre au-delà du visible.» (*Mémoires* 45 n42). Derrida poursuit en citant les premiers vers du poème de Rilke «Gong»: «Il faut fermer les yeux et renoncer à la bouche, / rester muet, aveugle, ébloui: / l'espace tout ébranlé, qui nous touche / ne veut de notre être que l'ouie».

Dans cet ouvrage, Derrida s'occupe de l'art du dessin, un art dont le bon sens nous dit qu'il est généralement mimétique. Mais que se passe-t-il en fait lorsque l'on dessine? C'est, dit Derrida, «comme si au moment de dessiner, je ne *voyais* plus la chose»; et aussi «comment prétendent-ils regarder à la fois le modèle et les traits que de sa propre main on voue jalousement à la chose même? Ne faut-il pas être aveugle à l'un ou à l'autre? Se contenter toujours de la mémoire de l'autre?» (43) [3] Comme l'œil se déplace de l'objet à l'espace figuré, c'est la mémoire qui soudain entre en jeu. «Que se passe-t-il quand on écrit sans voir?» demande Derrida. Sa réponse est qu'il faut que la main tâtonnante «se fie à la mémoire des signes et supplée la vue» (11). Parler sans voir — n'est-ce pas là précisément les reproches formulés par les modernistes à l'encontre de Swinburne et Mallarmé? Alors cette «mémoire des signes» qui rend possible l'acte de construction n'est peut-être rien d'autre que la musicalité dont je parlais plus haut, une musique intérieure faite d'écho et de silence, de «strophe et antistrophe», pour reprendre le

(3) Voir aussi Derrida, *La voix et le phénomène*, PUF, 1967, 73: «Il y a une durée du clin d'œil; et elle ferme l'œil».

commentaire de Mallarmé sur l'*Erechtheus* de Swinburne (*Œuvres* 702).

Il nous faut aborder ici la question fort malaisée de la prosodie. Elle est malaisée pour diverses raisons, mais essentiellement sans doute parce qu'elle détermine les conditions d'une discipline de lecture que nous avons presque entièrement oubliée. Lorsque le prosodiste George Saintsbury parle de «la stricte économie de moyens» dans le poème de Swinburne «Stage Love», basé, dit-il sur «une simple catalectique en trimètres trochaïques», je dois bien avouer que cela ne m'éclaire guère (*Saintsbury* III 343). Mais cela ne tient pas seulement à une terminologie qui nous semble abstraite et mécanique; car à la différence de nos conceptions actuelles du vers de Swinburne qui serait caractérisé par le sur-emploi des sons et des alliterations — un trait que Swinburne parodie dans un poème intitulé «Nephelidia» («From the depth of the dreamy decline of the dawn / through a notable nimbus of nebulous noonshine, / Pallid et pink as the palm of the flag-flower that / flickers with fear of the flies as they float,» etc. [*Collected* II 836] ); à la différence donc de cette approche, un des traits de sa poésie que Saintsbury met en exergue, c'est ce qu'il appelle sa «qualité de vitesse». Cette vitesse, dit-il, «n'est pas seulement celle du coureur mais celle de la danseuse; un mouvement qui combine miraculeusement ondulation et giration, qui exigent d'habitude un mouvement assez lent, avec la rapidité la plus extrême, sans pourtant jamais se permettre le moindre dérapage ou grincement» (Saintsbury III 117)[4].

([4]) «Comment l'écriture de Swinburne a pu être qualifiée de verbeuse alors que ses vers sont presque entièrement composés de monosyllabes resterait un mystère si nous n'observions que les monosyllabes vides «the», «of», «and», sont à la base de ses anapestes si caractéristiques.» Ruth Z. Temple, *The Critic's Alchemy: A Study of the Introduction of French Symbolism into England* (New York: Twayne, 1953, 116) fait remarquer que les vers anapestiques de Swinburne, dans leur légèreté rapide, sont particulièrement adaptés à la sensibilité poétique française.

Nous pourrions trouver que ce commentaire accorde trop de poids à la compétence technique, l'important ici est que la prosodie, mise en œuvre avec une telle perfection, témoigne tout à la fois du contrôle que le poète exerce sur la cadence et de la cadence qui le contrôle, lui. Pour Saintsbury, la danseuse se dissout dans le mouvement, sa prestation, pour reprendre l'expression de Derrida, «se confiant à la mémoire des signes». Perçu dans ces termes, ce mouvement particulier entraîne un aveuglement *nécessaire*, exactement comme la forme prosodique, avec ses règles préétablies, crée (pour citer les mots du poème de Rilke) un «espace en vibration, [qui] en nous atteignant / exige de notre être seulement l'ouïe». Ici encore, nous pouvons penser à Mallarmé postulant que créer c'est évoquer un objet absent, saisi à travers un réseau de formes évanescentes et tandis que Mallarmé, à la différence de Swinburne, souligne que «les grands rythmes littéraires ... sont brisés et éparpillés en frissons articulés proches de l'instrumentation» (*Œuvres* 367), sa notion de la 'musicalité' correspond de près à ce que Swinburne appelle «le mètre mystique» en tant que système mnémonique et associatif (*Collected* I 368). En témoigne le genre de transposition, réminiscente à nouveau des commentaires de Derrida sur l'aveuglement, que Mallarmé attribue à la ballerine: «la danseuse *n'est pas une femme qui danse*, pour ces motifs juxtaposés qu'elle *n'est pas une femme*, mais une métaphore résumant un des aspects élémentaires de notre forme, glaive, coupe, fleur, etc., et *qu'elle ne danse pas*, suggérant, par le prodige de raccourcis ou d'élans, avec une écriture corporelle ce qu'il faudrait des paragraphes en prose dialoguée autant que descriptive, pour exprimer, dans la rédaction: poème dégagé de tout appareil du scribe» (*Œuvres* 304).

Nous comprenons maintenant pourquoi ni Pound ni Eliot n'auraient guère pu apprécier ce genre d'envolée, son décor 19e, son symbolisme au bord du sacré, et nous voyons pourquoi ces deux auteurs, vu leur intérêt pour les problèmes de prosodie, pouvaient reconnaître la maîtrise technique de Swinburne tout en ressentant sa nature systématique comme une contrainte mal venue. Le modernisme était, après tout, fondé sur la découverte du «vers libre». Dans le même temps, néanmoins, ces deux poètes étaient tellement sensibles aux capacités affectives du mètre et du rythme que leur invocation de l'externalité et de l'image visuelle — toute propagande littéraire mise à part — n'offrait au mieux qu'une alternative partielle aux ressources qu'offrait la prosodie traditionnelle. En d'autres termes, l'«aveuglement» dans l'œuvre de Swinburne, n'était pas seulement jusqu'à un certain point une condition inévitable du lyrisme, c'en était aussi une condition nécessaire et souhaitable. Ce qui est remarquable, cependant, c'est combien ils se préoccupaient du pouvoir de la prosodie. Eliot, par exemple, se rappelle: «Tout adolescent je me suis mis à l'école de Byron, Shelley, Keats, Rossetti, [et] Swinburne… À cette époque, le poème, ou la poésie de tel poète, investit la jeune conscience et en prend complètement possession pour un temps. Nous ne la percevons pas véritablement comme quelque chose d'extérieur.» (*Use* 33-34). La notion d'une sorte de «possession» par la poésie — qu'Eliot associe ailleurs à sa lecture précoce de Shelley (*Selected* 267-8) — conduit à une introversion non souhaitable, d'après lui. De façon similaire quoi qu'en termes plus positifs, dans son poème de jeunesse «Salve O Pontifex!» (dédié à Swinburne), Pound s'imagine lui et d'autres poètes «Lulled with the wine of thy music….leaving thee sentinel / O'er all the mysteries» (Bercés par le vin de ta musique … te laissant en sentinelle / Veillant sur tous les mystères [*Collected* 41]).

Le poète se dégage donc de l'influence de Swinburne, mais peut-il se permettre de désapprendre la leçon du mètre? La réponse est bien sûr, «non», et ce n'est pas que Pound ou

Eliot auraient contesté cette conclusion, mais plutôt que leurs efforts pour négocier une issue à ce qu'ils percevaient comme l'impasse d'une esthétique décadente les empêchaient de percevoir combien leur insistance moderniste sur l''objectivité' et l'image visuelle continuait à dépendre d'une musicalité qui dans ses formes «pures» comme chez Swinburne ou chez Mallarmé semblait «aveugle» aux exigences d'un monde d'«objets». Dans le cas de Swinburne, cette proposition nous ramène à la question du mètre, et je crois que ce que Pound et Eliot ont tous les deux, de façons différentes, hérité de Swinburne, c'est leur compréhension qu'en fin de compte rythme et prosodie ont bien une fonction *signifiante*, ou, pour utiliser des termes plus nettement mallarméens, que la musicalité de la poésie pourrait bien être une sorte d'écriture. Il s'agirait alors non pas d'une musique produite par des sons à lire tout haut, mais d'une musique libérée par l'acte d'une lecture silencieuse. C'est là une perception qui, pour ce qui est des symbolistes français, trouve son origine dans la réaction de Baudelaire à la musique de Wagner — comme le dit Philippe Lacoue-Labarthe, «Baudelaire n'a-t-il pas essayé d'imaginer, par delà les intentions les plus manifestes de Wagner, quelque chose comme l'essence *rythmique* de la musique? Le leitmotiv ou mélodie récurrente dans le système mnémonique de Wagner n'a-t-il pas pu fonctionner comme la lettre, et la musique, en signifiant, ne pouvait-elle pas être une sorte d'écriture?» (39) Je pense que l'on retrouve une possibilité similaire dans l'affirmation de Swinburne selon laquelle «Il existe une science du vers aussi sûrement qu'il existe une science des mathématiques: il y a un art de l'expression par la prosodie aussi sûrement qu'il y a un art de la représentation par la peinture» (*Collected* XV 310). Cette «science», basée, nous dit Swinburne, sur «le mètre, le rythme, la cadence non seulement perceptibles, mais définissables et réductibles à un ensemble de règles et mesures» fournit une conception de la «forme» ou de la «trace» qui est en quelque sorte objective, «au-delà de l'intention et du contrôle conscient» (Prins 173)[5]. Pour citer Yopie Prins dans son étude intitulée *Victorian Sappho*, «l'automatisme dans l'écriture de Swinburne peut s'interpréter comme une autre version du transport rythmique, la conversion de rythmes «naturels» en un sublime métrique qui était implicite au fil de ses imitations saphiques» (Prins 172). Ainsi donc, quelle que soit la fascination de Swinburne pour le bruit du vent et de l'eau, les rythmes de la nature sont en fait sublimés dans les lois de la prosodie, en un mouvement qui rappelle à nouveau le passage de la vision à l'espace figuré qui sous-tend l'exposé de Derrida sur l' «aveuglement». Ceci débouche, selon l'expression célèbre de Mallarmé, sur «la disparition élocutoire du poëte» (*Œuvres* 366), ou, pour reprendre le mot d'Eliot, sur une certaine «impersonnalité»: «Le monde de Swinburne, dit Eliot, ne dépend pas de quelque autre monde qu'il imite; il possède en lui-même la complétude et l'autonomie nécessaires à en justifier la permanence. Il est impersonnel, et personne d'autre n'aurait pu le créer» (*Selected* 327)[6]. Le déploiement chez Swinburne de divers mètres classiques s'inscrit donc dans une forme complexe et très nuancée d'anamnèse ou de «récollection», et le poème, obéissant à l'injonction ultérieure de Mallarmé qui demandait que «l'initiative [soit cédée] aux mots» (*Œuvres* 366), refuse d'imiter le monde objectif, et offre bien plutôt un mouvement rythmique qui se souvient des articulations précédentes du poème en même

([5]) Forrest-Thomson compare cet aspect de l'œuvre de Swinburne au rêve des surréalistes: «Faut-il souligner que les 'énoncés produits en rêve' d'Eliot font partie du *rêve* surréaliste — cette zone de priorité inversée où le monde au-delà du miroir transforme nos hiérarchies ordinaires de sens débordants?» (*poetic artifice*, 121).

([6]) «Le ton uniforme nous persuade que tous les systèmes d'échos et de correspondances sont des réalités qui se situent au delà de la personnalité, qui sont immuablement et éternellement 'réelles'» (McGann 73).

temps qu'il rappelle un monde classique dont les traces résident dans la prosodie qui y donne forme[7].

Dans la dernière partie de cet exposé, je vais mettre cette notion de prosodie en rapport avec certaines œuvres de Pound, et si je choisis Pound plutôt qu'Eliot c'est à cause de son allégeance extrême à des formes d'objectivation qui semblent diamétralement opposées à l'intériorisation associée à Swinburne (les *Quatre Quatuors* d'Eliot fourniraient eux aussi une comparaison fertile). Que Pound ait appris chez Swinburne comment utiliser les possibilités mnémoniques et associatives de formes prosodiques traditionnelles apparaît clairement dans ses premiers recueils, ainsi «The Return», ce poème souvent repris dans des anthologies, entretient un rapport étroit avec le célèbre chœur d'ouverture d'*Atalanta in Calydon* («When the hounds of spring are on winter's traces...» — «Quand les lévriers du printemps filent sur les traces de l'hiver»)[8]. Comme je l'ai déjà suggéré ailleurs, l'évocation chez Pound de «Gods of the wingèd shoe! / With them the silver hounds/sniffing the trace of air!» («Dieux à la sandale ailée! / Avec eux les lévriers d'argent / reniflent les traces de l'air!») établit un rapport suggestif avec le vers de Swinburne. «Trace» a en fait un double sens puisque le mot implique à la fois l'image ou la forme continue dans l'esprit et sa matérialisation «sensible» dans le moment du chant (littéralement, bien sûr, le mot suggère la forme imprimée sur la matière, mais aussi peut être l'inscription par laquelle la voix devient écriture rythmée)[9]. C'est l'empreinte du mètre sur un matériau étranger qui, pour Pound comme pour Swinburne, crée une sorte d'espace visionnaire où la «danse» du mètre,

(7) Voir Prins pour une présentation détaillée du «re-membrement» métrique du fragment saphique chez Swinburne.

(8) Voir mon livre *Ezra Pound: Politics, Economics and Writing.*

(9) Sur la «révélation du chant sapphique...comme forme d'inscription matérielle', 'une conversion du rythme en mètre», voir Prins 140.

«the slow feet, / The trouble in the pace and the uncertain/Wavering» («les pieds lents, / le trouble dans la cadence et l'incertitude / vacillante») devient, littéralement, le mouvement de déploiement du poème et l'articulation du désir que reviennent les dieux de l'Antiquité. Certes, ce poème est un cas à part, puisque la référence à Swinburne aurait été immédiatement perceptible pour la plupart des contemporains de Pound. Mais le jeu du rythme contre la prosodie pour exprimer le désir et le souvenir se retrouve aussi en bonne place dans les *Cantos*, où les allusions prosodiques de Pound sont beaucoup plus comprimées et elliptiques, s'inscrivant ainsi dans le sentiment mallarméen que les grands rythmes littéraires se brisent et s'éparpillent à l'entrée de l'époque moderniste. Si la prosodie en tant que telle n'est que présence résiduelle, surtout dans les sections visionnaires du long poème de Pound, les fonctions mnémoniques et associatives que la forme prosodique avait permis à Swinburne sont transférées ici à des techniques d'écho, de répétition, de schéma sonore et de cadence. Je serais tenté de dire que ce que Pound essayait de faire, c'était rééduquer des lecteurs pour qui les formes prosodiques régulières étaient encore familières afin de les amener à accomplir le même décodage affectif que le lecteur de Swinburne, mais en dehors du cadre rassurant de la prosodie traditionnelle.

C'est cette possibilité qu'a brillamment saisie le poète américain Robert Duncan, dans l'un des commentaires les plus éclairants que je connaisse sur la méthode de Pound (Duncan parle ici des *Pisan Cantos*, où le rapport entre écho, progression et mémoire est exploré avec une force émotive toute particulière, mais ses remarques s'appliquent tout aussi bien aux mouvements plus amples du poème tout entier). Duncan suggère

> qu'une image peut en rappeler une autre, la profondeur que crée l'écho est le secret de la rime et de la mesure. Le temps d'un

> poème est ressenti comme la reconnaissance d'un retour dans le ton d'une voyelle ou la configuration de consonnes, d'un agencement dans une séquence de syllabes, dans l'accentuation et la hauteur d'une mélodie, d'images et de sens. Il ressemble au temps du rêve, car il s'organise selon des lignes d'associations et de contraste par rapport à la structure de l'ensemble. La même impulsion du rêve ou du poème va fournir le point de départ pour une forme au-delà de ce que nous connaissons, pour le sentiment d'être «*plus grand que la réalité*».
> (Duncan 82)

La lecture que fait Duncan des poèmes de Pound en termes des figures de l'anamnèse et de la récurrence est tout à fait swinburnienne (à certains égards, il est lui aussi un poète swinburnien) et nous invite à reconsidérer certains passages des *Cantos* où l'on voit le plus souvent une illustration des efforts de Pound pour créer une langue de précision et de clarté visuelle, bref pour présenter l'objet. Dans les premiers Cantos surtout, l'émergence du chaos de l'histoire dans une sorte de perception visionnaire est généralement associée à l'évocation du paysage et si les paysages évoqués trouvent leur origine dans des lieux connus de Pound, en Provence, en Italie, le texte oscille constamment entre la notation précise et quelque chose qui la dépasse (ici à nouveau je pense à la remarque de Derrida sur le lyrique comme une condition qui s'ouvre sur l'au-delà du visible). La manœuvre n'en est encore qu'à ses débuts. Ainsi dans une lettre écrite alors qu'il résidait à Sirmione en 1910, Pound observe: «Ici je suis comme noyé de beauté, mais ce n'est pas le lac ou les collines ou même — presque même les oliviers, mais les quatre pétales rouges d'un coquelicot qui sont la *poésie*, simplement parce qu'ils vont au-delà d'eux-mêmes & *signifie* l'Andalousie et telle cour à Cordoue» (Pound et Spoo 27)[10].

([10]) C'est Pound qui souligne. Voir aussi mon article «Pound's Places», dans Alex Davies et Lee Jenkins, eds., *Locations of Literary Modernism* (Cambridge: Cambridge University Press, 2000), 162-5 pour un traitement plus complet de ces notions.

Pound cherche ici à éviter la séduction de la beauté du lac — l'idée de se noyer en elle peut laisser présager la passivité des «corps flottants» des mangeurs de lotus au Canto XX — et s'attache au contraire à un objet qui a le pouvoir suggestif de transporter l'esprit ailleurs. C'est comme s'il voulait distinguer entre un lieu réel comme quelque chose de statique, dont on pourrait se dire qu'il «contient» ou immobilise l'esprit et d'autre part ces caractéristiques du lieu qui, en signifiant «au-delà d'elles-mêmes» provoquent ce mouvement affectif qui est le propre de l'imagination. Dès que nous nous mettons à parler de mouvement de cette façon, nous compliquons bien entendu considérablement la notion que la langue est utilisée au service de la perception visuelle. Ce qui se passe ici est en fait beaucoup plus proche de ce que nous avons vu chez Swinburne, parce que le mouvement que provoque la perception originale est mouvement de mémoire, pas de rencontre directe, et c'est un souvenir qui est précisément, au sens de Duncan, une forme de *mesure* et de «retour». Le «lieu», pourrions-nous dire, est ici transformé en une sorte d'espace visionnaire, où le rythme (pour reprendre l'expression imagée de Pound) «découpe une forme dans le temps» (*Letters* 254). Cette «forme» est faite pour s'ouvrir «au-delà du visuel» et nous amène à remettre en question l'exactitude descriptive aussi bien de la conception Imagiste de la langue que la déclaration d'Eliot selon laquelle «la langue en bonne santé présente l'objet, en est si proche que les deux se confondent.» (*Selected* 327) Nous pourrions dire au contraire qu'en pratique, pour Pound comme pour Swinburne, un «aveuglement» momentané à l'objet est ce qui permet réellement une forme de perception extatique dans une dimension au-delà du visuel. Dans un passage célèbre de son essai sur Cavalcanti, Pound dit ainsi découvrir «le monde radieux où une pensée coupe une autre d'un tranchant net, un monde d'énergies en mouvement... [de] magnétismes qui prennent forme, qui sont vues, ou qui sont *au bord du visible*, le matériau du *Paradis* de Dante, le verre sous eau, la forme qui semble une forme perçue dans un miroir, ces réalités perceptibles aux sens, en interaction...» (*Literary* 154)[11].

Le recueil de Pound intitulé *A Draft of XXX Cantos* est en rapport étroit avec cette représentation imaginaire d'un «monde radieux», où les paysages réels sont constamment recouverts par des allusions à un paysage mythologique composite qui limite la spécificité de lieux particuliers. L'effet dominant est celui d'objets réfractés par un autre corps — exactement comme le «verre sous eau, la forme qui semble une forme perçue dans un miroir», les divinités qui animent ce paysage sont perçues comme décalées, dissoutes pour ainsi dire dans un bain d'eau et d'air. Ainsi les métamorphoses du Canto II révèlent des «bêtes comme des ombres dans le verre» (*Cantos* 8), «le visage de corail sous la caresse de la vague» («the coral face under wave-tinge», 9), et «la vague de verre par-dessus Tyr» (10), alors que d'autres Cantos évoquent «les facettes de l'air» (XX/92), «Les feuilles coupées dans l'air» (XXI/99) et «les arbres qui se fondent dans l'air» (XXIX/146). L'effet est quelque peu semblable à ce que Michel Foucault appelle l'«espace virtuel» du miroir: «cela rend ce lieu que j'occupe au moment où je me regarde dans le miroir à la fois absolument réel, relié à l'espace qui l'entoure, et absolument irréel, puisque pour être perçu il lui faut passer par ce point virtuel qui est là-bas.» (Foucault 24). Bientôt le paysage visionnaire de Pound devient familier, avec ses éclairs de couleur, «l'escalier de pierre grise / le passage coupé droit dans le granit» (XVI/69), les «collines sous la lumière» (XVII/77), et ses présences suspendues, planantes. Le motif du retour évoqué par Duncan se retrouve partout, Pound établissant rapidement des rythmes de dévoilement. Le Canto II, en fait,

([11]) Les italiques sont de Peter Nicholls.

fournit la plupart des signatures rythmiques qui vont hanter l'ensemble du recueil, les composés spondaïques («pad-foot», «lynx-purr», etc.) se combinant avec une utilisation incantatoire du présent pour produire un espace où l'esprit peut se libérer de la particularité dense des matériaux historiques qui l'oppresse. Les objets sont clairement présentés, mais dans un curieux mouvement de distanciation ils sont en quelque sorte retenus, situés «là-bas», comme dit Foucault — «Nor bird-cry, nor any noise of waving moving, / Nor splash of porpoise, nor any noise of wave moving» (XVII/76) — et le «comme» («as») qui revient sans cesse sous la plume de Pound: «Sand as of malachite» («Sable comme de malachite», pas de malachite), «the turf clear *as* on hills under light» («le gazon clair comme sur les collines sous la lumière», XVII/77) et «Sound: as of the nightingale too far off to be heard» («Bruit: comme un rossignol trop lointain pour être entendu», XX/90). De forts marqueurs déictiques — «maintenant», «là» — soulignent combine l'instant est présent alors même que les détails du paysage sont en partie décalés — «the light now, not of the sun» («la lumière maintenant, pas celle du soleil» XVII/76), etc. Si ce passage semble illustrer l'idéal de la perception visionnaire chez Pound et ce qu'il appelle «la fusion du mot et de la chose», il y reste toujours quelque chose qui échappe, qui se dérobe à l'ordre d'un sens clairement déterminé que Pound associait à l'analogie visuelle. Tout nettement dessiné que soit ce paysage, il recèle quelque chose d'autre, quelque chose qui semble juste hors d'atteinte, qui complique et peut-être subvertit le type de clarté qui semble être la visée de l'écriture.

Ce «quelque chose» peut se définir par un terme que Pound utilise aussi, «melopoeia». C'est là un des trois termes de référence annoncés dans son pamphlet de 1931 *How to Read:* nous y trouvons logopoiea, «la danse de l'intellect parmi les mots»; phanopoeia, la «projection d'images sur l'imagination visuelle», et finalement melopoeia, où, nous dit-il, «les mots sont chargés, *par delà leur signification ordinaire, d'une qualité musicale*, qui oriente la portée de cette signification» (*Polite* 170)[12] D'une façon qui peut être plus surprenante si l'on pense à son insistance sur la précision verbale, Pound remarque ensuite que melopoeia est comme «une force qui souvent assoupit ou distrait le lecteur du sens exact de la langue. C'est de la poésie à la limite de la musique, et peut-être la musique est-elle le pont entre la conscience et l'univers sensible et sans pensée ou même l'univers insensible» (171-72). C'était précisément cette tendance «mélopéenne» à s'écarter du sens visual dont Wyndham Lewis ridiculise le caractère «swinburnien» dans le Canto XVII. La description est certes correcte, mais elle nous rappelle que Lewis, écrivain de l'œil plutôt que de l'oreille, n'était pas, comme Pound, sensible à la diversité de variations rythmiques et phonétiques cachée dans les amples plis de l'œuvre de Swinburne. En effet, à côté de son goût souvent excessif pour les allitérations, Swinburne manie les éléments grammaticaux de façon à la fois à suspendre toute fermeture syntaxique[13] et à créer, par des échos et des constructions parallèles, des unités rythmiques puissantes qui, à l'instar de bien des vers dans les premiers Cantos de Pound, combinaient la précision dans la référence à une sorte de contre-poids négatif. Nous devrons nous contenter de quelques exemples, mais les gestes de reconnaissance que nous trouvons chez Pound sont sans équivoque: «Blossom of branches, and on each high hill / Clear air and wind», et «Knew the fluttering wind, the fluttered foliage, / Shaken fitfully, full of sound and shadow»[14]; et

([12]) Les italiques sont de Peter Nicholls.

([13]) Voir McGann, *Swinburne*,150.

([14]) «Fleurs de feuillage, et sur chaque hauteur / Clairs le vent et l'air» et «Savoir le vent palpitant, les feuilles palpitantes, / Secouées en rafales, pleines d'ombre et de bruit», Swinburne, 'Anactoria', *Collected* I, 65; 'A Lamentation', ibid, I, 98; 'Hendecasyllabics', ibid, I, 202.

dans *Atalanta,* «Sun, and clear light among green hills, and day/ Late risen and long sought after» (à comparer à ce vers de Pound «Light: and the first light, before ever dew was fallen» [III/11])[15]. Ces autres vers aussi, dans *Atalanta*: «There in cold remote recesses / That nor alien eyes assail, Feet, nor imminence of wings, / Nor a wind nor any tune» (*Atalanta* 36; 57)[16]. On pourrait multiplier les exemples; ceux-ci démontrent à suffisance, me semble-t-il, que Pound avait trouvé chez Swinburne un rythme et une clarté dans le phrasé qu'il n'a jamais véritablement reconnu dans l'essai consacré à l'œuvre du poète.

Pound reconnaissait d'habitude volontiers ses dettes intellectuelles, mais ce qu'il empruntait à Swinburne était sans doute tellement profondément intériorisé dans sa perception du poétique que l'emprunt résistait à toute formulation lapidaire. Et si le parti pris du modèle visuel était nettement lié aux positions esthétiques et politiques de l'avant-garde moderniste, il était plus difficile de défendre le modèle musical, tout chargé qu'il était d'associations symbolistes ringardes. Certes, Pound a beaucoup écrit sur la musique et même composé deux opéras, mais la musicalité de la langue est un sujet bien plus difficile à traiter. Comme nous le rappelle Susan Stewart, «la poésie lyrique n'est pas de la musique — elle porte avec elle toute une longue histoire faite de rapport avec la musique — et en tant que pratique d'écriture, elle ne produit pas de son — sauf bien sûr si nous écoutons une composition spontanée, nous ne faisons que nous *souvenir* de sons qui n'ont plus aucun rapport direct avec une expérience auditive» (Bernstein 29). De même Pound fait observer

([15]) «Soleil, et lumière claire parmi les vertes collines, et le jour / lent à naître et longtemps attendu»; «Lumière: et la première lumière avant même que tombe la rosée»

([16]) «Là dans de lointains et froids recoins / Que nul œil étranger n'assaille, Pieds, ou imminence d'ailes, / Ni la brise ni quelque chant».

«l'écoute plus fine que l'on peut avoir lorsqu'on imagine le son», et cite l'énoncé de Remy de Gourmont pour qui toute lecture s'accomplit «avec la mémoire de la parole» (cité dans Sherry 52) — une formulation qui, tel le «bruit: comme un rossignol trop lointain pour être entendu» du Canto XX, contribue à miner la présence et l'immédiateté associées au modèle visuel. Car cette forme spéciale de «musique» que l'on entend dans le processus de lecture silencieuse a une instabilité que seule une syntaxe très nuancée peut capter — une instabilité qui combine celle de la musique vraiment entendue avec sa matérialité incertaine et sa présentation complexe du mystère de la temporalité (Zuckerkandl I 145)[17]. Il est certain que le temps auquel se conjugue l'expérience musicale est riche et difficile à cerner. Comme le fait remarquer le musicologue Victor Zuckerkandl, «dans l'espace où nous écoutons, il n'y a tout simplement pas de juxtaposition.... Ce n'est pas la série d'instant après instant qui est essentielle dans la musique, mais le fait que l'instant présent contienne l'instant passé et l'instant futur: une interpénétration plutôt qu'une succession.» (347). Pourrions-nous dire que pareille complexité dans la temporalité, où l'«instant futur» se niche dans l'instant présent, recèle la possibilité d'articuler une aspiration à l'utopie, certes exprimée plutôt dans le rythme poétique qu'au niveau du contenu? Tout comme nous avons dû retourner à Swinburne pour comprendre cet aspect du modernisme de Pound, nous pourrions ici nous rappeler qu'à cette époque (à la différence de la nôtre) il n'était pas rare que la musique entretienne des relations étroites avec la philosophie et la pensée utopique (Said 15-16).

([17]) «Elle [la musique] se distingue de tout autre phénomène psychologique par la façon dont elle se donne, son exactitude, sa fiabilité, on pourrait presque dire, sa palpabilité; en revanche, elle se distingue de tous les phénomènes physiques par l'impalpabilité.»

Que faut-il retenir de tout ceci? Quelques évidences, peut-être: que Pound et Eliot étaient en quelque sorte en train de créer leur propre mythe de la grande rupture du modernisme et que par conséquent il convient de se montrer prudent sur les questions d'influence et de rejet dans l'historiographie du modernisme. Et, que, dans la foulée, les changements de paradigme esthétique — ici, le passage de la musique à la peinture comme modèle d'une nouvelle poétique — doivent également être abordés avec circonspection si nous voulons percevoir les continuités aussi bien que les discontinuités entre les modernistes et leurs précurseurs du XIXe siècle. Le cas de Swinburne semble bien être une pierre de touche à cet égard, dans la mesure où il nous permet de voir comment un sens complexe du rythme, combiné à une connaissance parfaite de la prosodie classique, ne pouvait être simplement balayé par la nouvelle insistance sur des modes d'«objectivation». Si Swinburne était bien en un sens «aveugle» aux exigences du monde des objets, c'était en grande partie parce que pour lui, les finalités même de la poésie étaient étroitement liées à des formes d'anamnèse et de désir, et ces ressources, à leur tour, étaient bien nécessaires à un poète comme Pound. Nous pourrions donc conclure que tout se joue sur la définition du rythme comme une forme nécessaire d'«aveuglement». Je terminerai en renvoyant une dernière fois à Lacoue-Labarthe, qui reconnaît que lorsque nous pensons à la poésie (il a Mallarmé à l'esprit), «nous voyons que deux critères sont en jeu: l'un visuel (ou spatial) et un (temporel) acoustique, le rythme étant leur articulation» (81). Cette conjonction du visuel et du temporel, pourrions-nous ajouter, ne nous éclaire pas seulement sur les habitudes d'écriture de Pound mais aussi sur une transition historique et stylistique qui est en fait plus complexe que ce que l'on aurait tendance à croire.

**Ouvrages cités:**

Bernard, Suzanne, *Mallarmé et la Musique*, Paris: Nizet, 1959.

Bernstein, Charles (dir.), *Close Listening: Poetry and the Performed Word*, New York & Oxford, Oxford University Press, 1998.

Derrida, Jacques, *La voix et le phénomène*, PUF, 1967

—, *Mémoires d'aveugle: l'auto-portrait et autres ruines*, Réunion des musées nationaux, 1991.

Duncan, Robert, 'The H.D. Book: Chapter 4', *Tri-Quarterly*, 12, Spring 1968.

Eliot, T. S., *Selected Essays*, London: Faber & Faber, 1972.

—, *The Use of Poetry and the Use of Criticism*, London, Faber & Faber, 1964.

—, *Selected Prose*, ed. John Hayward, Harmondsworth, Penguin Books, 1965.

Forrest-Thomson, Veronica, *poetic artifice*, Manchester University Press, 1978.

Foucault, Michel, «Of Other Spaces», *Diacritics*, Spring 1986.

Jakobson, Roman, «Marginal Notes on the Prose of the Poet Pasternak», dans *Language and Literature*, ed. Krystyna Pomorska et Stephen Rudy, Cambridge, MA, Belknap Press, 1993.

Lacoue-Labarthe, Philippe, *Musica Ficta: Figures of Wagner*, Stanford, CA, Stanford University Press, 1995.

Lewis, Wyndham, *Time and Western Man* (1927), ed. Paul Edwards, Santa Rosa, CA, Black Sparrow Press, 1992.

—, *Men Without Art* (1934), ed. Seamus Cooney, Santa Rosa, CA, Black Sparrow Press, 1987.

—, *The Art of Being Ruled* (1926), ed. Reed Way Dasenbrock, Santa Rosa, CA, Black Sparrow Press, 1989.

Mallarmé, Stéphane, *Oeuvres complètes*, ed. Henri Mondor et G. Jean-Aubry, Paris, Gallimard, 1979.

Martin, Jay, *Downcast Eyes: The Denigration of Vision in Twentieth-Century French Thought*, Berkeley, CA, University of California Press, 1993.

McGann, Jerome, *Swinburne: An Experiment in Criticism*, Chicago & London, Chicago University Press, 1972.

Nicholls, Peter, *Ezra Pound: Politics, Economics and Writing*, London: Macmillan, 1984.

Pound, Ezra, *Literary Essays of Ezra Pound*, ed. et introd. T. S. Eliot, London: Faber et Faber, 1960

—, *Polite Essays* (1937), Plainview, NY, Books for Libraries Press, 1966.

—, *Collected Early Poems*, ed. Michael John King, London, Faber & Faber, 1977.

—, *The Cantos*, London: Faber & Faber, 1994.

Pound, Omar, et Robert Spoo (dir.), *Ezra Pound and Margaret Cravens: A Tragic Friendship*, Durham & London, Duke University Press, 1988.

Prins, Yopie, *Victorian Sappho,* Princeton, Princeton University Press, 1999.

Rancière, Jacques, *Mallarmé: La politique de la sirène*. Paris, Hachette, 1996.

Said, Edward, *Musical Elaborations*, New York, Vintage, 1992.

Saintsbury, George, *A History of English Prosody*, 3 vols (1906), New York, Russell & Russell, 1961.

Sherry, Vincent, *Ezra Pound, Wyndham Lewis, and Radical Modernism*, New York & Oxford, Oxford University Press, 1993.

Swinburne, Algernon Charles, *Swinburne's Collected Poetical Works*, Vol. 2, London, William Heinemann Ltd., 1924.

—, *The Works of A. C. Swinburne*, ed. E. Gosse et T. J. Wise, 20 vols, London: Heinemann, 1925-7.

Zuckerkandl, Victor, *Sound and Symbol: Music and the External World*, trad. Willard R. Trask, 2 vols, New York, Pantheon Books, 1956.

# LE ROSSIGNOL INSTRUMENTAL
# INFLEXIONS CONTRE-MUSICALES DANS LA POÉSIE DE GRAY À CELAN

STEVE MCCAFFERY

(*traduit de l'anglais par Piotr Burzykowski*)

> «Pour moi la musique n'est pas une expression supérieure de l'individu. Je préfère la poésie.»
> Otto Han

> «Mes chansons elles sont à chanter par ceux qui ne savent pas chanter.»
> Robert Duncan

> «Quand la musique change de mode, les murailles de la ville tremblent.»
> Platon

L'argumentation de cet article présuppose la validité d'une distinction essentielle entre la sémiotique et l'acoustique dans la musique de la poésie. La première est manifeste dans la découverte en poésie anglaise (chez Swinburne et Tennyson) d'une continuité cumulative dans une syntaxe symphonique; on la retrouve sous forme résiduelle dans beaucoup de poésie normative et procédurale subséquente — par exemple dans l'utilisation que fait Zukofsky de structures fuguées et dans la tentative, chez Basil Bunting, d'incorporer les contrastes violents de la forme 'sonate'. Pourtant, l'acoustique de cette musique verbale, en s'opposant à toute présupposition de continuité, exige une approche différente de celle qui va des propensions pré-romantiques chez Gray et Collins à l'avant-garde du XX^e^ siècle en passant par le romantisme anglais.

Au lecteur de décider s'il s'agit ici d'un vague aperçu transhistorique ou d'une généalogie germinale d'une contre-musicalité poétique qui court-circuite les arguments actuellement avancés sur la périodicité.

D'après Paul H. Fry, «le son l'emporte sur la musique en tant qu'occasion poétique» (sound supercedes music as the poetic occasion) dans plusieurs textes romantiques; il s'agit de textes où «ce n'est pas la musique qu'entend la poésie [...] mais bien plutôt le son, avec son insistance sur la résonance, la hauteur, le timbre, et même une implication de monotonie: 'le murmure lancinant de mouches aux soirs d'été'» ([I]t is not music that poetry hears [...] but rather sound, with its emphasis on resonance, pitch, and timbre, and an implication even of monotony: 'The murmurous haunt of flies on summer eves') (Fry 45). Plutôt que de s'attacher à l'élément musical comme leurs homologues allemands, certains poètes romantiques et préromantiques anglais s'en détournent ou même la nient, ainsi que le montrent bien, par exemple, le glissement (en matière d'acoustique musicale naturelle) de chants d'oiseaux à des bruits d'insectes que l'on trouve dans certains textes pré-romantiques de Thomas Gray et William Collins, ou encore la relation délibérément paralogique à la musique que l'on trouve dans des odes de Keats et de Wordsworth. Cet article retrace une attitude systématiquement négative à l'égard de la musique qui pourrait certainement être décrite comme un revirement apophatique dans le paradigme acoustique, un revirement qui rend plus claire la position généalogique de Gray, de Collins et de Keats en tant que précurseurs, sinon prophètes, d'accomplissements avant-gardistes tels que le poème sonore Dada, les *parole in libertà* des futuristes italiens et le *zaum* des futuristes russes. Il n'est pas surprenant que ce développement apophatique acoustique ait été politisé dans le destin de la musique après Auschwitz et dans ma conclusion je présente les discussions portant sur un poème concret d'Eugen Gomringer et un poème de Paul Celan en tant que réflexion sur le fardeau éthique pesant sur toute musique après les camps.

C'est précisément le refus intransigeant de la musique de produire un profit conceptuel qui conduit Lessing et Kant à désavouer celle-ci[1]. Cependant, le destin de la musique change avec le romantisme allemand où on établit un lien essentiel entre la musique et la théorie expressionniste générale de l'art. D'après Sulzer, «Le but de la musique est d'éveiller les émotions, ce qu'elle fait au moyen de séquences de sons qui sont appropriées à l'expression naturelle de l'émotion et son

([1]) Lévinas insiste sur une déconceptualisation absolue de la réalité qui accompagne le musical. Avec la place centrale du rythme dans sa praxis, la musique se lie à l'image en désignant un arrangement essentiellement rythmique par opposition à un arrangement rétinien. «L'idée du rythme [...] indique [...] la façon dont l'ordre poétique nous affecte, des touts fermés dont les éléments s'appellent entre eux comme les syllabes d'une strophe, mais ne le font que dans la mesure où ils s'imposent à nous, en se détachant de la réalité» (4). La musicalité dans l'image poétique et dans la musique à proprement parler est la garantie, selon Lévinas, d'une perte de réalité, en ce qu'elle convertit un monde objet en une lamina non-objet faite d'affectivité pure dont la désincarnation de la réalité se situe dans une «dimension ontologique» [...] où le rythme est commerce avec la réalité est rythme» (5). Il y a dans la musicalité un ensorcellement et une extase, «le passage de soi vers l'anonymat» (4). Le jugement que Lévinas porte sur la musicalité tend vers une sombre implication de l'affirmation de Zukofsky selon laquelle «La meilleure façon d'en apprendre sur la poésie est de lire les poèmes. Ainsi le lecteur lui-même devient un peu poète: non pas parce qu'il «contribue» à la poésie, mais parce qu'il se retrouve sujet de son énergie.» (The best way to find out about poetry is to read the poems. That way the reader becomes something of a poet himself: not because he 'contributes' to the poetry, but because he finds himself subject of its energy) (31). Cet appel final à l'énergie et son parti pris implicite en faveur de la force plutôt que de la forme est présent chez de nombreux auteurs, de Longinus en passant par Marinetti jusqu'à Pound et Olson.

application doit se conformer exactement aux intentions de la nature dans les affaires d'ordre émotionnel» (The aim of music [...] is to arouse the emotions; this it does by means of sequences of sounds that are appropriate to the natural expression of the emotion; and its application must suitably conform to the intentions of nature in emotional matters) (Hermand et Gilbert 33). Sulzer, Herder, E. T. Hoffman, Tieck, Novalis, A. W. Schlegel et Wackenroder font tous l'éloge du caractère non représentationnel de la musique dans la mesure où elle offre le paradigme d'une expression de sentiments comportant un minimum d'éléments intermédiaires.

Il en va autrement en Angleterre, où émerge à partir de la moitié des années 1740 une prise de position discernable en faveur du contre-musical, tendance qui n'est pas évidente dans les courants apparentés allemands. Avec le nouveau genre de l'ode allégorique apparaissant pour la première fois dans les *Odes on Several Descriptive and Allegorical Subjects* de Collins en 1747, dont les variations rythmiques révolutionnaires et les cadences non rimées ont inauguré un nouvel ordre dans l'écoute poétique, on remarque un changement dans les éléments sur lesquels on met l'accent dans les zones de sonorité référentielles ciblées: on passe du chant des oiseaux au bruit des insectes. L'«Ode à la soirée» (*Ode to Evening*) s'ouvre sur un entrelacement magistral d'audition lyrique et de respiration physique qui mélange ainsi l'humain et le non-humain:

If aught of oaten stop, or pastoral song,
May hope, chaste eve, to soothe thy modest ear,
Like thy own solemn springs,
Thy springs, and dying gales,

O nymph reserved, while now the bright-haired sun
Sits in yon western tent, whose cloudy skirts,
With brede ethereal wove,
O'erhang his wavy bed

Now air is hushed, save where the weak-eyed bat
With short shrill shriek flits by on leathern wing,
Or where the beetle winds
His small but sullen horn,

As oft he rises 'midst the twilight path,
Against the pilgrim borne in needless hum:
Now teach me, maid composed
To breathe some softened strain.
(52-53)

Si la flûte de paille ou la chanson des bergers
Peuvent espérer, ô pure soirée, apaiser ta modeste oreille,
    Comme tes sources sacrées
    Tes sources et les grands vents qui meurent,

Ô nymphe discrète, alors que maintenant le soleil à la crinière d'or]
Se repose là-bas dans sa tente du Couchant, dont les jupes de nuages couvertes,
    Tissées dans le grand éther,
    Flottent au-dessus de sa couche

L'air est calme maintenant, sauf là où la chauve-souris aux faibles yeux
Voltige sur ses ailes tannées en poussant ses brefs cris stridents
    Ou là où le scarabée souffle
    Dans son cor petit mais maussade

Ainsi qu'il le pointe souvent sur le sentier du crépuscule
Contre le pèlerin qui se lève dans un bourdonnement superflu:
    Maintenant enseigne-moi, tranquille demoiselle,
    Comment respirer un chant plus doux.

(traduction de P. Burzykowski)

Collins construit ici ce que Victoria Meyers appelle un environnement *ilbeant*, un terme de musique qui indique l'état sans pesanteur, ni mesure qui est induit par des échantillonnages de sons ambiants dans lesquels les données soniques apparaissent et se retirent indépendamment de la volonté de l'auditeur. Et si Collins établit un *locus* hellénique traditionnel pour la musique au début du poème, il n'est pas interdit d'en dévier, la mélopée escortant le lecteur vers des territoires non-musicaux et même à peine acoustiques. De la musique en passant par le bruit des insectes jusqu'à la respiration silencieuse, c'est ainsi que l'on peut indexer avec précision le mouvement des trois premières strophes, après lesquelles la musique ne réapparaît plus, ayant été réduite au silence par l'interface magistrale des effets verbaux sonores.

Les images acoustiques dominantes qui ouvrent l'«Elégie écrite dans un cimetière de campagne» (*Elegy Written in a Country Churchyard*) de Gray sont constituées par les sons métalliques des cloches (aussi bien les signaux du couvre-feu que l'attirail des moutons) qui invoquent un terminus socio-économique: la fin de la journée de travail. La musique ne figure presque pas dans ce poème dont les thèmes sombres sont les classes sociales, l'obscurité et la mort (le dernier thème étant peut-être une subtile allusion au massacre de Culloden en 1746). Apparaissant brièvement au vers 40, la musique est associée à la Fierté aristocratique:

> Nor you, ye Proud, impute to These the fault,
> If Memr'y o'er their Tomb no Trophies raise,
> Where through the long-drawn isle and fretted vault
> The pealing anthem swells the note of praise
> (39).
>
> Vous les fiers, vous non plus ne leur imputez la faute,
> Si la mémoire sur leur tombe n'érige des statues
> Alors qu'à travers l'île interminable et la voûte tourmentée
> L'hymne éclatant enfle la note des louanges.
>
> (traduction de P. Burzykowski)

La dernière strophe, décrivant la procession funéraire, transforme chez le lecteur l'oreille qui écoute en un œil qui lit:

> The next with dirges due in sad array
> Slow thro' the church-way path we saw him borne.

Approach and read (for thou can'st read) the lay,
Grav'd on the stone beneath yon aged thorn. [...]
(42)

Le suivant dans de tristes habits sur un chant funèbre
Lentement nous le vîmes porté sur la route de l'église.
Approche et lit (puisque toi tu sais lire) le lai,
Gravé dans la pierre là-bas sous la vieille aubépine [...]

(traduction de P. Burzykowski)

concluant ainsi le poème par le silence tactile et épitaphique d'une inscription muette plutôt que par un motet chanté par les choreutes. Aussi bien chez Gray que chez Collins l'entropie constitue l'ambiance dominante, un mouvement tendant vers la stase et l'équilibre au sein duquel les sons non-humains des oiseaux et des insectes marquent de brefs moments négentropiques dans l'état que Fry choisit d'appeler le moment ostensif.

Cet éloignement des thèmes musicaux s'intensifie chez Keats. Plus d'une fois, le poète attire l'attention sur le composant sonore paradoxal au sein du silence. Dans «Je me haussais sur la pointe des pieds au sommet d'un coteau» (*I stood tip-toe upon a little hill*), survient «[u]n imperceptible frémissement parmi la feuillée; / Produit par le soupir même qu'exhale le silence» (*little noiseless noise among the leaves, / Born of the very sigh that silence heaves*). L'«Ode à Psyché» (*Ode to Psyche*) présente des «harmonies sans rythme» (*tuneless numbers*) et les mélodies dans «Ode sur une Urne grecque» (*Ode on a grecian urn*) sont d'autant plus douces qu'elles échappent à l'audition.

Heard melodies are sweet, but those unheard
Are sweeter; therefore, ye soft pipes, play on;
Not to the sensual ear, but, more endear'd,
Pipe to the spirit ditties of no tone!

Les mélodies entendues sont douces, mais celles qu'on n'entend pas
Sont plus douces encore: donc, suaves pipeaux continuez de jouer:

Non pour l'oreille sensuelle, mais des ballades plus chéries,
Des ballades pour l'esprit, sans sonorités!
(Paul Gallimard, p. 182)

«Ode à Psyché» place en réalité la déesse titulaire dans une négation du musical:

No virgin-choir to make delicious moan
Upon the midnight hours;
No voice, no lute, no pipe [...]

Ni chœurs de vierges exhalant de douces litanies
Aux heures de minuit;
Ni voix, ni luth, ni pipeau [...]
(Paul Gallimard, p. 182)

et bien que la strophe suivante rectifie heureusement la situation — le narrateur s'exclamant: «Donc souffre que je sois ton chœur et que j'entonne une litanie» (*So let me be thy choir, and make a moan*) — ce retour à la musique est immédiatement annulé dans la référence finale à l'esprit du poète, esprit dont l'intériorité complexe, indéterminée apparaît comme une «vaste quiétude» (*wide quietness*) et «les treillis entrelacés de mon cerveau en travail» (Gallimard, p. 183) (*wreath'd trellis of a working brain*) (261-64) tout aussi également silencieux. L'ambiance dominante de l'*Urne grecque* est ce froid silence pastoral découlant de l'immobilité sculpturale de tous les signes vitaux sous l'emprise d'un pouvoir que Lenz chez Buchner appelle «une tête de Méduse»[2] et que dans l'espace représentationnel Lévinas nomme, sous forme d'avertissement, «l'instant»[3].

(2) La tête de Méduse de Lenz est traitée dans «Le Méridien» de Paul Celan (Celan, 37-voir en particulier 42.)

(3) «C'est comme si la mort n'était jamais assez morte, comme si en parallèle de la durée du vivant s'écoulait la durée éternelle de l'instant. [...]

Les connexions acoustiques et structurelles avec les choses éthérées et le vol, connexions que l'on peut attribuer à Kepler et à Dryden, représentent des tentatives visant à reconstruire le lien avec des théories plus anciennes d'un univers musical fondé sur les mathématiques, la proportion et une puissance aérienne du vol. Les oiseaux attiraient St. François d'Assises grâce à leur gentillesse symbolique, mais Peirekius propose une explication plus pragmatique de l'effet sur les hommes qu'exerce la quiétude détachée de la mélodie des oiseaux, où l'harmonie calme et pondérée pousse les hommes vers un mode contemplatif[4]. Si l'«Ode à un Rossignol» (*Ode to a Nightingale*) consacre la continuité historique du chant d'un seul oiseau, elle se termine d'une manière dramatique sur un effet acoustique radicalement différent.

> (Forlorn! the very word is like a bell
> To toll me back from thee to the sole self!
> (260).

La durée éternelle de l'immobilité d'une statue diffère radicalement de l'éternité du concept; c'est l'instant, jamais fini, durant toujours — quelque chose d'inhumain et de monstrueux» (Lévinas 11).

(4) Les ornithologues reconnaissent plusieurs types de cris d'oiseaux: plaisir, détresse, alarme, fuite, rassemblement, et nidification. Le dernier type, celui de la défense du territoire, révèle la politique de base du chant des oiseaux. De même que les murs en pierre primitifs et les premiers écrits humains, les vocalisations ornithologiques sont utilisées pour définir les limites de la propriété. Via ce lien essentiel avec la territorialisation, le chant des oiseaux présuppose que l'auditeur est un étranger exclu en vertu d'un contrat. Schafer commente la façon dont l'environnement acoustique humain a assimilé ces fonctions des sons. «[L]es appels territoriaux des oiseaux sont reproduits dans les klaxons des voitures, leurs cris d'alarme sont reproduits dans les sirènes de police et leurs appels de plaisir dans les radios que l'on entend à la plage. Dans les appels territoriaux des oiseaux nous rencontrons la genèse de l'idée d'un espace acoustique.» ([T]he territorial calls of birds are reproduced in automobile horn blowing, their alarm calls are reproduced in police sirens and their pleasure calls in the beach-side radio. In the territorial calls of birds we encounter the genesis of the idea of acoustic space.) (33).

> Délaissé! Ce mot même semble une cloche
> Qui sonne la séparation et me rend à la solitude!
> (P. Gallimard, p. 194)

Il ne s'agit pas de toute évidence de cloches annonçant un mariage ou prévenant d'un danger, mais bien du signal d'un rappel ontologique et de la fin irrévocable d'un vol extatique. Mais si la musique trouve un répertoire complet dans le chant des oiseaux, elle perd assise et devient problématique lorsqu'elle est confrontée aux sons des insectes. Ce déplacement de l'accent de l'acoustique ornithologique vers l'acoustique entomologique a déjà été remarqué chez Collins et chez Gray, et dans l'«Ode à un Rossignol», il se manifeste sous la forme d'un «murmure lancinant de mouches aux soirs d'été» (*murmurous haunt of flies on summer eves*) (259). Fry reconnaît dans ce bourdonnement a-signifiant de la nature «une ressource permanente de la poésie» (*permanent resource of poetry*) et un instrument perpétuel du moment ostensif — cette «mesmérisation par le son de la volonté de signifier» (*mesmerization by sound of the will to signify*) qui pour lui définit le moment ostensif de la poésie (Fry 45-46). Fry dévoile une trajectoire irrésistible: les mouches bourdonnant autour du vase rempli de lait d'Homère, les cigales chantantes de l'Anthologie grecque, le *gray-fly* de Milton, le scarabée de Shakespeare (*shard-borne beetle with his drowsy hum*) dans Macbeth. La cohérence des preuves réunies pour étayer ce phénomène trans-historique est d'une grande signification: tous ses exemples de «bourdonnement» (*buzzing*) dérivent uniquement des sons et des sonorités du monde des insectes. (Nous pouvons d'ailleurs ajouter à la chaîne tracée par Fry le bourdonnement qui envahit le personnage de Bouche dans *Pas moi* de Beckett.) Il est tentant de rappeler l'exhortation d'André Breton de «[se fier] au caractère inépuisable du murmure» (cité chez Kittler 227). Cependant, un commentaire de Deleuze et Guattari élucide la signification de cette contre-musicalité entomologique: «l'âge des insectes avait relayé le règne des oiseaux, avec des vibrations, des stridulations, des crissements, des bourdonnements, des claquements, des grattages, des frottements, beaucoup plus moléculaires. Les oiseaux sont vocaux, mais les insectes, instrumentaux. [...] L'insecte est plus proche, pour faire entendre cette vérité que tous les devenirs sont moléculaires [...]» (p.379, Editions de Minuit) (308, University of Minnesota Press). R. Murray Schafer, créateur de paysages sonores et compositeur canadien, ajoute aux observations de Deleuze et Guattari une complexité prophétique, mécanique en remarquant qu'un effet général non-musical des sons d'insectes consiste «à donner l'impression qu'il s'agit de sons à l'état stationnaire ou à tracé plat [qui parviennent à l'oreille] sous la forme d'une monotonie continue et invariable. Comme la ligne droite dans l'espace, le son sous forme de tracé plat apparaît rarement dans la nature, et on ne le redécouvre qu'avec l'invention du moteur au moment de la révolution industrielle» (give the impression of being steady-state or flat-line sounds [reaching the ear as] a continuous, unvarying monotony. Like the straight line in space, the flat line in sound rarely occurs in nature, and we will not encounter it again until the Industrial Revolution introduces the modern engine) (Schafer 36)[5].

(5) Le caractère instrumental, technologique du bruit des insectes réapparaît dans «Autumn Journal» (Journal d'automne) de Louis MacNeice sous la forme d'annonces secrètes: [...] we go to our daily Jobs to the dull refrain of the caption 'War' Buzzing around us from hidden insects And we think 'This must be wrong, it has happened before, Just like this before, we must be dreaming; It was long ago these flies Buzzed like this, so why are they still bombarding The ears if not the eyes? (dans *Collected Poems* 128) [...]... nous allons travailler chaque jour sur le refrain sourd du sous-titre «Guerre» Qui nous entoure du bourdonnement des insectes cachés Et nous pensons «Il y a quelque chose qui cloche, c'est déjà arrivé, Exactement comme ça, nous sommes sûrement en train de rêver; Ça fait

Si l'«Alexander's Feast» célèbre tardivement la *musica mundana* pythagoricienne et post-pythagoricienne en tant que proportion harmonique, alors «Du Pouvoir du Son» (*On the Power of Sound*), l'une des dernières odes de Wordsworth, constitue le pivot entre William Collins et le *lautgedicht* Dada dans le mouvement qui mène de la sémiotique de la musique vers la matérialité acoustique de la voix[6]. J'aimerais lire l'ode de Wordsworth contre l'affirmation de Deleuze et Guattari selon laquelle «[...] nous avons une autre distinction: le visage avec ses corrélats visuels (yeux) renvoie à la peinture, la voix renvoie à la musique, avec ses corrélats auditifs (l'oreille est elle-même une ritournelle, elle en a la forme)» (p. 371, Editions de Minuit) (302, University of Minnesota Press). L'antipathie de Wordsworth à l'égard de la musique est bien connue, mais dans l'ode «Du Pouvoir du Son», la réduction de la musicalité suit une trajectoire précise qui part de la voix et de l'écoute pour aboutir au son et au bruit. Lorsque Wordsworth introduit le sujet de la musique, il le fait pour célébrer non la musique en tant que telle, mais bien la force du son dans le musical et sa capacité à émouvoir aussi bien son agent que l'auditeur. «By Ear he said», cette fameuse phrase d'Olson, hante le poème de Wordsworth au titre d'un genius loci. Le poème non seulement commence avec l'oreille, mais aussi s'achève avec elle, et malgré un grand parcours

longtemps que ces mouches Ont bourdonné comme ça, alors pourquoi bombardent-elles toujours Les oreilles si pas les yeux? (traduction de P. Burzykowski)

(6) Un bref passage dans une lettre de Baudelaire à Alphonse de Calonne (cité par Crépet) relie le mouvement des sphères autant au bruit qu'à la musique. «Le mouvement implique en général du bruit, dans la même mesure que Pythagore attribuait la musique aux sphères en mouvement» (cité dans Benjamin Arcades Project J90,4 p. 383). Etant donné le fort accent mis sur la cinétique dans la poésie futuriste, cette dimension de la pensée pythagoricienne se retrouve (via Baudelaire) curieusement adoptée par l'avant-garde.

varié effectué au moyen de contractions et de dilatations, nous ne quittons jamais cet organe auditif.

Les descriptions symétriques d'effets tympaniques établissent tout au long de l'ode un rythme persistant. Le début décrit une abréaction de données soniques internalisées antérieure à la formulation linguistique et se déroulant entièrement dans l'espace architectural de l'oreille:

> [...] a Spirit aërial
> Informs the cell of Hearing, dark and blind;
> Intricate labyrinth, more dread for thought
> To enter than oracular cave;
> Strict passage, through which sighs are brought,
> And whispers for the heart, their slave;
> And shrieks, that revel in abuse
> Of shivering flesh [...]
> (211).

> [...] un esprit aérien
> Informe la cellule de l'audition, sombre et aveugle:
> Labyrinthe compliqué, que la pensée redoute de pénétrer
> Plus que la caverne des oracles;
> Passage exigu, où traversent les signes
> Et les murmures pour le cœur, leur esclave;
> Et les hurlements, qui se complaisent dans les injures
> De la chair tremblante [...]
>
> (traduction de P. Burzykowski)

De la cellule en passant par un labyrinthe jusqu'à la caverne des oracles, Wordsworth trace la carte du territoire initial des affiliations que le reste du poème développe. L'oreille est rappelée dans les «cavernes bleues du ciel» (*sky's blue caves*) et «les échos plus doux de leurs cellules» (*the milder echoes from their cells*) de la strophe III. Vers la fin de cette strophe, ce qui peut apparaître comme un glissement d'une description de l'oreille vers une description détaillée des bienfaits thérapeutiques de la musique et du lyrisme populaire — «Heureuses laitières, une par une, répandant une chansonnette ainsi que le cœur leur en dit» (*Happy milk-maids, one by one / Scattering a ditty each to her desire*) et «Que béni soit le chant qui illumine / Les ténèbres de l'aveugle, qui exalte la joie du vétéran; / Qu'admiré soit le sifflement doux du paysan, qui allége sa labeur nécessaire [...]» (Blest be the song that brightens/ The blind man's gloom, exalts the veteran's mirth;/ Unscorned the peasant's whistling breath, that lightens/ His duteous toil [...]) (213) — ne devance que temporairement l'avancée de la banque des images auriculaires. A la strophe V, «[...] L'inspiration [...]» — et nous devons rester attentifs à la polysémie — «[...] enfourche une mélodie qui traverse comme un coup de vent/ la grotte et la tour fortifiée [...]» ([...] Inspiration / Mounts with a tune that travels like a blast / Piping through cave and battlemented tower [...]) (214).

Dans sa description des «voûtes moisies du cerveau borné de l'idiot» (mouldy vaults of the dull idiot's brain), Wordsworth — dans un passage où il anticipe la découverte de la fin du XIXe siècle selon laquelle «Un grondement dans les oreilles et le grondement des trains sont tous les deux capables de constituer pour les cerveaux dérangés une source d'assonances, d'allitérations et de rimes» (A roaring in the ears and the roaring of trains are equally capable of providing disordered brains with assonances, alliterations and rhymes) (Kittler 219) — choisit de mettre en évidence l'impact physique du son à l'aide de l'architecture interne de l'oreille de l'auditeur:

Convulsed as by a jarring din;
And then aghast, as at the world
Of reason partially let in
By concords winding with a sway
Terrible for sense and soul!
(215)

Comme ébranlé par un vacarme discordant;
Et puis frappé d'horreur devant le monde

De la raison partiellement introduit
Par les harmonies qui ondulent
A effrayer les sens et l'âme!

(traduction de P. Burzykowski)

La strophe IX construit une parabole qui commence avec la musique, mais qui se termine par un appel pour un retour vers l'écoute des réalités non musicales à l'intérieur des sons. Après une courte description des pouvoirs de transformation de la musique du mythique Arion, la strophe suivante développe le cadre mythique de la musique en évoquant les flûtes de Pan et les Faunes et des Satyres battant «le sol en cadence» (the ground in cadence). En fait, nous ne sommes pas loin de cet état de suspension glacée du son et de la forme déjà remarqué dans l'*Urne grecque* de Keats, et qui est essentiel à toute représentation classique et à l'ekphrasis en général. Cependant, cette mimésis cryogénique n'est introduite que pour être renversée:

To life, to *life* give back thine ear:
You who are longing to be rid
Of fable, though to truth subservient, hear
The little sprinkling of cold earth that fell
Echoed from the coffin-lid;
The convict's summons in the steeples's knell;
«The vain distress-gun,» from a leeward shore,
Repeated — heard, and heard no more!
(216)

A la vie, rends ton oreille à la *vie:*
Toi qui cherche à te délivrer
De la fable, mais asservi à la vérité, entend
La pincée de terre froide lancée
Qui rebondit sur le couvercle du cercueil;
La sommation du prisonnier dans le glas qui sonne du clocher;
«Les vains appels de détresse», près d'une côte sous le vent,
Répétés — entendus, et puis muets pour toujours!

(traduction de P. Burzykowski)

Le couvercle du cercueil évoque l'espace interne de l'oreille en tant que récipient de la vie et de la mort acoustiques. Le silence est le son mort qui suit l'écho dans le cercueil de l'oreille.

La grandiose strophe XII présente une réalité habitée par des «expressions errantes» (wandering utterances) qui n'évoquent pas la *musica mundana* de Pythagore, mais plutôt les voix ossianiques déambulantes de Macpherson et le chant de l'oiseau du poème de Wordsworth «Au Coucou» (*To the Cuckoo*) que le narrateur rencontre sous la forme d'une «Voix errante» (*wandering Voice*) (87). La question posée est de savoir si «une gamme de musique morale» (a scale of moral music) apporte de l'unité à un monde apparemment fait d'aléas. Complice de l'univocité, le narrateur affirme que «[t]outes les choses sont sous le contrôle d'un esprit omniprésent / Fait de tons et d'harmonie ([B]y one pervading spirit all things are controlled / Of tones and numbers) (217) et bien que les harmoniques reviennent dans la dernière strophe, elles ne se connectent pas à la proportion musicale, mais à «[u]ne Voix [qui] donna Existence à la Lumière» (A Voice [that] to Light gave Being). Il semblerait que l'ontogenèse judéo-chrétienne traditionnelle revient ici dans l'appel au *fiat* divin, sans pour autant éliminer une indétermination toujours présente. L'ordre divin est-il le premier et l'ultime accomplissement de la Voix ou les œuvres de Dieu — ses purges photiques — sont-elles la production paradigmatique de la voix? A la strophe précédente l'oreille retourne à l'écoute, mais l'organe auditif, central dans l'expérience poétique et musicale, est à ce moment l'oreille de Dieu, une oreille antérieure à l'expression de tout *fiat*. Dans sa réflexion sur la violence propositionnelle à l'intérieur de tous les discours qui déploient «un système de connaissances qui tend à ignorer les processus d'écoute» (system of knowledge that tends to ignore listening processes), Gemma Fiumara suggère que «nous pourrions commencer par admettre que l'on ne peut dire sans entendre, qu'il n'y a pas de paroles qui ne fassent pas partie intégrante de l'écoute, pas de discours qui ne soit reçu d'une manière ou d'une autre» (we could start out by admitting that there could be no saying without hearing, no speaking which is not also an integral part of listening, no speech which is not somehow received) (1).

Dans cette ode, la musique a un statut référentiel indéniable et bien qu'elle domine parfois, elle est systématiquement subordonnée au régime obligatoire du sonore et à sa réception dans l'écoute. (C'est toujours la Miséricorde qui «écoute» et même Dieu est pourvu d'une oreille.) Finalement l'ode repose sur les organes de la voix et de l'audition mis en corrélation et transposés au niveau du pouvoir de la divinité. Cette circuiterie macropoétique existe cependant à l'intérieur de la circonscription micropoétique de l'oreille — et l'oreille déforme et duplique: «Ô Voix et Ombres / et Images de la voix» (Ye Voices, and ye Shadows / And Images of voice) (Wordsworth 212). La voix n'apparaît jamais jusqu'à la fin dans une lucide certitude de soi; elle est toujours contaminée par ce redoublement pernicieux que Lévinas appelle une réalité et son ombre. Mais si l'ode ne constitue pas une répudiation totale de la musique, elle représente un affaiblissement et une relégation de la primauté du musical. L'efficacité du «Du Pouvoir du Son» découle du mélange libre de sons musicaux et non musicaux tout en maintenant l'oreille en tant que le site suprême de l'invasion auditive, démontrant ainsi ce que la poésie et la musique ont en commun, à savoir l'entremise intériorisante de l'oreille du sujet en tant qu'un désir poétique et critique de l'autre côté de la projection. L'attirance de Keats vers les «ballades pour l'esprit, sans sonorités» (*spirit ditties of no tone*) n'annonce pas vraiment Schoenberg, et bien que son affirmation selon laquelle les «mélodies entendues sont douces, mais celles qu'on n'entend pas / Sont plus douces encore» (heard melodies are sweet, but those unheard / Are sweeter) n'anticipent peut-être pas le silence de Cage, les deux sentiments sont la preuve de l'existence de sentiments ouvertement hostiles à l'égard de la musique au sein de certains éléments du romantisme anglais. L'évolution contre-musicale chez Collins, Gray, Keats et Wordsworth peut nous paraître surprenante étant donné l'investissement du romantisme dans la théorie de l'expression et d'autant plus si l'on considère la stratégie de Carlyle dans «Le héros comme poète» (*The Hero as Poet*) qui assimile la poésie à la «pensée musicale» (musical thinking):

> Tout discours, même le plus commun, a quelque chose en lui qui relève du chant. [...] Observez aussi comment toutes les langues passionnées deviennent musicales. Toutes les choses profondes sont Chant. Il semble que d'une certaine façon le chant soit notre essence. [...] L'essence principale en nous, en nous et en toute chose, les célèbres harmonies des sphères des Grecs: c'était le sentiment qu'ils avaient de la structure interne de la Nature; que l'âme de toutes ses voix et expressions était une musique parfaite. La Poésie donc, nous l'appellerons *Pensée musicale*. Le poète est celui qui *pense* de cette manière. (All speech, even the commonest speech, has something of song in it. [...] Observe too how all passionate language does of itself become musical. All deep things are Song. It seems somehow the very essence of us, Song. [...] The primal essence of us; of us and of all things, the Greeks fabled Sphere-Harmonies: it was the feeling they had of the inner structure of Nature; that the soul of all her voices and utterances was perfect music. Poetry, therefore, we will call musical Thought. The Poet is he who thinks in that manner.) (Cité dans Duncan 83.)

Ces sentiments remontent jusqu'à Pythagore en passant par Kepler, Ficino, Ptolémée, Aristote et Platon, et se retrouvent justifiés dans la préférence qu'exprimait Wordsworth pour le langage de l'homme du peuple et chez Whitman qui admirait la poésie inhérente de l'argot. Ils anticipent aussi les travaux de Dirac et Schrödinger en mathématique, la poétique basée sur la parole (*speech-based poetics*) de Carlos Williams et la doctrine sévère de Zukofsky selon laquelle «La parole condensée constitue presque à elle seule toute la méthode de la poésie» (Condensed speech is most of the method of poetry) (28). En même temps, il y a quelque chose dans l'affirmation de Carlyle qui ressemble à une fissure dans cet espace lisse d'avis similaires. En effet, son assertion, selon laquelle lorsque nous sommes en proie à des états chargés de fortes émotions, nous nous mettons à chanter, constitue une répétition peut-être surprenante de la raison d'être identique et primaire des condensations linguistiques transgressives réalisées au XXe siècle dans le cadre des projets avant-gardistes du *zaum* et de la *parole in libertà*.

La suite de cet article traite principalement d'une seule question: comment faire la différence entre la voix qui chante et la voix qui parle? Selon l'architecte Daniel Libeskind, «dans toutes les langues, la parole est construite elle-même au moyen de géométries, de consonnes et de voyelles. Cela a même conduit certains à croire que la parole est une forme secrète de musique qui a été oubliée» (Speech in all languages is itself constructed out of geometries, out of consonants and vowels. It has even led some to believe that speech is a secret form of music that has been forgotten) (51). Et dans une phrase célèbre, Benjamin déclare que «le langage écrit provient de la musique et non pas directement des sons du mot parlé» (written language grows out of music and not directly from the sounds of the spoken word) (1977, 214). La musique cependant se sépare du discours au niveau du chant, dont l'origine est facile à expliquer. Le chant naît du discours par une extension de l'ictus; le fait de maintenir un accent primaire qui précède un ton. En d'autres termes, le chant n'a pas pour origine les états caractérisés par une intensité des passions et des émotions, mais le moment où la signification est arrêtée ou bégaie, la séparation du son et de la signification qui inaugure et contamine le musical au moment précis où la vocalité émerge en tant qu'entropie évanescente[7].

Au terme de sa réflexion sur le fait étonnant que la lecture d'une phrase banale d'Horace («O fons Bandusiae») provoque sans faille une réaction émotionnelle, puissante et authentique, Basil Bunting conclut que «L'émotion était suscitée par le son des mots [et] n'avait rien à voir avec leur sens.» (The emotion was aroused by the sound of the words [and] had next to nothing to do with their meaning.) (38). En reléguant le sémantique à un ordre inférieur dans l'expérience poétique, Bunting exige l'introduction d'une relation radicalement asymétrique entre le son d'un mot et son sens. En opposition complète par rapport à la formule consacrée de Pope selon laquelle le son est l'écho du sens, Bunting insiste sur le fait que le sens est un obstacle à l'impact du purement sonique. Ceci marque un moment central, récursif en poésie, un moment que l'on peut qualifier de sacrificiel, puisqu'au centre de la thèse de Bunting on trouve le sacrifice du sens poétique au profit de la matérialité sensible de son langage, ce que Rowland Jones, un philologue gallois peu connu du XVIIIe siècle appelle «désir acoustique». Mais comme nous le montrerons bientôt, la préférence de Bunting pour le son est présentée ici sans respect pour la chronologie, étant donné qu'elle constitue un écho anglophone d'aspirations futuristes et dadaïstes plus anciennes qui vont être discutées ci-après.

Ainsi que je l'ai déjà noté, le signification du son est centrale au concept de moment ostensif de Fry, dans lequel la sous-détermination sémantique «délivre temporairement la

(7) Deleuze est conscient de la nature conjonctive du bégaiement: «la conjonction ET, ni une réunion, ni une juxtaposition, mais la naissance d'un bégaiement, le tracé d'une ligne brisée qui part toujours en adjacence, une sorte de ligne de fuite active et créatrice» (Deleuze et Parnet, p. 16, éd. Flammarion) (9-10, Columbia University Press).

conscience de sa dépendance du processus signifiant» (temporarily releases consciousness from its dependence on the signifying process) (4). Si on prend en considération la thèse de Fry selon laquelle le moment ostensif est «révélé dans la délivrance de la nécessité de signifier» (revealed in the release from the compulsion to signify) (11), il est étrange qu'il ne se penche pas sur le poème sonore, d'autant plus qu'il présente une analyse détaillée et pénétrante d'un texte avant-gardiste d'Eugen Gomringer. Si le moment ostensif déplore la prise de la poésie au piège de l'idéalité matérielle de la signification arbitraire du langage et si Fry a raison lorsqu'il affirme qu'une forme de «jalousie entre types d'art conduit à la réduction de la musique au son» (interart envy results in the reduction of music to sound), alors le *zaum*, les *parole in libertà* et les *lautgedichte* méritent de manière générale leur place au sein du majestueux panthéon trans-historique de Fry.

C'est le désir concerté de sauver la sonorité linguistique de la signification qui relie les innovations sonopoétiques des débuts de l'avant-garde à la théorie du moment ostensif de Fry. Dans son *zaum* expérimental, qualifié aussi de «langage transrationnel», le futuriste russe Kručënykh accorde au son une valeur autonome. Il ne s'attaque pas au mot en tant que tel mais à la subordination normative du mot (du point de vue sémantique et grammatical) à l'obligation de signifier. Dans sa fameuse phrase «le mot est plus large que son sens» (*word is broader than its meaning*), Kručënykh défait la relation qui lie le signifiant au signifié, non pas pour démolir, mais pour étendre les fonctions et les dimensions du mot. Dans ces textes *zaumistes*, les mots conventionnels sont remplacés par de nombreuses «irrégularités poétiques» (*poetic irregularities*) — lexèmes coupés, hybrides lexicaux, néologismes et fragments — qui refondent le mot sous la forme d'une organisation flexible de matériel phonématique, capable d'assurer une communication translogique et néanmoins émotionnelle.

dyr bul shchyl
ubeshchur
skum
vy so by
r l ez
(60)

Ainsi que l'indique (avec une certaine ironie) son argumentation dans «Vzorval» (Explodity), la justification du *zaum* par Kručënykh s'accorde exactement avec celle de Carlyle en ce qui concerne la pensée musicale. «L'expérience émotionnelle ne peut être mise en mots (des mots figés, des concepts), dans des mots-tortures, dans une isolation gnoséologique. Nous devons par conséquent tendre vers un langage transrationnel [...] c'est le langage auquel les gens ont recours aux moments cruciaux» (Emotional experience cannot be put into words (frozen words, concepts), word-tortures, gnoseological isolation. Therefore, we strive for a transrational language [...] that is the language people resort to at crucial moments) (65).

On retrouve une sensibilité similaire au sein de la branche italienne du futurisme. Fillipo Tomasso Marinetti (1876-1944), l'architecte principal du mouvement futuriste italien, a lancé ses *parole in libertà* (mots en liberté) en 1912 comme une tentative d'explosion syntaxique radicale pour libérer le mot de ses entraves linéaires et grammaticales. Sa liste d'interdictions, détaillée et dénuée de compromis, inclut la syntaxe, les adjectifs, les adverbes, les conjonctions et la ponctuation (ibid. 84-5). Comme Carlyle et Kručënykh, Marinetti justifie un tel bouleversement linguistique en renvoyant à l'inefficacité reconnue de la communication des états d'excitation émotionnelle au moyen des restrictions décélerantes engendrées par la grammaire et la syntaxe. En effet, en tant que présentations de l'expression émotionnelle immédiate, le *zaum* et les *parole in libertà* proposent un blackout augustinien contre les stratégies lyriques de suspension émotive de Wordsworth. Marinetti décrit cet abandon inéluctable du régime syntaxique et de la contrainte grammaticale dans les états non poétiques d'excitation et d'intensité émotionnelle. Placée dans une situation pleine d'intensité, telle que la guerre ou un tremblement de terre, une personne aura recours à des méthodes d'expression violentes «détruisant brutalement la syntaxe du [...] discours [...]. La poussée de la vapeur-émotion fera éclater la vapeur de la phrase, les soupapes de la ponctuation et l'attache adjectivale» (brutally destroying the syntax of [...] speech [...]. The rush of steam-emotion will burst the sentence's steam, the valves of punctuation, and the adjectival clamp) (dans Apollonio 98). En ce qui concerne la représentation, Marinetti a mis un très fort accent sur les structures onomatopéiques obtenues par la distorsion délibérée des mots. «[L']intoxication lyrique nous permet de, ou plutôt nous force à, déformer et refaçonner les mots; les allonger et les raccourcir; renforcer leurs centres ou leurs extrémités en augmentant ou en réduisant le nombre de voyelles et de consonnes» ([L]yrical intoxication allows us, or rather forces us, to deform and reshape words; to lengthen and shorten them; to reinforce their center or their extremities by increasing or diminishing the number of vowels and consonants) (cité dans Clough 50). A la base des mots en liberté il y a une tentative de trouver une connexion fondamentale entre un objet et son signe verbal basée sur l'efficacité du sonique en tant que force directe et immédiate. L'objectif dominant du *Paroliberismo*, identique à celui du musicien futuriste Luigi Russolo dans son art du bruit, est la représentation mimophonique de la technologie ambiante et de la cinétique de la simultanéité urbaine au moyen de l'anamorphose verbale, d'un son rythmique le plus souvent martialindustriel et d'onomatopées stridentes. Aux yeux d'un grand nombre de futuristes, la séparation discrète entre la musique et la poésie devait être abolie et plusieurs «textes» brouillent la frontière entre le poème imprimé et la partition musicale, comme le montre par exemple le début de la «Macchina Tipografica — onomatopea rumorista» pour douze orateurs simultanés de Giacomo Balla:

1° settesettesettesettesettesette
2° nennenennenennenennenennenenne
3° vùùùùmmùùvùùùùùmmùùvùù
4° tè.tè.tè.tè.tè.tè.tè.tè.tè.tè.tè.tè.tè.tè.
(dans Rasula et McCaffery, 110)

Et grâce à l'avènement de la machine décrit par Schafer, voici le retour et la revanche du bruit des insectes.

Par contraste, le *lautgedicht* dadaïste (poème sonore) ou les *verse ohne worte* (poésie sans paroles) recherchent activement une qualité plus mystique et prophylactique. Les fondements chamanistiques du *lautgedicht* apparaissent clairement dans le journal de son inventeur, Hugo Ball (1886-1926), à la date du 18 juin 1916: «Nous avons maintenant développé la plasticité du mot à un point tel qu'il serait difficile de l'égaler. Nous l'avons accompli en sacrifiant la phrase rationnelle, construite logiquement. [...] Nous avons chargé le mot de forces et d'énergies qui nous ont aidé à redécouvrir le concept évangélique du «mot» (logos) en tant qu'image magique complexe» (We have now driven the plasticity of the word to the point where it can scarcely be equaled. We achieved this at the expense of the rational, logically constructed sentence. [...] We have loaded the word with strengths and energies that helped us to rediscover the evangelical concept of the 'word' (logos) as a magical complex image) (68). Le moins que l'on puisse dire est que ces accomplissement sont paradoxaux: une quête à travers une «poésie <u>sans</u> mots» pour récupérer le mot en tant qu'image magique complexe. En réalité, les poèmes sonores de Ball (de même que «Kroklokwafzi» écrit par Christian Morgenstern en 1905 et «Kikakou» de Paul Scheerbart en 1897) présentent communément une expérience morphologique avec un sens abscons, mais comportent cependant un «effet de sens» et constituent de véritables spécimens de sémantique virtuelle. Pour appuyer cette thèse, voici de brefs extraits tirés des poèmes sonores de Ball et de Scheerbart.

> Kikakoku!
> Ekoralaps!
>
> Wîso kollipánda opolôsa.
> Ipasatta îh fûo.
> Kikakokú proklínthe petêh.
> Nikifilí mopa Léxio intipáschi benakáffro — própsa pî! própsa pî!
> Scheerbart *(dans Rasula et McCaffery, 104*
>
> gadji beri bimba glandridi lauli lonni cadori
> gadjama gramma berida bimbala glandri galassassa laulitalomini
> gadji beri bin blassa glassala lauli lonni cadorsu sassala bim
> gadjamatuffm i zimzalla binban gligla wowolimal bin beri ban
> o katalominal rhinozerossola hopsamen laulitalomini hoooo
> gadjama rhinozerossola hopsamen
> bluku terullala blaulala loooo
> *Ball* (dans Bohn, 37)

Aucun de ces poèmes ne correspond à la fameuse danse de l'intelligence au milieu de mots de Pound, mais ils offrent une véritable orgie du mot déshabillé jusqu'à sa matérialité sonique et dans laquelle la musique se retrouve en transit contractuel au moyen duquel le chant donne une voix au bruit[8]. Si Collins et les romantiques nous éloignent de la musique pour retrouver le son naturel sans signification, les poèmes

([8]) Un tel dépliement poétique du son s'oppose évidemment à la thèse de Pound, selon laquelle l'énergie qui s'exprime via un son pur (i.e. par opposition au discours articulé) ne peut être exprimée qu'en musique: «Energy expressing itself in pure sound, i.e. sound as distinct from articulate speech, can only be expressed in music» (Pound 376).

sonores de Ball nous emmènent le long de cette trajectoire du désir que Foucault attribue à Brisset le logophile — une restauration «des mots aux bruits qui ont donné naissance aux mots et [une réanimation] des gestes, assauts et violences dont les mots sont aujourd'hui les blasons muets» (words to the noises that gave birth to words, and to reanimate the gestures, assaults and violences of which words stand as the now silent blazons) (cité dans Deleuze 1988, 149 n40).

Si le mandat du futurisme est de libérer le mot de son régime sémantique et des contraintes syntaxiques de la grammaire, réorientant l'énergie ressentie des thèmes et du message vers la matière et la force, alors le corpus de la poésie sonore dadaïste reste une pratique irrémédiablement enchaînée aux mots. On retrouve, préservée au sein de leur gymnastique sonique, une modélisation morphologique qui continue à soutenir la présence orale de sémantèmes largement inaccessibles — mais ce sont toujours des sémantèmes. Les poèmes de Ball font systématiquement apparaître une présence xénolinguistique, un sensation de textes dont les significations inhérentes défient la compréhension et sa poésie sans mots est la preuve que dans la cacophonie et le charabia le langage a toujours la possibilité de revenir, soit sous forme de mots reconnaissables, soit dans une 'syntaxe' compréhensible suggérant une langue inconnue. Certeau décrit l'expérience d'une telle hétéroglossie comme celle de «voix» qui hantent une pluralité de frontières et d'interstices. «La voix se déplace, en fait, dans un espace entre le corps et le langage, mais uniquement au moment du passage de l'un vers l'autre et comme si cela se passait là où leurs différences sont les plus faibles.» (The voice moves, in effect, in a space between the body and language, but only in a moment of passage from one to the other and as if in their weakest difference.)

Mais permettez-moi de revenir à notre thème ornithologique par la question suivante: en quoi les textes de Ball diffèrent-ils de la transcription d'un chant d'oiseau? Nous avons laissé le jacassement des plumages à un terminus apparent avec l'accession à l'avant-plan du bruit des insectes et nous avons identifié l'imposante et ancienne assise de celui-ci en littérature jusqu'à sa manifestation machiniste dans le *paroliberismo.* Cependant, l'histoire du poème sonore dans sa forme transcrite, ainsi que notre héritage poétique en général, portent à croire que la littérature n'a jamais été complètement libre de l'attrait exercé par les vocalisations des oiseaux. Des oiseaux d'Aristophane à Coucou-les-Nuées, en passant par «lhude singe cu cu» du poète lyrique médiéval anonyme et le «Tu-whit! Tu-woo!» au début de «Christabel», jusqu'au «Twit twit twit Jug jug jug jug» du rossignol dans «La Terre désolée» (*The Waste Land*), il semble que le désir répandu d'atteindre le chant d'oiseau au-delà de la simple capture thématique est une ressource poétique aussi permanente que l'est le bruit des insectes selon Fry. L'un des plus anciens exemples de l'onomatopée littéraire se trouve dans la pièce *Les Oiseaux* d'Aristophane où la prétendue transcription phonétique du chant d'oiseau joue efficacement le rôle d'une parodie du discours socratique.

> Tio tio tio tio
> Tio tio tio tio
> Trio to trio to totobrix
> Toro toro toro torotix
> Tio tio tio tinx
> Trio trio trio totobrix
> Epopoi
> Poi
> Popoi
> Torotorotorotorotix
> Kikkabau kikkabau
> (dans Rasula et McCaffery 101)

Malgré les intentions parodiques et la consciente dépréciation de l'écrit de la part d'Aristophane — qui introduit, ainsi que l'a noté Harris, «des oracles frauduleux en mettant l'accent sur le fait qu'ils sont présentés par écrit» (fraudulent oracles with emphasis on the fact that they are in writing) (90), la transcription n'est pas différente pour autant des efforts sérieux de la part des ornithologues qui essaient de noter phonétiquement les vocalisations des oiseaux. Nicholson et Koch nous offrent une charmante série de néologismes pour décrire les diverses vocalisations des oiseaux, néologismes qui seraient tout à fait à leur place dans un poème sans mots dada.

> Gros-bec: Deak ... waree-ree-ree Tche... tche... tur-wee-wee
> Verdier: wah-wah-wah-wah-chow-chow-chow-chow-tu-we-we
> Gobe-mouches pie: Tchéetle, tchéetle, t chéetle, diddle-diddle-dée tzit-tzit tzit, trui, trui, trui
> (dans Schafer 30)

Hors du contexte, mais à la lumière de la sonopoésie de l'avant-garde, émerge la question de savoir ce qui distingue le littéraire du scientifique dans les notations ci-dessus et aussi de savoir pourquoi les oiseaux ne chantent plus à Dachau?

Dans «Diapsalmata» la première section de *Ou bien... Ou bien*, Kierkegaard définit le poète comme «Un homme malheureux qui porte en son cœur une profonde angoisse, mais dont les lèvres sont ainsi faites qu'elles transforment le soupir et le cri qui les traversent en une musique ravissante» (An unhappy man who in his heart harbors a deep anguish, but whose lips are so fashioned that the moans and cries which pass over them are transformed into ravishing music.) (19). Le lien intime établi entre la musique et la souffrance ainsi que le gouffre écrasant entre l'origine humaine et l'effet esthétique ont rapidement conduit Kierkegaard à une généalogie des machines musicales infernales. Le destin du poète prisonnier de l'asymétrie radicale est comparé «aux victimes malheureuses que le tyran Phalaris enfermait dans un taureau de cuivre et qu'il faisait torturer au-dessus d'un feu constant; leurs cris ne pouvaient atteindre les oreilles du tyran et frapper son cœur de terreur: lorsqu'ils atteignaient ses oreilles, ils ressemblaient à une douce musique» (the unfortunate victims whom the tyrant Phalaris imprisoned in a brazen bull, and slowly tortured over a steady fire; their cries could not reach the tyrant's ears so as to strike terror into his heart; when they reached his ears they sounded like sweet music) (ibid). Par comparaison, cette image kafkaïenne offre une sobriété hétérologique par rapport à la harpe éolienne, dont les poètes romantiques se sont saisis pour l'utiliser comme un emblème de la source inhérente de la musique dans la nature[9]. Kierkegaard nous rappelle les liens historiques entre la musique, la realpolitik, la terreur et la tyrannie. Dans la partie finale de cet article, j'aimerais étendre cette réflexion kierkegaardienne sur le son esthétique et la souffrance au destin de la musique après Auschwitz[10].

(9) Jerome McGann nous informe que la harpe éolienne ou harpe à vent «représente une approche kantienne de l'harmonie esthétique» (represents a Kantian approach to aesthetic harmony) (38) et il n'est pas surprenant alors que Shelley ait choisi cet instrument pour en faire un trope de l'esprit poétique. L'harmonie qui résulte d'une poétique de la tension est une théorisation répandue: Nietzsche, Charles Bernstein et Heidegger offrent tous des versions diversement complexes des binaires antagonistes. (Le terme choisi dans le New Criticism pour l'harmonie tensionnelle est bien entendu «ironie».) Derrida explique un potentiel différent des instruments à cordes dans ses commentaires relatifs à sa contribution figurale au projet de collaboration architecturale qu'il a mené avec Peter Eisenman. «J'ai dessiné une lyre qui est aussi un tamis. Dans le texte de Platon, la chôra est comparée à un tamis qui sépare les choses dans le monde du sensible et de l'intelligible» (I drew a lyre which is also a sieve. In Plato's text, chora is compared to a sieve which separates things into the world of the sensible and intelligible) (Derrida et Eisenman 92). A côté de ses possibilités harmoniques et cordales, la harpe est capable d'actions stéréotomiques et segmentatives, ainsi que le prouve l'usage révoltant des fils de piano pour la pendaison et le garrottage.

(10) J'utilise le terme «Auschwitz» dans le sens synecdotique proposé par Adorno et à la place du terme «holocauste», qui est mal approprié pour

Dans un contexte de timbales, d'éléphants, de cabinets prussiens et d'Allemands mesquins, d'hommes de Greiswald et de forêts onomatopéiques, Heinrich Heine nous offre une observation acerbe, prophétique qui formera la toile de fond pour équilibrer cette discussion. «Messieurs, la terre est un tonneau, et les hommes sont des épingles plantées d'une manière apparemment aléatoire sur sa surface; mais le tonneau tourne et les épingles frappées émettent un son, certaines le font fréquemment, d'autres rarement, et cela produit une musique curieuse et compliquée que l'on appelle histoire.» (Gentlemen, the earth is a barrel, and men are pins stuck seemingly at random on its surface; but the barrel turns, and the pins strike and give a sound, a few frequently, the rest seldom, and this produces a curious complicated music which is called history). (80). Si les efforts dadaïstes et futuristes atteignent le zénith du contre-musical, même si cela se fait via une reconnexion troublante au chant des oiseaux, alors l'abandon thématique de la musique et l'entrée concomitante dans le silence politique s'effectuent dans un célèbre poème concret sans titre d'Eugen Gomringer, poète né en Bolivie.

**silencio silencio silencio**
**silencio silencio silencio**
**silencio silencio**
**silencio silencio silencio**
**silencio silencio silencio**

désigner les événements qui ont eu lieu dans les camps de concentration nazis et leurs conséquences. Pour une démonstration puissante de l'inexactitude historique de ce terme et une histoire passionnante de sa migration sémantique, voyez Agamben, *Ce qui reste*...pp. 28-31.

Ecrit au début des années 1950, le poème est d'abord paru en 1954 dans sa version espagnole présentée ci-dessus et il a été republié en 1963 accompagné de la version originale allemande pour faciliter la comparaison. (Dans cet article, il sera fait référence au poème dans sa version espagnole «Silencio».)[11] Bien que l'on ne manque pas de commentaires critiques portant sur ce poème, la grande majorité de ceux-ci ne traite que des questions esthétiques soulevées par «Silencio». Ainsi, Liselotte Gumpel, tout en présentant les deux versions et en attirant l'attention sur la problématique de la traduction, ignore les riches nuances historiques du poème. L'ayant catégorisé comme une «tautolgie optico-sémantique» (optic-semantic tautology) aspirant à une compréhension supranationale, Gumpel se penche uniquement sur la relation sémantico-iconique que le poème exploite. L'espace vide au centre qui soutient l'absence du mot «fait montre d'une certaine éloquence ironique, puisque les signes noirs 'disent' ce que l'espace blanc 'signifie' [...] Sémantiquement, 'silence' signifie ce que l'espace *est* et ce que le mot *n'est pas*» (assumes a kind of ironic eloquence, since the black signs 'tell' what the white space 'means' [...] Semantically, 'silence' signifies what the space is and the word is not) (95). Michael Webster

(11) L'histoire des publications de ce poème est compliquée. Écrit au début des annécs cinquante, il est d'abord paru en espagnol dans *konstellationen*, l'un des premiers recueils de Gomringer (Spiral Press, Bernc, Swisse, 1953), et il a été réédité avec l'original allemand pour faciliter la comparaison dans *die konstellationen* en 1963. L'*Anthology of Concrete Poetry* (1967) d'Emmett Williams ainsi que l'édition spéciale de *Artes Hispánicas* de Mary Ellen Solt (Vol. 1, Nos. 3-4, Winter-Spring, 1968) reprennent la version espagnole sans commentaire. La traduction anglaise des *die konstellationen* (1968) de Jerome Rothenberg inclut la version allemande à côté de la traduction anglaise. La version originale allemande est choisie en 1970 pour le catalogue de l'exposition sur la poésie concrète au Stedelijk Museum d'Amsterdam, encore une fois sans un commentaire et avec une date de parution inexacte de 1968.

choisit également une lecture apolitique et formaliste lorsqu'il affirme que «l'espace au milieu du poème trouve une signification grâce aux mots qui l'entourent, l'espace donne ironiquement la signification du mot. Enlever cet espace appauvrit toute la construction; le poème forme une *gestalt* isomorphe à partir d'éléments visuels, verbaux et vocaux. La relation entre l'espace et le mot n'est pas tautologique, comme certains ont imaginé la relation entre l'image et le mot dans les calligrammes d'Apollinaire, mais bien isomorphe ou encore celle d'une entité unique dans laquelle l'élément visuel adopte une forme analogue à la signification verbale» (the space in the middle of the poem gains meaning from the words surrounding it; the space presents ironically the meaning of the word. To take the space away impoverishes the whole construction; the poem forms an isomorphic gestalt of visual, verbal, and vocal parts. The relation between space and word is not tautological, as some have imagined the relation between image and word in Apollinaire's calligrams, but isomorphic, or that of a single entity in which the visual element assumes a form analogous to the verbal meaning) (142).

Helmut Heissenbuttel, dans son introduction à la collection de constellations de Gomringer *worte sind schatten* (les mots sont des ombres) (1969) est le premier à présenter la dimension politique de la poésie de Gomringer, lorsqu'il affirme que le poème enjoué «ping pong» «a eu pour lui l'effet d'une 'libération' après la 'léthargie' (Erschlaffung) qu'a connue l'Allemagne à la fin de la guerre» (produced for him the effect of a 'liberation' after the 'sluggishness' (Erschlaffen) experienced in Germany at war's end) (cité dans Gumpel 92). Cependant tous les autres commentaires (jusqu'à la lecture astucieuse de Paul Fry) souffrent d'une somnolence ou d'une myopie critique en ce qui concerne les ramifications politiques du poème et les enrichissements herméneutiques historicisés que la théorie de l'acte pragmatique et verbal pourrait permettre. En fait, étant donné le contexte idéologique de la composition de «Silencio» dans l'ombre de l'Allemagne de l'après-guerre, le poème exige une lecture politique à l'intérieur des radiations caustiques émises par la proclamation d'Adorno que «Aucune parole résonnant de façon pontifiante [...], pas même une parole théologique ne conserve, non transformée [...] un droit après Auschwitz» (Lyotard, *Le Différend*, Ed. de Minuit, 152) (After Auschwitz there is no word tinged from on high, not even a theological one, that has any right unless it underwent a transformation) (cité dans Lyotard, *Differend* 87). Dans la version originale en allemand, à la place du *silencio* nous avons *schweigen*, un mot aux nuances plus complexes et qui peut soit décrire une situation acoustique, soit constituer une déclaration performative à l'impératif. Les connotations extra-esthétiques du poème explosent: «tais-toi», «la-ferme» (*shut up*), «reste tranquille» (*keep quiet*), «ne parlons pas» (*let's not speak*).

**schweigen schweigen schweigen**
**schweigen schweigen schweigen**
**schweigen schweigen**
**schweigen schweigen schweigen**
**schweigen schweigen schweigen**

Il est certain qu'en acceptant les deux aspects du mot en tant que, d'un côté un terme descriptif qui ne nécessite pas de locuteur, et de l'autre une déclaration sur-codée, le poème échappe aux lectures formalistes et esthétiques pour se positionner dans son contexte historique authentique, un contexte dans lequel, selon Fry, la question du silence national autour de l'Holocauste resurgit immédiatement et inévitablement[12]. (Le mutisme bien connu de Heidegger à propos de cette question représente bien l'attitude du peuple allemand à l'époque où Gomringer écrivait ce poème au début des années cinquante)[13] Le remplacement de la version espagnole non-locutionnelle avec la version allemande *schweigen* déplace la centralité textuelle vers l'irrésistible triplet sémantique d'une voix impérieuse qui donne des ordres, d'une voix réduite au silence de la victime et du silence collectif de la complicité. La définition anglaise du mot rend apparente sa polysémie:

> *n.* abstinence from speech or noise, being silent, taciturnity, non-betrayal of secret etc., fact of not mentioning a thing, not communicating any message. *v.t.* make silent by force.

Est-il extravagant, à la lumière dans ce contexte, de remarquer que la structure du rectangle de Gomringer utilise les mêmes éléments que le svastika ou d'y déceler une vue aérienne d'un camp de la mort ou une réunion parlementaire du bund? Et pouvons-nous lire le silence au centre muet du poème non seulement comme une mise en accusation in absentia de la réticence de l'historien à écrire le témoignage de la victime disparue, mais aussi comme une transposition textuelle concrète et sauvagement ironique de l'exigence d'Hitler qui demandait en 1937 un *volkloser Raum* (un espace vide de gens)?[14]

([12]) Lyotard élargit la portée de cette mise en accusation au-delà des frontières. Dans son explication de la forme graphique de l'expression «les juifs» (sans majuscule et entre guillemets), Lyotard remarque que celle-ci désigne tous ceux qui, où qu'ils sont, cherchent à se souvenir et à témoigner de quelque chose qui est constitutivement oublié, non seulement dans les esprits des individus, mais par la pensée occidentale elle-même. (*Ecrits Politiques*).

([13]) Sur le nazisme de Heidegger et son silence sur la question des camps, voyez Victor Farias, *Heidegger and Nazism* et *Heidegger et «les juifs»* de Lyotard.

([14]) voir note 12.

Giorgio Agamben affirme que cet appel extraordinaire pour un tel espace «nomme la force motrice du camp compris comme une machine biopolitique, qui, une fois mise en marche dans un espace géographique déterminé, transforme celui-ci en un espace biopolitique absolu» (names the driving force of the camp understood as a biopolitical machine that, once established in a determinate geographical space, transforms it into an absolute biopolitical space) et fait de la Mort un «simple épiphénomène» (a simple epiphenomenon) (85-6).

En 1897 Ernst von Wildenbruch devenait le premier poète allemand à enregistrer sa propre voix sur un cylindre en cire. Il s'agissait d'un poème qu'il avait écrit pour cette occasion et dans lequel il clame que le phonographe oblige le passé à parler[15]. Il est facile de glisser du silence vers l'amnésie et à la lumière cet épisode germanique de l'histoire de la technologie acoustique, il est possible de soutenir d'une manière paradoxale que le poème silencieux de Gomringer a réalisé un destin phonographique pour la poésie visuelle.

Rudolph Bultmann insiste que l'ouïe «est le moyen par lequel on appréhende Dieu [...] [entendre] donne une sensation de rencontre, de l'abolition de la distance, de la reconnaissance de l'emprise que le locuteur a sur nous» (is the means by which God is apprehended [...] hearing is a sense of being encountered, of the distance being abolished, the acknowledgement of a speaker's claim on us) (cité dans Lyotard, *The Lyotard Reader* 96). Si on choisit de suivre la thèse de Bultmann, alors l'espace blanc marque une absence d'écoute qui renforce l'absence de Dieu. Dans un commentaire sur Bultmann lors d'une discussion sur le peuple d'Israël, Lyotard interroge rhétoriquement «Comment se fait-il alors que le déicide soit présent dans leur religion?» et donne immédiatement une réponse: «Sous la forme de l'écriture. Entendre

(15) Le poème est cité et discuté dans Kittler [235-36.]

est la sensation de l'absence du Dieu mort. L'oreille écoute l'écriture. L'écriture est le mot du père mort.» (In the form of writing. Hearing is the sense of absence of the dead God. The ear listens to writing. Writing is the word of the dead father) (ibid. 96). «Je n'ai rien à dire et je le dis et c'est de la poésie» (I have nothing to say and I am saying it and that is poetry.) Ce célèbre témoignage de John Cage qui fonde une véritable poètique négative d'un disant sans un dit, d'un degré zéro de la locution vide, offre une articulation entre la thèse de Bultmann sur l'écoute et l'interprétation ekphrastique de Kafka du droit colonial. En effet, «Dans la colonie pénitentiaire» offre une fable concaténée qui relie la torture et l'écriture au droit. La loi est inscrite au moyen de la herse, tel un méridien, autour du centre du corps de la victime. Le reste du corps est couvert de fioritures calligraphiques. Après que la Loi a été écrite, il ne reste rien d'autre à écrire excepté l'acte d'écrire. Kafka présente un parallélisme écrit avec la poétique basée sur la parole de Cage transposée au domaine judiciaire et punitif. La fioriture est un acte purement gestuel du corps via l'écriture et c'est un gribouillage sans contenu qui lie le tortionnaire à la victime, une incision immédiate qui crée un excès paraphrastique totalement étranger au discours. Au niveau conceptuel, la fable de Kafka et la poétique de Cage présentent également des renversements négatifs photographiques et sonographiques de la constellation de Gomringer. Les trois auteurs, en empruntant des chemins différents, mais liés, renvoient leurs lecteurs à l'état de l'enfance (in-fans), à un corps sans langage. Mais contrairement à l'écriture torturante et illisible de Kafka, le blanc silence parousial rectangulaire de Gomringer se présente lui-même comme un espace vide qui doit être lu. Barthes attire l'attention sur l'importance croissante de l'espace vide du signifié (169)[16]. Contrairement

([16]) Derrida construit une prosopopée de la Philosophie qui, transposée dans le contexte de cet article, met en place non seulement la possibi-

au palais impérial au cœur de Tokyo qui offre l'expérience d'un centre vide, le cœur de *Silencio* est minimal mais chargé. Au cœur carré de son silence, ironique avec élégance et amertume, le poème de Gomringer crie sa mise en accusation[17].

Mais l'histoire si fascinante de ce poème si mal compris n'est pas complète. Au milieu des années quatre-vingts, sa traduction en hébreu de Harry Warschauer est parue en tant que numéro 16 dans la *Openings Press Card Series* de John Furnival.

lité d'une rencontre différente entre le lecteur et le silence blanc de Gomringer (renforçant le lien entre une vacuité perceptible et l'illisibilité), mais aussi résume le fardeau du poème de Gomringer dans la pleine résonance de sa contingence historique. Voir le passage sur la rupture de l'identité philosophique dans *Marges de la philosophie*, xviii.

(17) La relation historiquement proche entre l'architecture et la musique fournit de nouvelles perspectives sur le poème de Gomringer. Schelling ajoute à sa définition célèbre de l'architecture comme «quasiment de la musique figée» le mythe pertinent d'Amphion dont la musique a fait sortir les pierres de la terre pour former la muraille autour de Thèbes (177). Cet ensemble complexe de fixité, de musique et de construction architecturale créé par le musical est absent des tropes l'architecture chez Goethe: «harmonie perdue» et «musique pétrifiée», une expression qui est devenue plus tard «musique silencieuse» [verstummte Tonkunst], un terme que Keats aurait apprécié. Voyez Vidler 231 fn 30.

Le caractère hébreu correspond à «sh» et, à tout le moins dans sur la copie du traducteur, l'espace central acquiert une complexité supplémentaire. Gomringer a été amené à signer de son nom au centre du silence. Au verso de cette copie l'éditeur ajoute une note à l'attention de Warschauer (datée de décembre 1988): «J'ai amené le Prof. Gomringer à briser pour vous le silence de votre version de son silence lorsque j'étais au Brésil cet été» (I got Prof. Gomringer to shatter the silence of your version of his silence for you when I was in Brasil [sic] this summer.) Alan Halsey, poète, libraire, et ami de Warschauer fournit quelques indices quant à ses intentions. «Je suis persuadé que Harry y voyait un poème politique. Enfant juif, il a été sorti d'Allemagne au début de la guerre par les Quakers et a traversé l'Europe de l'Est pour arriver en Angleterre — comment ça s'appelait, le Kinderbus — Kinder-quelque chose. Il est devenu un journaliste pour les tabloïdes, rien de bien extraordinaire, mais il s'est engagé dans des enquêtes sur la négationnisme de l'Holocauste, le revivalisme nazi, etc.» (I'm sure Harry saw it as a political poem. As a Jewish kid he was got out of Germany & via eastern Europe into England in the early war years by the Quakers — what was that scheme called, the Kinderbus? — Kindersomething. He became a tabloid journalist, mostly run of the mill stuff but involved himself in investigations into Holocaust denial, Nazi revivalism & so on.)[18]

([18]) Cette information m'est parvenue dans un courriel envoyé par M Halsey le lundi 10 septembre 2001. Le poème signé apparaît à la position 351 du Miscellany Catalogue (septembre 2001) de la société Alan Halsey Books. Dans le même message Halsey indique que «la Openings [Press] Card est la première et la seule édition. J'estime que la date de parution se situe vers 1985-87. Harry l'avait fait quelque temps auparavant et j'ai trouvé dans ses papiers un brouillon que j'avais esquissé pour lui quand il vivait à Hay, au début des années quatre-vingts.» (the Openings card is definitely the first & only edition. My guess at publication date is 1985/6/7. Harry had done it a while before & I found among his papers a rough version I'd sket-

Lyotard commente l'impossibilité historique d'exprimer ce silence.

> «Le silence qui entoure la phrase: *Auschwitz fut le camp de l'anéantissement* n'est pas un état d'âme, c'est le signe que quelque chose reste à phraser qui ne l'est pas et qui n'est pas déterminé. Ce signe affecte un enchaînement de phrases. L'indétermination des sens laissés en souffrance; l'anéantissement de ce qui permettrait de les déterminer, l'ombre de la négation creusant la réalité au point de la dissiper, en un mot le tort fait aux victimes, qui les condamne au silence — c'est cela, et non un état d'âme qui fait appel à des phrases inconnues pour enchaîner au nom d'Auschwitz.» (n°91, *Le Différend*, Editions de Minuit) (cité dans Carroll 171-72).

Derrida nous rappelle que l'apophasie est la modalité de la voix sans voix qui se manifeste sous la forme d'une déclaration négative faite à Dieu au-delà de l'être et depuis la conscience des paramètres ontologiques restreints (*Du nom propre* 35). John Felstiner présente des faits moins aporétiques et peut-être plus appropriés:

ched for him when he'd been staying in Hay, would be early 80s.) «Silencio» et l'«Ode à un Rossignol» de Keats pourraient être utilement comparés à la fin du deuxième acte de *Moïse et Aaron* et son surprenant exode de la musique, dans ce que Daniel Libeskind appelle «l'accomplissement non musical du mot» (the non-musical fulfilment of the word) (27). «Pour une importante raison structurelle, la logique du libretto ne pouvait être complétée par l'arrangement musical. A la fin de l'opéra, Moïse ne chante plus, il ne fait que parler, «Mot, Ô Mot», en s'adressant à l'absence du mot, et il est possible de comprendre cela comme «un texte», puisque lorsqu'il n'y a plus de chant, le mot manquant que Moïse prononce, l'appel du mot, l'appel à l'acte, est clairement compris» (For an important structural reason, the logic of the libretto could not be completed by the musical score. At the end of the opera, Moses doesn't sing, he just speaks, 'Oh word, thou word,' addressing the absence of the word, and one can understand it as a 'text,' because when there is no more singing, the missing word that is uttered by Moses, the call for the word, the call for the deed, is understood clearly) (Libeskind 26). La répétition de ce sentiment dans «Silencio» est si évidente qu'il est légitime de se demander si Gomringer était au courant de l'opéra.

> Non loin de Czernowitz, au camp de Janowska près de Lemberg (aujourd'hui Lvov) un lieutenant SS ordonnait aux violonistes juifs de jouer un tango avec de nouvelles paroles appelé «Tango de la mort», un tango qu'ils devaient jouer pendant les marches, les tortures, le creusement des tombes et les exécutions. Par la suite, avant de liquider le camp, le SS tua tout l'orchestre. Ce «Todestango», dont il existe un enregistrement, était basé sur le plus grand succès d'avant-guerre de l'argentin Eduardo Bianco [...]. [En 1939, Bianco et son orchestre] ont joué devant Hitler et Goebbels, qui préféraient le tango à la «décadence» du Negro jazz. (Not far from Czernowitz, at the Janowska camp in Lemberg (now Lvov) an SS lieutenant ordered Jewish fiddlers to play a tango with new lyrics, called «Death Tango,» for use during marches, tortures, grave digging, and executions. Then, before liquidating the camp, the SS shot the whole orchestra. This «Todestango,» of which a recording exists, was based on the Argentine Eduardo Bianco's greatest prewar hit. [...] [In 1939 Bianco and his band]. [...] entertained Hitler and Goebbels, who preferred the tango to the «decadence» of Negro jazz) (28-30).

Paul Celan (qui vivait à Paris à l'époque de la visite de Bianco) a répondu à la musique avec son poème «Todesfuge» (Fugue de mort):

> Lait noir de l'aube nous le buvons le soir
> le buvons à midi et le matin nous le buvons la nuit
> nous buvons et buvons
> nous creusons dans le ciel une tombe on n'y est pas serré
> Un homme habite dans la maison il joue avec les serpents il écrit
> il écrit quand il va faire noir en Allemagne Margarete tes cheveux d'or]
> écrit ces mots s'avance sur le seuil et les étoiles tressaillent
> il siffle ses grands chiens
> il siffle il fait sortir ses juifs et creuser dans la terre une tombe
> il nous commande allons jouez pour qu'on danse
> [...]
> Il crie enfoncez plus vos bêches dans la terre vous autres et vous chantez jouez
> il attrape le fer à sa ceinture il le brandit ses yeux sont bleus
> enfoncez plus vos bêches vous autres et vous jouez encore pour

qu'on danse]
(dans Felstiner 31), (Lefebvre, p. 53)

Dans ce poème mémorable, que Felstiner appelle très justement «le *Guernica* de la littérature européenne d'après-guerre» (the Guernica of postwar European literature) et «le point de référence de la poésie 'après Auschwitz'» (the benchmark for poetry 'after Auschwitz') (26), la musique figure comme torture critique. Le poème de Celan marque le point limite dans l'histoire et sur le territoire du lyrisme, la plus musicale des formes poétiques. L'image initiale inscrit le paradoxe emmêlé de la musique après la conférence de Wannsee et sa complicité dans la solution finale, une image qui fait aussi allusion au destin fonctionnel des fils de piano — une métamorphose et une métataxie musicales emmêlées dont la typologie antécédente est le taureau de Phalaris[19]. Écouter la musique est peut-être lire au-delà de l'écriture dans une forme

([19]) Ailleurs, Celan offre une voix audible qui est aussi émergente au moment de la mort, et dont les mots sont aussi chargés que l'espace blanc au centre du texte de Gomringer. Cette voix émet un contre-mot, «un mot à contre-courant, un mot qui coupe la corde» (a word against the grain, the word which cuts the string) (Celan 40). Celan rapporte les mots de Lucile dans la pièce de Büchner, *La mort de Danton*, prononcés au moment de l'exécution de l'aristocrate Camille. Lucile «qui est aveugle à l'art, Lucile pour qui la langue est tangible comme une personne, Lucile est tout à coup là avec son 'Vive le Roi!'» (who is blind against art, Lucile for whom language is tangible and like a person, Lucile is suddenly there with her 'Long live the king!') (ibid). Celan, refusant de voir dans ce cri le signe d'une loyauté cachée envers à l'Ancien Régime, le lit comme une trace de l'essence même de la poésie: «[C]e n'est pas un hommage rendu à une quelconque monarchie, à un hier qui mériterait d'être préservé. C'est un hommage à la majesté de l'absurde qui témoigne de la présence d'êtres humains [et qui] n'a pas de nom définitif, mais je crois que c'est de la [...] poésie» ([T]his is not homage to any monarchy, to any yesterday worth preserving. It is homage to the majesty of the absurd which bespeaks the presence of human beings [and has] no definitive name, but I believe that this is [...] poetry) (40)

d'écoute qui récupère au bénéfice de l'expérience ce que Platon appelle la *chora*, un ur-endroit paradoxal qui est un non-espace, un endroit de l'empreinte primaire qui ne peut être spécifié comme esprit, corps, *sensibilia* ou idée. Mais cette affirmation se confirme-t-elle à la lumière des fugues de la mort et, si ce n'est pas le cas, comment pouvons-nous penser l'état et le destin de la musique après Auschwitz? Nietzsche à ses débuts — le Nietzsche de la *Naissance de la tragédie* — situe la musique dans l'essence du tragique qui a une position antipathétique face au narratif et à la mimésis. Cependant, la méditation de Nietzsche portait sur la Grèce d'avant-Euripide et non sur le nazisme, et étant donné cette incongruence chronologique, j'aimerais avancer que la proclamation d'Adorno concernant le mot devrait peut-être être étendue à la musique dans le monde contemporain. Car aucune musique résonnant de façon pontifiante, pas même une musique théologique, ne conserve, non transformée, le moindre droit après Auschwitz.

Deux passages résument les désirs et les espoirs critiques de cet article d'une manière austère qui nous renvoie à son thème entomologique. Le premier est extrait de *La Condition humaine* de Malraux et relate les derniers moments et pensées de Kyo avant son suicide; le second reprend les commentaires acerbes de Lyotard dans la *Chambre sourde* (Soundproof room) sur l'existence larvaire de certains membres lettrés de la société.

> [...] Gémir avec cette foule couchée, rejoindre dans son murmure de plaintes cette souffrance sacrifiée... Et une rumeur inentendue prolongeait jusqu'au fond de la nuit ce chuchotement de la douleur: [...], presque tous ces hommes avaient des enfants. Pourtant, la fatalité acceptée par eux montait avec leur bourdonnement de blessés comme la paix du soir, recouvrait Kyo, ses yeux fermés, ses mains croisées sur son corps abandonné, avec une majesté de chant funèbre.
> [...] Il est facile de mourir quand on ne meurt pas seul. Mort saturée de ce chevrotement fraternel, assemblée de vaincus où

des multitudes reconnaîtraient leurs martyrs; légende sanglante dont se font les légendes dorées! Comment, déjà regardé par la mort, ne pas entendre ce murmure de sacrifice humain qui lui criait que le cœur viril des hommes est un refuge à morts qui vaut bien l'esprit?
(Malraux, pp. 310-311).

Tapie sous la communauté dispersée, disparate de connaisseurs, de lecteurs et de spectateurs se cache, en réalité, une masse d'insectes qui s'accrochent frénétiquement à 'leur' signe.
(Lyotard, *Chambre sourde*)

## CODA

*tant qu'un homme a la voix il peut retrouver la musique*
Louis MacNeice, *Collected Poems* 60

Une coda et non un codicille (puisqu'il n' y a pas trace de dernières volontés ou de testament dans ce qui suit). *Ce qui reste d'Auschwitz* de Giorgio Agamben offre une coda appropriée à «Silencio» Le livre décrit d'une manière touchante la recherche de témoins et d'archives menée par Agamben qui réagissait ainsi à certaines accusations publiques portées contre lui. C'est Agamben qui parle.

Il y a plusieurs années lorsque j'ai publié un article sur les camps de concentration dans un journal français, quelqu'un a écrit une lettre au rédacteur dans laquelle j'étais accusé, parmi d'autres crimes, d'avoir «ruiné le caractère unique et indicible d'Auschwitz». Je me suis souvent demandé à quoi l'auteur de la lettre pouvait faire allusion. Le phénomène d'Auschwitz est unique (certainement en ce qui concerne le passé et nous ne pouvons qu'espérer pour l'avenir) [...] Mais pourquoi indicible? Pourquoi accorder à l'extermination le prestige du mystique? (Several years ago when I published an article on the concentration camps in a French newspaper, someone wrote a letter to the editor in which, among other crimes, I was accused of having sought to «ruin the unique and unsayable character of Auschwitz.» I have often asked myself what the author of the letter could have had in mind. The phenomenon of Auschwitz is unique (certainly in the past, and we can

> only hope for the future). [...] But why unsayable? Why confer on extermination the prestige of the mystical?)
> (31-32)

Le net refus d'Agamben d'admettre le caractère ineffable d'Auschwitz le conduit à se lancer dans une vaste analyse de la logique paradoxale qui gouverne les témoignages portant sur cet événement historique.

Dans le cas d'Auschwitz «la valeur du témoignage réside essentiellement dans ce qui lui manque; il porte en son sein quelque chose dont on ne peut témoigner et cela enlève aux survivants leur autorité. Le 'vrai' témoin, les témoins 'complets', ce sont ceux qui n'ont pas témoigné et qui ne pouvaient témoigner» (the value of testimony lies essentially in what it lacks; at its center it contains something that cannot be borne witness to and that discharges the survivors of authority. The 'true' witness, the 'complete witnesses,' are those who did not bear witness and could not bear witness) (34). Ce ne sont pas les morts qui constituent le noyau de cette lacune, mais bien ceux qui ont atteint leur nadir ontologique — «toucher le fond» comme dit Primo Levi — et qui sont décrits dans les témoignages des survivants et dans leurs propres témoignages dans les rares cas où ils ont survécu. Le nom que les gardes et les prisonniers leur ont donné était *Muselmänner* (les musulmans) un euphémisme ekphrastique qui repose sur la similarité des mouvements non coordonnés de leurs corps dans un état de malnutrition et en hypothermie et ceux des musulmans en bonne santé lors de la prière. (De loin, «on avait l'impression de voir des Arabes en train de prier» [Ryn et Klodzinski, cités dans Agamben, *Ce qui reste...* 42]). Sofski donne une liste des noms utilisés dans les autres camps: «ânes» à Majdanek, «crétins» à Dachau, «estropiés» à Stutthof, «nageurs» à Mauthausen, «chameaux» à Neuengamme et «cheiks fatigués» à Buchenwald. A Ravensbrück, les femmes étaient appelées aussi bien «musulmanes» que «breloques» (dans Agamben, 44). D'autres noms moins euphémiques incluaient hommes-momies, morts-vivants et cadavres ambulants.

À la lumière du désir éthique d'Agamben de parler pour ceux qui ne le peuvent pas, pour les vrais témoins qui ne peuvent témoigner, et en mettant à jour la position centrale du *Muselmann* dans l'évaluation de l'événement indicible qu'est Auschwitz, l'espace absent qui marque le noyau structurel de «Silencio» peut enfin être rempli d'une spécificité historique et le poème peut enfin être élevé à un plan éthique et démystifié auquel Agamben a partiellement fait allusion ci-dessous et auquel Eugen Gomringer n'a peut-être même pas pensé:

> Auschwitz marque la fin et la ruine de toute éthique de la dignité et de conformité à une norme.[...] Le *Muselmann*, qui en est l'expression la plus extrême [i.e. dégradation], garde le seuil d'une nouvelle éthique, l'éthique d'une forme de vie qui commence là où la dignité s'arrête (Auschwitz marks the end and the ruin of every ethics of dignity and comformity to a norm. [...] The Muselmann, who is its most extreme expression [i.e. degradation], is the guard on the threshold of a new ethics, an ethics of a form of life that begins where dignity ends) (69).

**Ouvrages cités**

Abrams, M. H., *The Mirror and the Lamp. Romantic Theory and the Critical Tradition*, New York, W. W. Norton, 1958.

Agamben, Giorgio, *Remnants of Auschwitz: The Witness and the Archive*, trad. Daniel Heller-Roazen, New York, Zone Books, 1999. [Note du traducteur: Cet ouvrage est cité dans l'article sous le titre de sa traduction française, *Ce qui reste d'Auschwitz*.]

Appolonio, Umbro, ed., *Futurist Manifestos*, trad. Robert Brain, R. W. Flint, J. C. Higgitt et Caroline Tisdall. London, Thames and Hudson, 1973.

Ball, Hugo, *Flight out of Time: A Dada Diary*, trad. Ann Raimes. New York, Viking Press, 1977.

Barthes, Roland, «Semiology and the Urban», in *Rethinking Architecture*, éd. Neil Leach, London, Routledge, 1997.

Benjamin, Walter, *The Origin of German Tragic Drama*, trad. John Osborne, London, Verso, 1977.

Bohn, Willard, (éd. et trad.), *The Dada Market: An Anthology of Poetry*, Carbondale, Southern Illinois University Press, 1993.

Bunting, Basil, «The Use of Poetry», in *Writing* 12 (Summer, 1985).

Carroll, David, *Paraesthetics: Foucault, Lyotard, Derrida*, London, Routledge, 1987.

Celan, Paul, «The Meridian», in *Collected Prose*. Trad. Rosmarie Waldrop, Manchester, Carcarnet Press, 1986.

—, *Choix de poèmes*, trad. Jean-Pierre Lefebvre, NRF, Gallimard, Paris, 2000.

Clough, R. T., *Futurism the Story of a Modern Movement: A New Appraisal*, New York: Philosophical Library, 1961.

Collins, William, *The Poetical Works*, London: Bell and Daldy, n.d.

Deleuze, Gilles. *Foucault*, trad. Sean Hand. Minneapolis: University of Minnesota Press, 1988.

Deleuze, Gilles, et Félix Guattari. *A Thousand Plateaus* [volume 2 de *Capitalism and Schizophrenia*]. Trad. Brian Massumi. Minneapolis: University of Minnesota Press, 1987. [Note du traducteur: Les extraits cités dans l'article viennent de *Mille Plateaux*. Collection «Critique», Editions de Minuit, Paris, 2001.]

Deleuze, Gilles et Claire Parnet. *Dialogues*, trad. Hugh Tomlinson et Barbara Habberjam. New York: Columbia University Press, 1987. [Note du traducteur: Les extraits cités dans l'article viennent de *Dialogues*, Flammarion, Paris, 1996.]

Derrida, Jacques. *On the Name*, trad. David Wood. Stanford: Stanford University Press, 1993. [Note du traducteur: Cet ouvrage est cité dans l'article sous le titre de sa version française, *Du Nom propre*.] et Peter Eisenman. *Chora L Works*. éd. Jeffrey Kipnis et Thomas Leeser, New York: The Monacelli Press, 1997.

Duncan, Robert. *Fictive Certainties*. New York: New Directions, 1985.

Felstiner, John. *Paul Celan. Poet, Survivor, Jew*, New Haven: Yale University Press, 1995.

Fiumara, Gemma Corradi. *The Other Side of Language: a Philosophy of Listening*, trad. Charles Lambert. London: Routledge, 1990.

Fry, Paul H. *A Defense of Poetry: Reflections on the Occasion of Writing*, Stanford: Stanford University Press, 1995.

Gray, Thomas. *The Complete Poems*. éd. H. W. Starr et J. R. Hendrickson, Oxford: Oxford University Press, 1966.

Gumpel, Liselotte. *«Concrete» Poetry from East and West Germany: The Language of Exemplarism and Experimentalism*, New Haven: Yale University Press, 1976.

Harris, William V., *Ancient Literacy*, Cambridge, Mass: Harvard University Press, 1989

Heine, Heinrich. *Travel Pictures*, trad. Francis Store. London: George Bell & Sons, 1887.

Hermand, Jost et Michael Gilbert éd., *German Essays on Music*, New York: Continuum, 1994.

Keats, John. *The Poetical Works*, éd. H. W. Garrod, Oxford: Oxford University Press, 1958. [Note du traducteur: Les traductions de Paul Gallimard des extraits de «Ode à Psyché», «Ode sur une Urne grecque», «Je me haussais sur la pointe des pieds au sommet d'un coteau», «Ode à un Rossignol» viennent de *Poèmes et poésies*, NRF, Gallimard, Paris, 2001.]

Kierkegaard, Søren. *Either/ Or*, Vol. 1., trad. David F. et Lillian Marvin Swenson. New York: Doubleday & Co., 1959.

Kittler, Friedrich A. *Discourse Networks 1800 / 1900*, trad. Michael Mettler, avec Chris Cullens. Stanford University Press, 1990.

Kruchenykh, Aleksei, «Explodity» in *Russian Futurism through its Manifestoes, 1912-1928*, trad. Anna Lawton et Herbert Eagle. Ithaca: Cornell University Press, 1988, pp. 65-66.

Lévinas, Emmanuel. «Reality and its Shadow», in *Collected Philosophical Papers*, trad. Alphonso Lingis. Dordrecht: Martinus Nijhoff, 1987, pp. 1-13.

Libeskind, Daniel. *The Space of Encounter*, New York: Universe Publishing. 2000.

Lyotard, Jean François. *The Differend: Phrases in Dispute*, trad. George Van Den Abbeele. Minneapolis: University of Minnesota Press, 1988. [Note du traducteur: Les extraits cités dans l'article viennent de *Le Différend*, Collection «Critique», Editions de Minuit, Paris, 2001.], *The Lyotard Reader*, éd. Andrew Benjamin, Oxford: Blackwell, 1989, *Political Writings*. Trad. Bill Readings et Paul Geiman. Minneapolis: University of Minnesota Press, 1993, *Soundproof Room. Malraux's Anti-Aesthetics*. Trad. Robert Harvey. Stanford University Press, 2001. [Note du traducteur: Cet ouvrage est cité dans l'article sous son titre français, *Chambre sourde*.]

MacNeice, Louis. *Collected Poems 1925-1948*, London: Faber and Faber, 1949.

Malraux, André, *La condition humaine*, coll. Folio Plus, éd. Gallimard, 2002.

McGann, Jerome. *Social Values and Poetic Acts: The Historical Judgment of Literary Works*, Cambridge, Mass.: Harvard University Press, 1988.

Pound, Ezra. *Selected Prose 1909-1965.*, New York: New Directions, 1973.

Rasula, Jed et Steve McCaffery. *Imagining Language*, Cambridge, Mass.: The MIT Press, 1997

Schafer, R. Murray. *The Tuning of the World*, Toronto: McClelland and Stewart, 1977.

Schelling, Friedrich W. *The Philosophy of Art*, Trad. Douglas W. Scott, Minneapolis: University of Minnesota Press, 1989.

Vidler, Anthony. *The Architectural Uncanny: Essays in the Modern Unhomely*, Cambridge, Mass.: The MIT Press, 1992.

Webster, Michael. *Reading Visual Poetry after Futurism*, New York: Peter Lang, 1995.

Wordsworth, William. *Poetical Works*. [7 vols.] éd. Edward Dowden, vol. 2, London: George Bell & Sons, 1892. [Note du traducteur: Les traductions de François-René Daillie des extraits de «Au Coucou» viennent de *Poèmes*, NRF, Gallimard, Paris, 2001.]

Zukofsky, Louis. *Prepositions*, London: Rapp & Carroll, 1967.

# L'effet des cygnifiants: le pli dans la pratique interdisciplinaire
## (une analyse de Boulez, de Mallarmé et de McCaffery)

Karen Mac Cormack

*(Traduit de l'anglais par Piotr Burzykowski)*

> Le processus d'exploration... conduit à une découverte qui ne peut être contemplée que sur fond d'une autre découverte et d'une autre et d'une autre et d'une autre
> (Martin 24)
>
> N'explorons-nous pas les expressions des idées et des sentiments et ne nous exprimons-nous pas à travers les explorations?
> (Martin 64)

Lorsque j'étudie la nature *possible* des influences combinatoires de la poésie et de la musique, je prends aussi en considération l'architecture, élément inséparable de ma démarche. En effet, puisqu'en poésie les «notes» et les structures musicales associées sont internalisées alors qu'en musique elles sont externalisées, comment ne pas se pencher aussi sur l'effet de l'architecture sur ces domaines? Et si, pour citer Michael Brewster, «la nature frontale, périphériquement limitée de la vue en fait un parent perceptuel de la peinture, alors que le 'balayage' à 360 degrés de l'ouïe ressemble plus au caractère tridimensionnel de l'architecture» (Martin 37), alors on retrouve en poésie *aussi bien* une nature frontale *qu'*un «balayage» potentiellement simultané avec une tridimensionnalité (la lecture à haute voix) qui est comparable à notre expérience de la musique. Cependant, il me semble que nous ne pouvons (ni ne devrions) exclure l'aspect architectural présent dans ces expériences.

Ceux d'entre nous qui entreprennent activement de «faire disparaître les frontières [afin d'ouvrir] des carrefours et des galeries de connexions» entre les disciplines, pour paraphraser Steven Holl (Martin 59), doivent prendre en compte non seulement la sensation physique d'un espace (ou environnement architectural) et le sentiment (sensation émotionnelle) d'un espace (ou musique), mais aussi le concept de son non seulement comme expression musicale, mais comme «un matériau participant à la construction de l'espace» (Bernhard Leitner in Martin 30).

Certains poètes se sont intéressés à l'architecture procédurale et/ou processuelle, en particulier vers la fin des années quatre-vingt-dix, en tant qu'influence productive avec un potentiel de collaboration, et il semble qu'au début de cette décennie un certain nombre d'architectes aient cherché à explorer l'«archimusique» (Novak in Martin 66), ce qui correspond certainement à un déplacement par rapport à la perspective historique de la tradition de Pythagore, Vitruvius et des autres. Au même moment, les compositeurs et les musiciens se tournaient vers des œuvres poétiques avant-gardistes. (Je n'oublie pas les autres disciplines artistiques, mais je les laisse hors de cette discussion pour l'instant.)

Peut-être le début de la disparition progressive des délimitations entre disciplines se manifeste-t-il au moment où l'architecte, le poète et le compositeur se penchent ensemble sur les significations multiples et simultanées d'une *stanza.* (*Stanza* étant compris comme groupe de quatre lignes ou plus, répété en tant qu'unité métrique, de l'italien «endroit où l'on se tient», chambre, stance, du roman «stantion» *habitation,* du latin «stare», se tenir.) Giorgio Agamben indique que «[l]'usage du mot 'stanza' pour désigner une composante de la canzone a pour origine le terme arabe *bayt,* qui signifie 'demeure', 'tente' et aussi 'strophe'. Selon les auteurs arabes, *bayt* désigne aussi la strophe principale d'un poème composé en l'honneur d'une personne à laquelle on désire exprimer son désir, et, en particulier, la strophe où on trouve énoncé l'objet du désir.» (1993, 124-5).

Agamben suggère que «[le] langage poétique survient de manière telle que son avènement s'échappe toujours en même temps vers l'avenir et vers le passé. La place de la poésie est par conséquent toujours celle de la mémoire et de la répétition» (1991, 76). Il est possible d'établir une complexification signifiante en rapport avec la mémoire et la répétition, si on considère le sens du temps chez Gaston Bachelard. Pour lui, le temps est vécu non pas comme une continuité linéaire, mais bien rythmiquement, sous la forme de durées d'intensité variable suivant les interactions entre l'esprit, le corps, les personnes et la société (Sadler 98). Ou, pour reprendre les mots de Yago Conde «Arriver via quelle notion du temps?» (253).

Une des mises en œuvre interactives de cette fuite «vers l'avenir et vers le passé» a lieu dans l'œuvre de Pierre Boulez *Pli Selon Pli — Portrait de Mallarmé* (1962). Ma thèse est que la pratique du pli dans la composition de Boulez peut être comparée à l'affirmation de Greg Lynn selon laquelle «[s]'il ne faut retenir qu'un seul effet engendré en architecture par la pratique du pli, il s'agit de la capacité à intégrer des éléments sans relation dans un nouveau mélange continu» (Cache xii). Il en va certainement ainsi dans le cas de la poésie de Steve McCaffery, et en particulier dans les plis de son texte *An Effect of Cellophane*, qui est déjà un pli par-dessus un pli du sonnet de Mallarmé «Le vierge, le vivace et le bel aujourd'hui».

Le vierge, le vivace et le bel aujourd'hui
Va-t-il nous déchirer avec un coup d'aile ivre
Ce lac dur oublié que hante sous le givre
Le transparent glacier des vols qui n'ont pas fui!
Un cygne d'autrefois se souvient que c'est lui
Magnifique mais qui sans espoir se délivre
Pour n'avoir pas chanté la région où vivre

> Quand du stérile hiver a resplendi l'ennui.
> Tout son col secouera cette blanche agonie
> Par l'espace infligée a l'oiseau qui le nie,
> Mais non l'horreur du sol où le plumage est pris.
> Fantôme qu'à ce lieu son pur éclat assigne,
> Il s'immobilise as songe froid de mépris
> Que vêt parmi l'exil inutile le Cygne
> (96)

Voici un extrait du texte de McCaffery:

> what they call night in the movies became a knife no longer blunter than an inch the cygnet handle swans neck slashed with a blade of gynocography precision no longer the shell the grass a blade of even body pulled the knife preventing holding back the wind as if it acted feigned a faint allusion to the detonation in an engine what they call the bachelors a clavichord its parts of the machine drawn off an edge to writing fragments of a pharmacy inside of what it goes beyond the descant from a photograph a written light the surface of a sky or common blade pulled out of the mouths part of the machine in part the repetition of itself the necessary cut or slash described discredited a bar inside the detonation not the hinge but absence put there acting as an engine in the announced range of signet
> (277-8)[1]

Dans *An Effect of Cellophane*, McCaffrey se livre sur soixante-dix-neuf pages à un exercice de recombinaison d'un vocabu-

(1) «Ce qu'ils appellent nuit dans les films est devenu un couteau désormais pas plus émoussé qu'un pouce manche de cygnet coup de cygne tailladé d'une lame à la précision gynécographique plus désormais l'écaille l'herbe brin-lame de corps lisse tire le couteau empêchant retenant le vent comme s'il jouait contrefaisait une vague allusion à la détonation dans un moteur ce qu'ils appellent les célibataires un clavecin ses parties de la machine retirées d'un rebord en fragments écrivant d'une pharmacie à l'intérieur de ce qui va au-delà du déchant d'une photographie une lumière écrite la surface d'un ciel ou lame commune tirée de l'embouchure de la machine en partie la répétition de soi-même la coupure ou entaille nécessaire décrite discréditée un bar dans la détonation pas la charnière mais l'absence mise là fonctionnant comme un moteur dans l'étendue annoncée du signet»

laire fini. (Ce texte fait partie de *The Black Debt*, un diptyque dont la deuxième partie est le texte intitulé *Lag*.) *An Effect of Cellophane* est un texte courant, non ponctué, une suite unique de recombinaisons, alors que *Lag* est présenté comme «une série d'affirmations dont la nature phrastique est entièrement déterminée par la virgule» (quatrième de couverture de *The Black Debt*). Les deux œuvres «font l'objet d'une conjonction musicale et politique», mais dans *An Effect of Cellophane*, le lecteur, peut-être incité (ou inhibé ou en même temps incité *et* inhibé) par un texte sans restrictions grammaticales d'aucune sorte, produit ses propres rythmes de lecture de l'œuvre. (D'une manière semblable, ceux-ci sont continuellement retravaillés par Boulez dans son *Pli Selon Pli* et ses autres œuvres, qui restent encore d'une certaine manière inachevées.)[2]

Agamben soutient plus loin que «[la] poésie contient en réalité un élément qui avertit toujours celui qui écoute ou répète un poème que l'événement de langage en jeu a déjà existé et se reproduira un nombre infini de fois. Cet élément [...] est l'élément métrico-musical. Nous avons l'habitude de lire la poésie comme si l'élément métrique était sans importance du point de vue sémantique. Nous entendons souvent que la structure métrico-musicale est bien sûr essentielle dans

(2) «Sous l'influence de Mallarmé, il a entrepris trois grandes œuvres aléatoires après *Le Marteau sans maître*, mais de celles-ci, la *Troisième Sonate* pour piano (1957) n'est qu'un fragment et *Pli selon pli* pour soprano et orchestre (1962) a été révisé à plusieurs reprises; il n'y a que le deuxième livre de *Structures pour deux pianos* qui ait été définitivement achevé. D'autres œuvres, notamment *Eclat/Multiples* pour ensemble de percussions et orchestre sont toujours retravaillées, comme si le caractère ouvert du riche monde musical de Boulez l'avait condamné au non-achèvement. Seul le sévère *Rituel in memoriam Bruno Maderna* pour orchestre (1975) a échappé à ce destin.» (*The Grove Concise Dictionary of Music,* éd. Stanley Sadie, MacMillan Press, Londres, 1988. Le texte complet de l'article peut être aussi consulté sur la page http://www.wqxr.com/cgi-bin/iowa/cla/ learning/ grove.html?search=boulez.

un poème donné [...] mais nous ignorons d'habitude *pourquoi* elle est si essentielle ou ce qu'elle exprime précisément elle-même» (1991, 77).

Ma thèse est que dans *An Effect of Cellophane* de McCaffery, l'élément métrico-musical lui-même se plie dans une conscience *infiniment* croissante (dans le chef du lecteur) *à travers* le vocabulaire *fini* du texte. En limitant le vocabulaire, McCaffery renforce l'expérience de l'infinité recombinatoire de l'élément métrico-musical, justement *parce que* le lecteur fait l'expérience de ce vocabulaire fini sans restrictions grammaticales. (Une chute libre rythmiquement variable.)

Boulez et McCaffery s'intéressent bien tous les deux au pli, mais leurs approches présentent-t-elles des similarités? Dans la deuxième improvisation de *Pli Selon Pli*, le poème qui commence par «Une dentelle s'abolit...», Boulez donne à l'auditeur des textures structurées et un prolongement temporel des vers du sonnet, en particulier de ceux de la deuxième strophe («cet unanime blanc conflit»). Interrogé à propos des révisions et des variations incessantes qu'il a fait subir à un grand nombre de ses œuvres, Boulez a dit: «Cela ne signifie pas que les œuvres ne sont jamais achevées, mais je suis convaincu qu'il faut parfois vingt ans pour trouver des solutions aux problèmes que l'œuvre elle-même a fait surgir.»[3]

([3]) «J'ai évidemment composé aussi des œuvres qui étaient plutôt simples et directes (*straightforward*), qui n'ont pas fait l'objet de ce processus de labyrinthe; mais la plupart du temps j'ai adopté une perspective plus étendue du processus de l'œuvre dans son ensemble, pour reprendre votre expression. Cela ne signifie pas que les œuvres ne sont jamais achevées, mais je suis convaincu qu'il faut parfois vingt ans pour trouver des solutions aux problèmes que l'œuvre elle-même a fait surgir. Je pense que l'exemple le plus intéressant que je peux citer est le cas de Proust, chez qui je trouve un modèle pour le genre de choses dont nous parlons, je veux dire l'œuvre qui est un long cheminement qui dure toute la vie. Dans *A la recherche du temps perdu*, vous remarquerez que Proust attribue à un personnage un

> Une dentelle s'abolit
> Dans le doute du Jeu suprême
> A n'entr'ouvrir comme un blasphème
> Qu'absence éternelle de lit.
> Cet unanime blanc conflit
> D'une guirlande avec la même,
> Enfui contre la vitre blême
> Flotte plus qu'il n'ensevelit.
> Mais, chez qui du rêve se dore
> Tristement dort une mandore
> Au creux néant musicien
> Telle que vers quelque fenêtre
> Selon nul ventre que le sien,
> Filial on aurait pu naître.
> (107)

En présentant sa notion d'architecture de l'indétermination (*architecture of indeterminacy*), Yago Conde, architecte espagnol aujourd'hui décédé, fait référence aux systèmes de notation de plusieurs compositeurs et, en particulier, à celui de John Cage:

> Ainsi nous trouvons un niveau d'indétermination différent qui rend compte de la non-résolution de l'état ou l'interprétation finale de l'objet d'art. Il est intéressant de voir comment ce genre de décisions est noté, comment on dessine une 'carte' de cet état d'indétermination. Dans les systèmes de notation de John Cage — et des autres compositeurs contemporains comme

thème ou un motif particulier, pour ensuite vous rendre compte que ce motif a été repris bien plus tard (parfois même dans un volume différent) par un autre personnage et qu'il a été complètement transformé. Cela m'a servi d'inspiration dans mon œuvre 'Notations', où une partition pour piano se développe et se transforme trente ans plus tard en une œuvre pour orchestre, telle une graine qui germe pour donner vie à tout un jardin. Cette croissance ressemble au processus que l'on retrouve chez Proust, qui pour moi est un très intéressant modèle de ma propre évolution et sa manière de travailler ressemble peut-être le plus à la mienne.» Interview menée par Rocco Di Pietro, publiée avec la permission de l'auteur d'abord à l'adresse http://kalvos.org/dipeess1.html, ensuite dans le livre *Dialogues with Boulez*, Rocco Di Pietro, Scarecrow Press, 2001.

> Sylvano Bussotti, Pierre Boulez, Karlheinz Stockhausen, Cornelius Cardew, Jeffrey Levine, etc. — nous rencontrons une situation analogue aux systèmes de notations conventionnels en architecture. En effet, ses partitions graphiques organisent la disposition spatiale des événements, leur concentration ou leur dispersion, leur rythme, timbre, forme, volume, etc. Ce sont des 'cartes', des 'cartographies' d'événements. Le développement de ces systèmes de notation coïncide avec le développement de l'idée de la 'musique indéterminée'. En musique, cette idée a été principalement liée aux mécanismes de composition utilisant des méthodes de génération aléatoire. C'est surtout la précision du résultat final qui reste indéterminée, laissant ainsi l'œuvre ouverte à des solutions variables.
> (75-6)

Le continuum recombinatoire chez McCaffery produit certainement un effet différent de celui de la composition chez Boulez (aussi bien en ce qui concerne le poème original de Mallarmé que les lecteurs/auditeurs). McCaffery prolonge son texte au-delà du sonnet de Mallarmé, créant ainsi une structure qui recadre incessamment son vocabulaire fini. Ce «recadrement» se rapproche beaucoup plus de la suggestion de Bernard Cache selon laquelle «la structure du cadre moderne offre une certaine quantité de jeu. [...] Les parties rigides du cadre conservent encore une certaine géométrie, mais leur articulation est mobile et leur équilibre résulte du jeu des tensions qui traversent le système dans son ensemble.» (108-9) Bien que Cache fasse spécifiquement référence ci-dessous à un tableau, je pense que ce qu'il en dit est applicable à *An Effect of Cellophane*: «Le cadre d'une peinture n'est plus comme une fenêtre, mais plutôt comme un cerf-volant: les tensions de la toile stabilisent l'articulation des pièces de bois concourantes.» (109)[4]. Si nous voyons les recombinaisons

(4) Voir aussi l'analyse de Cache des systèmes de Conception et de Fabrication Assistée par Ordinateur (CFAO) et de leurs deux applications dans l'industrie: le génie mécanique et la construction (88). Au moment de la publi-

comme des «tensions du tissu» et le vocabulaire fini comme «l'articulation des pièces de bois concourantes», alors le procédé de McCaffery est plus proche des propositions de cet architecte qu'il ne l'est de la composition Boulez.

Schelling a appelé l'architecture «musique figée» et Goethe a remplacé l'expression par «musique silencieuse». (Goethe a aussi décrit l'architecture comme une «harmonie expirée», Vidler 31) Certains architectes contemporains travaillent avec l'archimusique et parmi les projets les plus ambitieux figurent ceux de Marcos Novak, qui a appelé la musique «architecture en fusion» (Martin 64). Un de ses projets récents, «Dancing With The Virtual Dervish: Worlds in Progress», un «projet de cyberespace multimédia/multimonde» a été créé au Banff Centre for the Arts au Canada. Dans son essai *Trans Terra Form: Liquid Architectures and The Loss of Inscription*, Novak écrit: «[Notre] compréhension du territoire subit des changements rapides et fondamentaux: à l'intérieur du champ de l'expérience pragmatique, l'espace et la communauté deviennent rapidement non-locaux.» Et bien que je ne sois pas entièrement d'accord avec sa thèse selon laquelle «[la] distance dans l'espace-temps est en train de s'effondrer, et [que] personnes et choses bénéficient désormais d'une proximité incomparable, bien que désincarnée», j'admets que c'est de plus en plus le cas dans les sociétés occidentales à des degrés divers, même si tous n'en profitent pas. Il soutient aussi que «[l']'accès aléatoire' devient une manière de vivre caractérisée par l'affiliation précise et instantanée. [...] Des milliers de communautés virtuelles se forment partout dans les réseaux, unies par des fascinations communes, bien que souvent obscures. [...] La proximité désincarnée implique l'extension de l'accès aléatoire à des

cation de *Earth Moves* en 1995, Cache était sous contrat avec le gouvernement français et développait des applications logicielles de ses thèses.

parties de plus en plus importantes de notre expérience.» Novak suggère que «[le] monde virtuel et le monde cybernétique forment un continuum. [...] Il y a quelque chose de ce que nous appelons cyberespace dans la réalité virtuelle et quelque chose de ce que nous appelons réalité virtuelle dans le cyberespace.» Je suis intriguée par son postulat selon lequel «[le] cyberespace est [...] toujours l''extérieur' de la réalité virtuelle, parce qu'il comporte toujours un espace supplémentaire de la possibilité, par opposition à ce qui existe (*actuality*). La possibilité est la caractéristique fondamentale de tout ce qui est 'autre', puisque la possibilité contient toujours de l'inconnu.»

La différence entre les positions que Boulez et McCaffery ont adoptées par rapport à l'œuvre de Mallarmé constitue le fondement de ma position par rapport aux thèses de Novak au sujet du cyberespace. McCaffery nous donne les moyens de créer nos propres rythmes de lecture de sa réponse non ponctuée, «pli sur pli» au sonnet de Mallarmé. Cependant, *An Effect of Cellophane* n'est pas sans cesse «extérieur» à «Le vierge, le vivace et le bel aujourd'hui», puisque dans un sens, il combine et recombine — avec le sonnet original *et* avec soi-même — un extérieur qui devient un intérieur pour donner ensuite à nouveau un seuil vers l'extérieur, et ce *ad infinitum.* Par contre, les auditeurs font l'expérience de la composition de Boulez aux conditions définies par lui-même, en tant que ce qui est (*actuality*). Ses révisions et variations restent les siennes, et non celles de ses auditeurs. La possibilité dans le chef de Boulez semble être vécue en privé et est re-présentée plus tard en public à travers la révision et la variation.

À propos de la musique, Novak écrit: «[la] musique était comprise comme quelque chose qui survient dans un temps linéaire, qui peut être compris comme un objet distinct dans le temps. [...] Bien qu'il y ait quelques exemples d'œuvres du XXᵉ siècle qui adoptent une approche combinatoire de la musique, même ces compositions sont jouées de manière à permettre à un grand nombre de personnes de vivre la même expérience. Du point de vue de chaque interprétation, la musique reste un objet distinct et unique dans le temps. Cela me conduit à penser qu'il est possible d'arrêter de considérer la musique comme une chose unique, définie, *un chemin entre le point A et le point B*, et de commencer à la voir comme une multiplicité, un paysage, un champ de possibilités à n dimensions. […] Le nouveau problème qui se pose est de créer ce paysage.» L'*archimusique* est donc pour lui de la «musique spatiale interactive» dans le cyberespace[5].

En ce qui me concerne, la question la plus intéressante n'est pas de savoir comment les poètes, les architectes et les compositeurs vont interagir à l'intérieur et à l'extérieur du cyberespace et au-delà. Une des questions que nous devrions plutôt nous poser porte sur la nature de l'échange productif *contemporain* entre la poésie et la musique. Je ne veux pas parler de la simple et réconfortante identification des ressemblances *et* des différences entre les pratiques avant-gardistes, mais bien d'engagements qui se défient mutuellement. De plus, avec l'évolution des autres disciplines (la danse, le film, la vidéo et la pratique d'interprétation — *performance practice*), il est essentiel de se pencher aussi bien sur les *multiples* échanges productifs entre les disciplines que sur leurs présentations et réceptions en évolution.

En guise de conclusion, j'affirme que la composition de Boulez s'aligne mieux sur les enjeux et la forme de la poésie de Mallarmé, mais que McCaffery, bien qu'il ait conscience

(5) Parmi les autres architectes qui participent aux projets d'archimusique, on peut citer Bernhard Leitner, Michael Brewster et Stephen Holl. Voir en particulier *Pamphlet Architecture 16: Architecture as a Translation of Music*, Elizabeth Martin (éd.), Princeton Architectural Press, New York, 1994.

de ceux-ci, s'engage plus loin dans les possibilités combinatoires de la pratique du pli.

**Ouvrages cités:**

Agamben, Giorgio, *Language and Death: The Place of Negativity*, trad. Karen E. Pinkus avec Michael Hardt, Minneapolis, University of Minnesota Press, 1991. Ouvrage paru en français sous le titre *Le langage et la mort: un séminaire sur le lieu de la négativité*, trad. Marilène Raiola, Christian Bourgois, Paris, 1991. Titre original: *Il linguaggio e la morte: un seminario sul luogo della negatività.*

Agamben, Giorgio, *Stanzas: Word and Phantasm in Western Culture*, trad. Ronald L. Martinez, Minneapolis, University of Minnesota Press, 1993. Ouvrage paru en français sous le titre *Stanze: parole et fantasme dans la culture occidentale*, trad. Yves Hersant, Christian Bourgois, Paris, 1991. Titre original: *Stanze: la parole e il fantasma nella cultura occidentale.*

Bachelard, Gaston, *La dialectique de la durée*, Paris, Presses Universitaires de France, 1950.

Cache, Bernard, *Earth Moves*, Cambridge, MIT Press, 1995.

Conde, Yago, *Architecture of the Indeterminacy*, Barcelone, Actar, 2000.

Mallarmé, Stéphane, *Poésies*, Paris, Flammarion, 1989.

McCaffery, Steve, *Seven Pages Missing: The Selected Steve McCaffery*, Toronto, Coach House Books, 2000.

McCaffery, Steve, *The Black Debt*, Toronto, Nightwood Editions, 1989.

Martin, Elizabeth éd., *Pamphlet Architecture 16: Architecture as a Translation of Music*, New York, Princeton Architectural Press, 1994.

Novak, Marcos, *Trans Terra Form: Liquid Architectures And The Loss of Inscription*, publié en ligne à l'adresse suivante: http://www.t0.or.at/~krcf/nlonline/nonMarcos.html.

Sadler, Simon, *The Situationist City*, Cambridge, MIT Press, 1998.

Vidler, Anthony, *The Architectural Uncanny*, Cambridge, MIT Press, 1992.

# DES LETTRES, DES NOMBRES ET LA POÉTIQUE DU *ZAUM*: LES PAYSAGES SONORES DE KHLEBNIKOV

Marjorie Perloff

*(Traduit de l'anglais par Christine Pagnoulle)*

> «Blood is our esperanto, flesh our zaum, who have no verbs to frighten away the night.
> *(Nothing but words.) Noting more than notice*»[1]
>
> Charles Bernstein, «Common Stock»

> «from seaweed said nor repossess rest scape esaid»[2]
>
> Susan Howe, *Articulations of Sound Forms Time*

> «Words were what were whole what wasted words want waiting whose travel there — tips, threats necessary noise nothing needed noise noise not order one»[3]
>
> Bruce Andrews, «Jeopardy»

En décembre 1913, l'année où Duchamp produisit *Broyeuse de chocolat* et *Roue de bicyclette* dans son studio parisien, Roman Jakobson, lycéen de dix-sept ans, alla rendre visite à celui qu'il allait nommer «le plus grand poète de notre siècle», Velimir Khlebnikov (1997: 20). Comme nous l'apprenons dans ses mémoires, Jakobson avait alors déjà lu le recueil *Une gifle au goût du public* (1912), qui s'ouvre sur des poèmes expéri-

(1) Le sang est notre espéranto, la chair notre *zaum*, à nous qui n'avons pas de verbe pour effrayer la nuit.
(Rien que des mots.) Rime plus qu'oraison

(2) de lierre lu ni reprendre repos vallée é-lue

(3) Mots moulants mots mièvres muets meublants mots malmenant mots qui crissent s'approchent carrosses reproches menaces bruit et rien d'autre bruit bruit sans ordre un

mentaux de Khlebnikov et trouvait tout bonnement renversante la maîtrise verbale déployée dans des poèmes comme «Train serpent» ou «I et E» (11). Aussi, quand un soir de Saint Sylvestre il s'est retrouvé dans ce fameux café de Saint Pétersbourg, rendez-vous de poètes d'avant-garde, le Café du chien errant, au côté de Khlebnikov et que celui-ci lui a lu «La sauterelle» «d'une voix très basse mais en même temps parfaitement audible», Jakobson sut qu'il se trouvait devant un génie. Tout comme Alice Toklas dans *Autobiographie* de Gertrud Stein, Jakobson déclare n'avoir rencontré que trois génies dans son existence: «D'abord Khlebnikov, un an après, Nikolay Sergeevich Trubetskoy et presque trois décennies plus tard, Claude Lévi-Strauss» (19).

Qu'est-ce donc qui l'a tant frappé dans ce petit poème «La sauterelle» [Kuznečik]? En voici les six vers:

Krylyškuja zolotopis'móm tončájšikh žíl.
Kuznéčik v kúzov púza uložíl
Pribréžnykh mnógo tráv i vér.
Pin', pin', pin'! tararákhnul zinziver—
Ó lebedívo —
Ó ozarí!
(Khlebnikov 1968: I, v. 2, 37; Jakobson 1970 252)

Dans l'édition Harvard en trois volumes, Paul Schmidt en donne la traduction suivante:

Glitter-letter wing-winker.
Gossamer grasshopper
Packs his belly-basket
With water-meadow grass.
Ping, ping, ping! Throstle-whistle
Sing-song.
Swan-wing wonder!
Nightlessness! Brightness!
(Schmidt 1997: 31; 1987: 296)

Nous pouvons comparer la traduction libre de Schmidt avec la traduction plus littérale que donne Jakobson des trois premiers vers:

> Winging with the gold script of finest veins,
> The grasshopper filled the hollow of his belly
> With many offshore weeds and faiths.
> (1970 252)

Jakobson allait utiliser «La sauterelle» comme exemple de «structuration verbale subliminale en poésie» (1970: 251-52), constatant que non seulement, ainsi que Khlebnikov lui-même l'a fait remarqué (voir ci-après), les sons *k*, *r*, *l* et *u* sont répétés cinq fois dans la première phrase, mais que la même structuration se retrouve dans les consonnes et les voyelles contenues dans la racines trisyllabiques du néologisme initial *krylyškúja* (tiré de *krylyško* [little wing]), ce qui lui permet de procéder à l'analyse de la structure phonémique extraordinairement complexe du passage (occlusives et sifflantes, voyelles hautes et voyelles basses, etc.) Pourtant, dans la perspective de poètes contemporains comme Susan Howe et Bruce Andrews, ce qui est encore plus intéressant que les répétitions de phonèmes, c'est la conscience qu'avait Khlebnikov de la façon dont le jeu sur phonèmes et morphèmes peut produire un langage poétique au-delà de la tête [*za*] ou de la raison [*um*]— ce que Khlebnikov et Kručënykh ont appelé *zaum* (outresens).

Dans un manifeste des premières années du mouvement «Le guerrier du Royaume» (1913), Khlebnikov déclarait:

> Nous affirmons qu'il existe au cœur de tout énoncé auto-suffisant un cadre conceptuel qui tel une main à cinq doigts se construit sur cinq rayons de sons vocaliques ou consonantiques, et que l'on peut déceler dans les mots comme les os dans une main. C'est là le principe des cinq rayons, l'élégante structure à cinq pointes de la parole. Ainsi «Krylyškúja zolotopis'móm

> tončáišikh žíl» [le poème «La sauterelle»] dans *Une gifle au goût du public* comprend un nombre pair de vers, dont les premiers jouent sur cinq occurrences des lettres *k*, *l*, *r* et *u* (la structure des alvéoles dans un rayon de miel).

Le parallèle est souligné encore plus clairement dans «Oleg et Kazimir: Une conversation», écrit l'année suivante. «Sauf en cas de malformation, dit Oleg, une main a cinq doigts. Ne s'en suit-il pas que toute langue auto-suffisante aura, elle aussi, cinq rayons dans sa structure sonore?» Et dans l'une de ses rares déclarations autobiographiques — celle-ci après la Révolution — il parle de «La sauterelle» et «Bobeobi» comme de «nœuds de l'avenir» et considère que leurs vers sont «les rayons réfléchis de l'avenir renvoyés par un 'je' subconscient sur le ciel de la raison»:

> Trouver — sans briser le cercle des racines — la pierre de touche magique pour tous les mots slaves, la formule qui les transforme l'un en l'autre, et ainsi librement fusionner tous les mots slaves, telle était ma première approche de la langue. Cette langue auto-suffisante est au-delà de l'histoire et de l'utilité quotidienne. J'ai remarqué que les racines des mots n'étaient que des fantômes derrière lesquels se tiennent les séquences de l'alphabet, aussi ma deuxième approche de la langue a été de découvrir l'unité des langues du monde entier, construite à partir d'unités dans l'alphabet. Un chemin vers une langue universelle zaum [par delà mental et raison].
> (Schmidt 1987: 147).

Est-ce que toute cette histoire de «structure à cinq rayons» et de «pierre de touche magique pour tous les mots slaves» n'est qu'une fantaisie cratylienne, attribuant un sens spécifique à certains sons contrairement à la doctrine saussurienne, formulée à la même époque, qui veut que la relation entre signifié et signifiant soit purement arbitraire? Pas vraiment, car la poésie zaum, du moins dans le lexique de Khlebnikov, sinon dans celui de Kručënykh, reposait moins sur des onomatopées absurdes que sur une étymologie complexe. Dans un texte de 1914, nous apprend Jakobson, Khlebnikov revient sur le gérondif *krylyškuja* [«ailant»], le néologisme qui ouvre le poème 'La sauterelle', pour faire remarquer l'anagramme qui s'y cache: *uškúj* [«vaisseau pirate» en métonymie pour «pirate»]. Le «pirate» a investi le mot, dit Khlebnikov, «comme un cheval de Troie», ce qui renvoie au rapport de *KRYLyšKUJA*, aux mots *sKRYL ušKUJA derevyannyj kon'* [«le cheval de bois cachait le pirate»]. Et Jakobson de développer ce rapport comme suit:

> Le héros éponyme *KuzNéčIK'* est à son tour associé par paronomase à *ušKÚjNIK* [*pirate*], et le mot dialectal pour une sauterelle, *konëk* [petit cheval], doit avoir contribué à l'analogie de Khlebnikov avec le cheval de Troie. Les liens entre des mots apparentés comme *kuznéčik* [littéralement petit forgeron], *kuznéc* [forgeron], *kózni* [dessins habiles], *kovát'*, *kujú* [forger] et *kovárny'* [habile] renforcent le réseau d'images et c'est ainsi que l'étymologie poétique, ressort latent de la création chez Khlebnikov, rapproche *kuznéčik* de *kúzov* [panier, creux), rempli de diverses algues et croyances du large, et peut-être par plus d'un intrus étranger. Le cygne évoqué par le néologisme final du même poème, «*O lebedívo O ozarí!*» [envoie la lumière!], semble être une allusion supplémentaire au substrat homérique de son imagerie ambiguë: une prière au cygne divin qui engendra Hélène de Troie. *Lebed-ívo* est modelé sur *ogn-ívo* [faire-jaillir-la-lumière], en effet la métamorphose de Zeus en un cygne flamboyant rappelle la transformation du silex en feu.... *Krylyškúja*, le mot-clef du poème, doit avoir spontanément... inspiré et orienté toute la composition.
> (Jakobson 1970: 253)

Suivre ces différents fils (et l'on pourrait en trouver d'autres, par exemple *lebedivo* donne *lebed' divo* ou 'miracle de cygne'), c'est percevoir que 'La sauterelle' de Khlebnikov, loin d'être un petit poème imagiste comme son titre et son apparence pourraient le faire penser, est en fait un exercice d'incantation verbale — une étude sur la façon dont un seul néologisme peut susciter des associations sonores, visuelles et sémantiques. Le *zaum*, dans ce contexte, loin d'être du «non-sens», serait bien plutôt du «super-sens» — rejoignant ainsi le sens de la phrase de Pound quand il dit que la poésie, c'est la langue chargée de sens à l'extrême (Pound 1954: 3).

Mais cette «charge» qui s'effectue par néologismes, paronomase et glossolalie, selon les termes de Khlebnikov — ce qui constituera un fil important dans le développement de la poésie du XXe siècle, de Dada et du futurisme russe à Aimé Césaire et Kamau Brathwaite, à Mac Wellman et Steve McCaffery, Susan Howe et Maggie O'Sullivan — défie la cohérence sémantique bien plus radicalement que les poèmes d'Eliot et de Pound; en fait, le futurisme russe invertit l'esthétique du «langage ordinaire» de Stein et l'utilisation d'objets usuels comme des peignes et des urinoirs chez Duchamp. A «l'étrangeté de l'ordinaire», comme je l'ai appelé dans *L'échelle de Wittgenstein*, Khlebnikov substitue l'ordinaire de l'étrange: si nous trouvons *krylyškúia* ou *lebedívo* étranges, alors pensons au nombre de mots que nous pouvons fabriquer à partir des mêmes racines et au nombre de configurations — rayons de miel ou empreintes de mains — qui peuvent se tisser sur les «séquences de l'alphabet».

En fait, la notion d'infra-mince chez Duchamp pourrait être utilisée pour définir l'utilisation des sons chez Khlebnikov. L'opposition binaire de Saussure (par exemple occlusive sonore / sourde comme dans bain / pain, ou occlusive sourde / spirante sourde comme dans pain / sein) cède le pas à l'identité individuelle et donc à la différence de chaque phonème. Dans le même temps, tout comme la broyeuse de chocolat, la roue de bicyclette, la pelle à neige et le porte-bouteilles de Duchamp présentent une parenté évidente, les sons consonantiques de Khlebnikov, représentés par des lettres spécifiques de l'alphabet, constituent un réseau métonymique de

percevoir, où nous ressentons la résistance de la matière» (1997: 174), il plaide pour une poésie qui s'inscrit en faux par rapport aux clichés de la culture dominante, qui refuse d'appartenir à ce que l'Ecole de Francfort allait appeler l'industrie de la conscience.

«Cela n'aurait aucun sens, disait Khlebnikov dans 'Nous voulons une vierge verbale' (1912), de se livrer à une guerre littéraire contre ceux qui font de la littérature de masse. Ce sont des traîtres et il faut les arracher avec des gants; ce n'est qu'alors que les champs de blé de la littérature russe seront délivrés de ces araignées» (Schmidt 1987: 246). Le mot «champ de blé» est utilisé sciemment car Khlebnikov pensait, non sans une certaine naïveté, que la poésie doit parler, non pour les producteurs urbains d'émotions simulées, mais pour «l'âme du peuple — et pas le peuple dans un sens abstrait, mais dans un sens très précis». Suit alors le curieux passage que voici:

> L'art veut toujours s'identifier à un mouvement spirituel, veut pouvoir l'évoquer. Mais chaque individu n'a qu'un nom. Pour un enfant d'une terre donnée, aucun art ne peut être brillant s'il la discrédite...
> Andrei Belyj se morfond dans la prison de Pouchkine, ce Pouchkine qu'il célèbre, certes, mais en commençant déjà à s'en repentir. Sur les rives de Babylone, nous pleurions notre exil. En quoi consiste cette prison? C'est une prison construite sur un plan tout à fait particulier. Sa première caractéristique: elle a deux niveaux. Le sous-sol est rejet capricieux de l'étage, où l'on glorifie tout ce qui n'est pas russe. C'était du moins la situation jusqu'à ce que le peuple russe annonce qu'il contrôlait désormais les mots russes.
> (246)

Le nationalisme qui s'exprime ici est sans doute déconcertant pour le lecteur contemporain. Mais il nous faut nous rappeler que l'appel fervent de Khlebnikov pour une poétique russe était une position défensive de la part d'une puissance de troisième zone, où le français était de rigueur dans les classes supérieures depuis l'époque de Pouchkine jusqu'à la Révolution de 1917. Le poète symboliste Belyj, qui dans les années 1910 vivait à l'étranger et étudiait la théosophie avec Rudolf Steiner, était tombé, d'après Khlebnikov, dans le même piège internationaliste que Pouchkine. D'où la métaphore de la prison à deux niveaux, l'étage s'ouvrant vers l'Europe occidentale et le sous-sol fermement enraciné dans le sol russe.

L'appel au «mot vivant en conversation» dans sa dimension «spirituelle» annonce donc des développements poétiques aussi divers que la Poésie concrète du Brésil, où les constellations verbales/visuelles de Haroldo et d'Augusto de Campos ou de Decio Pignatari défient l'isolation de l'écriture en portugais, l'utilisation du petit nègre et du créole par les poètes de la Négritude dans la Caraïbe et en Afrique, comme aussi la poétique afro-américaine de Langston Hughes à Nathaniel Mackey et Harryette Mullen. «Sur les rives de Babylone nous pleurions notre exil»: la référence à la captivité, que l'on retrouve sous forme parodique dans la partie «Sermon de Feu» du poème d'Eliot, *The Waste Land* (*La terre désolée*) — «Sur les rives du Leman je pleurais mon exil» — suggère la profondeur de ce sentiment d'exil à l'époque, qu'il soit littéral comme chez Eliot ou symbolique comme chez Khlebnikov.

Mais il y a plus. Khlebnikov avait étudié les mathématiques à l'Université de Kazan, là où, un peu plus tôt, le grand géomètre N. Lobačevskij avait formulé certains des principes clefs de la géométrie non-euclidienne (par exemple, qu'un nombre infini de lignes peut passer par un seul point); très consciemment, il a rapproché sa «nouvelle poétique» des mathématiques lobachevskiennes. Ainsi, dans un poème dédié au héros cosaque Stepan Razin, Khlebnikov se décrit comme un «Razin sous l'étendard de Lobačevskij» (Markov 158).

Comme Duchamp, qui élaborait des formules algébriques et géométriques complexes pour générer le *Grand Verre*, Khlebnikov en est venu à considérer que les équations algorithmiques étaient la clef du comportement humain et historique. Mais alors que l'utilisation par Duchamp de l'explication donnée par Poincaré pour les espaces continus à n-dimensions dans leur «infinité *géométrique*» (voir Sanouillet 98) n'était jamais dépourvue d'ironie, Khlebnikov, pour qui la racine carrée se faisait emblématique d'une langue enracinée dans le divin, a lui donné aux mathématiques une tournure carrément mystique. «Est-ce que tout moyen ne désire pas devenir fin?», se demande mystérieusement le poète dans «Le tumulus de Svjatagor» (1918). «Considérons la beauté de la langue libérée de ses fins. La haie qui protège le champ comporte aussi des églantines.» Et de poursuivre:

> Si la langue vivante qui existe dans la bouche d'un peuple peut être comparée à la géomesure d'Euclide, le peuple russe ne peut-il dès lors se permettre un luxe refusé à d'autres peuples, celui de créer une langue ressemblant à la géomesure de Lobačevskij, à cette ombre d'autres mondes? ... Quiconque connaît la vie dans un village russe connaît ces mots créés juste pour une occasion, des mots qui vont vivre le temps d'un papillon.
> (Schmidt 1997: 234).

Mais — et c'est là tout le paradoxe — ces mots «créés juste pour une occasion» sont le fruit, non pas, comme on pourrait s'y attendre, d'une composition «instantanée» ou intuitive, mais de l'étude approfondie des étymologies. Dans le deuxième manifeste «Le mot en tant que tel», Khlebnikov et Kručënykh formulent deux «règles» pour un poème réussi:

1. qu'il soit écrit et perçu dans un battement de paupières! (chanter, danser, éclabousser, éparpiller les constructions maladroites, oubli, désapprentissage. V. Khlebnikov, A. Kručënykh, Y. Guro; en peinture, V. Burljuk et O. Rozanova).

> 2. qu'il soit écrit et lu très serré, que ce soit plus inconfortable que des souliers lacés ou un camion dans le salon.
> (des tas de nœuds et de boutonnières, et de raccommodages, une texture à échardes, très rugueuse. En poésie, D. Burljuk, V. Maïakovski, N. Burljuk, et B. Livšic; en peinture, D. Burljuk, K. Malevič.
> Qu'est-ce qui a le plus de valeur: le vent ou la pierre? Tous deux sont inestimables!
> (Lawton 57)

Le vent et la pierre sont tous les deux inestimables parce qu'il n'y a pas de réelle opposition entre les deux principes en question. Ce que les auteurs veulent ainsi indiquer, c'est que la poésie doit avoir l'air spontanée, instantanée, produite en un «battement de paupière» — bref, un papillon. Mais qu'elle doit être écrite et lue tellement consciencieusement que son poids sera celui d'une pierre ou d'un «camion dans le salon». Et c'est ici qu'intervient le processus de travail sur les mots de Khlebnikov.

Dans une lettre de 1913 à Kručënykh (Schmidt 1987: 84-85), Khlebnikov souligne les «indéniables relations de filiation entre *bes* [démon] et *belyj* [blanc], *čërt* [diable] et *čërnyj* [noir]:

> *čërt*, précisément, avec ses petites cornes de bouc, est l'objet passif soumis aux forces *čërnyj* [noires] du vice, forces lancées par l'impérieux Čerun dans sa toute-puissance. *Čerti* [des diables] sont des *čeljad* [vassaux] de Čerun (cf. Perun et *priperty* [ceux qu'il opprime]): il est davantage leur victime que leur créateur. Il agit donc par peur, pas selon sa conscience, quand il rend de menus services; il est le frère profane de Čerun, à la mine de carême et à la patte souvent punie.

Une note nous informe que «Perun est le dieu principal de l'ancien panthéon slave, un dieu du tonnerre semblable à Zeus. Khlebnikov invente une nouvelle divinité par analogie, Čerun, un dieu des ténèbres et du mal. Mais cette histoire d'analogie ne doit pas nous cacher que le récit de Khlebnikov n'a rien de scientifique. Le diable (*čërt*), nous dit-il, est «soumis aux forces *čërnyi* [noires) du vice lancées par l'impérieux Čerun dans sa toute-puissance». Mais il est clair que puisque c'est lui qui invente ce Čerun, son nom va contenir le morphème *čer* qui libère la noirceur sur le dieu-bouc «passif» qui en devient diable. Nous retrouvons le morphème *čer* ou *če* dans le mot *čeljad*, «vassaux». Et de là, notre Khlebnikov affirme que «le son *č* désigne la dépendance, la subordination, de son existence. Il n'est qu'un pathétique petit *červjak* [vers de terre) *často* [souvent] écrasé par un pied *čërnyj* (noir)».

Un philologue aurait sûrement à redire au raisonnement de Khlebnikov. N'y a-t-il pas, pourrions-nous nous demander des quantités de mots russes commençant par *č* ou *če* qui n'ont rien à voir avec cette histoire d'oppression maléfique et diabolique? Prenons *čertóg* (une chambre, un hall) ou *čeredá* (une fleur de souci). Ou, pour passer à un contexte francophone, le doux murmure liquide de *s* et *l* encadrant le *I* bref de «sylphide» ou «sylvestre» ne doit pas nous faire oublier que les mêmes sons se retrouvent dans un mot comme syphilis. Sans doute Khlebnikov était-il bien conscient du problème mais il écrivait dans une perspective translogique, ce qui signifie que sa tâche était précisément de convaincre le lecteur que si l'on essaie assez fort, on peut en fait découvrir une relation entre *čërt* et *čërnyj* d'une part et *čertóg* d'autre part; le tout c'est d'imaginer les bonnes connexions. De fait, *čeredá* [la fleur de souci] n'a aucun rapport avec les diableries ci-dessus, mais les soucis sont des fleurs que l'on peut fouler d'un pied *čërnyj* [noir]. C'est ainsi que l'on peut constituer un corpus suffisamment grand pour y trouver les liens adéquats. Comme le disait Yeats quand il justifiait les tables de son ouvrage d'occultisme *Une vision*, des cartes imaginaires comme celles-ci fournissent au poète (en l'occurrence Khlebnikov) des «métaphores pour sa poésie» (8).

La lettre à Kručënykh contient d'autres métaphores de la même eau:

> *Včera* [hier] montre que —*čera* a acquis le sens de quelque chose comme de la non-existence. Or c'est précisément une créature *ničtožnyj* [insignifiante] et répugnante que nous appelons *červjak*.
> (*Vera* [religion, ce qui relie] et *vervje* [corde]. Aussi *bolezn'* [maladie] et *volezn'* [volonté]).
> Si le son *č* suggère la vie qui se retire, *isčezanje* [qui expire]: *počit* [passer sur l'autre rive], la part d'ombre de l'existence, le son *b* représente l'apogée de l'existence — *bit* [battre], *burlo* [cloche, sonnette], *berdyš* [hache]. Aussi le *bes* [démon] se trouve-t-il dans le domaine des *bujstva* [escarmouches], *bitvy* [batailles], *bedy* [infortunes] et d'autres manifestations extrêmes de vie. (Schmidt 1987: 84-85)

La première chose à remarquer ici, c'est le saut imaginatif de Khlebnikov dans la première phrase. Tout le monde n'associe pas «hier» à «non-existence». En fait pour des poètes allant de Wordsworth à Ashbery, «hier» est précisément ce qui est doué d'existence face à un présent amorphe et à un avenir incertain. Ainsi c'est Khlebnikov lui-même qui remballe le diable comme étant insignifiant. De la même façon, pour *vera* et *vervje*, on peut aussi percevoir la «religion» comme un élément de division, auquel cas le rôle de la corde n'est plus très clair. Quant à *bolezn'*, *volezn'*, la maladie est-elle affaire de volonté? Pouvons-nous vouloir ne pas être malades? Le *b* représentant l'apogée de l'existence? une affirmation bien plus fantaisiste que scientifique. Si j'ouvre le dictionnaire à la lettre B, je trouve *buščenina* [porc bouilli], *butylka'* [bouteille] et *bukaška* [insecte]— des mots en *b* qui ne se rapporte guère à l'apogée de l'existence.

Bref — et c'est là une pratique que l'on retrouve dans des textes comme *Roaratorio* de John Cage ou *Pronouns* de Jackson Mac Low — Khlebnikov utilise un mécanisme explicatif facile à réfuter afin d'inventer ses propres associations métonymiques et métaphoriques, dans son cas sur «l'autel de la langue russe». Chez Cage, la règle mésostique affirmée par exemple au début de *Roaratorio* est limitée par la condition que les mots doivent être choisis «par goût», ce qui signifie que si Cage ne veut pas se servir d'un mot qui pourtant contient la lettre recherchée, il ne le reprendra pas. De même les explications de Khlebnikov ne doivent pas être prises à la lettre, son but n'est pas de passer en revue tous les mots contenant telle ou telle lettre, mais d'établir, au niveau du phonème et du morphème, une relation entre *černyj* [noir] et une forme de nostalgie pour le passé sous la forme de *včera* [hier] ou encore pourquoi des *bitvy* [batailles] impliquent inévitablement des *bedy* [infortunes].

La forme matérielle du signifiant renvoie donc à sa signification. Le même argument est avancé dans le texte «Considérons deux mots» (Schmidt 1987: 266-71), où Khlebnikov «prouve» que *lysina* [lieu dénudé] et *lesína* [tronc, fût] sont étroitement liés sémantiquement, tandis que la différence vocalique est d'une importance cruciale: *e* «indique la présence d'un désir de hauteur qui définit la nature d'une forêt; *y*, l'absence de ce désir. La lettre *l* représente l'élément naturel, le mouvement autonome alors que la lettre *t* représente l'élément humain, le mouvement qui dépend d'une cause extérieure», ainsi «le bois coupé [*tes*], c'est de la forêt [*les*] qui a été soumise au travail de l'homme» (269). Ce mode de raisonnement est repris dans le texte de 1913 «Voici comment la syllabe *so* est un champ» (Schmidt 1987: 272-73). En voici le début:

> Voici comment la syllabe *so* [avec] est un champ qui comprend *son* [sommeil], *solntse* [soleil] *sila* [force], *solod* [orge], *slovo* [mot], *sladkij* [doux] *soi* [clan en dialecte macédonien], *sad* [jardin] *selo* (colonie), *sol'* [sel] *slyt* [être connu], *syn* [fils].

Pour rendre les relations plus visuelles, Khlebnikov les dessine comme les rayons d'un soleil sur lequel est inscrit le mot clef 'SO' [figure 1]:

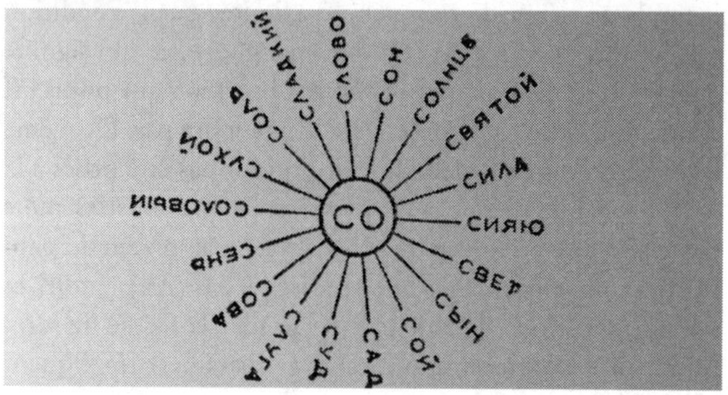


La plupart de ces mots-rayons n'appartiennent pas au même domaine de discours. *Syn* [fils], par exemple, n'a pas davantage à voir avec *solod* [orge] qu'avec *sladkij* [doux]. Mais Khlebnikov procède pas à pas pour trouver un chemin:

> Alors que les goûts raffinés de notre époque distinguent entre ce qui est *solenyi* [salé] et ce qui est *sladkij* [doux], au temps où le sel avait autant de valeur que les pierres précieuses le sel et le salé étaient doux; *solod* [orge] and *sol'* [sel] sont aussi proches linguistiquement que *golod* [faim] et *gol* (le misérable]. En termes de structure sonore *sol* [sel] est le contraire de *sor* [déchet, dans le sens d'un mélange fortuit]; il a par conséquent le sens d'un mélange intentionnel, c'est-à-dire une *posol'stvo* [ambassade]. Entre *posol* [ambassade] et *sol* [sel], une substance recherchée par les animaux et les premiers hommes, il y a un point commun: tous deux sont envoyés [*posljani*], ce qui renforce le lien *so* entre ce qui est envoyé (1) par un pays lointain et (2) comme nourriture, c'est-à-dire, entre deux objets qui sont incapables d'entrer en contact par eux-mêmes.
> (272)

Quand nous arrivons à cette dernière phrase, nous sommes persuadés que *sol'* [le sel] est capable de créer «paix et concorde entre la bouche et le sens du goût». Le sel est un ambassadeur: ça se tient, tout comme, un peu plus loin, l'explication selon laquelle le *seti* [filet] se referme autour d'un ban de poissons et donc est *so* [avec], puisqu'il forme «un lien *so* entre le chasseur et sa proie». A la fin de son développement, Khlebnikov peut conclure que «*son* [le sommeil] est un état d'immobilité, de *so* avec soi-même». Il est clair que ce mot de deux lettres *so* ne sera plus jamais le même.

Qu'est-ce que cela signifie pour la poésie? Ce que le jeu étymologique de Khlebnikov implique, c'est que dans le discours poétique, il n'y a pas de séparation entre forme et contenu, entre style et sujet traité. *Comment* les choses sont dites — le choix apparemment anodin d'une préposition comme *avec* — est décisif pour le sens d'un poème donné. Ceci rappelle l'aphorisme célèbre de Wittgenstein, que l'on trouve dans ses fiches publiées sous le titre de *Zettel*, «N'oubliez pas qu'un poème, même s'il est composé dans la langue de l'information, n'est pas utilisé dans le jeu de langue qui consiste à donner des informations» (#160). *So* (avec) n'est généralement guère que l'indication d'un rapport (par exemple, «viens avec moi», «frites avec mayonnaise»); il n'y a que le poète qui découvre ses liens secrets avec *solntse* [soleil] et *sukhoj* [sec], ce dernier étant un mot qui «renforce le lien *so* entre les parties et les particules».

Pour bien comprendre ce que cette méthode a d'unique, il convient de comparer le Futurisme de Khlebnikov avec son pendant italien. L'histoire de la visite qu'a faite Marinetti à Petersbourg en 1914 est désormais légendaire, la réaction de Khlebnikov étant d'une violence peu commune chez lui: il provoque en duel David Burljuk, qui était un admirateur de Marinetti (voir Schmidt 1987 21-22). Plus tard Khlebnikov parlera de Marinetti comme d'un «légume italien», un de ces bavards tonitruants qui sont des artistes silencieux ou pépiants absolument pas dignes d'attention (voir Fauchereau 496).

C'est là une opinion que partage Roman Jakobson; dans *La nouvelle poésie russe* (1921), il ne mentionne son fameux *Manifeste du futurisme* de 1909 que pour dire:

> Ainsi donc il apparaît que de nouveaux matériaux et de nouveaux concepts dans la poésie des Futuristes italiens ont conduit à un renouvellement des procédés poétiques et des formes artistiques, et c'est donc ainsi, par exemple, qu'est apparue l'idée de *parole in libertà* [paroles en liberté]. Mais c'est là une réforme dans le domaine du reportage, pas de la langue poétique. (1997: 177).

Ce que veut dire Jakobson c'est que le *procédé* [*priëm*], que l'avant-garde russe définit comme une technique délibérée pour *déformer* le sujet traité est pour Marinetti, du moins dans ses manifestes, encore toujours un signe représentationnel, porteur de telle ou telle nouvelle «idée», comme lorsqu'une tranchée retentissant du feu de mortiers est comparée à un orchestre ou un cuirasser à une *femme fatale*. Pour Marinetti, «l'impulsion de l'innovation, nous dit Jakobson, correspondait au besoin de parler de nouveaux faits dans le monde matériel et psychologique», alors que la thèse du futurisme russe, c'était que ce n'était pas «un nouveau sujet qui définit l'innovation véritable»; mais bien plutôt, «dès qu'il y a une forme nouvelle, il s'ensuit qu'il y a un contenu nouveau: la forme conditionne donc le contenu» (1997: 177). Par conséquent, un théorème qui est devenu la pierre de touche de la théorie des Formalistes russes dit que «le sujet de la critique littéraire ce n'est pas la littérature, mais la littérarité (*literaturnost'*)».

Le rejet du futurisme italien par Jakobson ne rend pas justice aux innovations importantes que le mouvement a initiées en peinture, typographie et mise en page. Il reste vrai que Marinetti lui-même acceptait la division traditionnelle du signe en signifiant et signifié. En ce sens, Khlebnikov est plus proche de Stein et de Duchamp que du futurisme italien.

*Literaturnost'* indique que, exactement comme pour les *readymade*, ce qui importe dans le mot ce n'est pas sa valeur de représentation, mais sa position dans le champ du langage. Dans une présentation du langage *zaum* («outremental»), Khlebnikov est parfaitement clair sur ce point. L'équivalence du mot *solntse* [soleil] avec «l'étoile majestueuse et rayonnante», n'est jamais, remarque-t-il, qu'une question de «convention», mais cela ne signifie pas que le soleil n'est pas bien réel!

> Si la chose même devait disparaître et que seul le mot *soleil* subsistait, alors, bien sûr il ne pourrait pas baigner la terre de ses rayons et de sa chaleur et la terre gèlerait et deviendrait une boule de neige dans les mains de l'univers.... [mais] nous humains jouons avec la poupée musicale *soleil;* nous tirons les oreilles et les moustaches de cette grande étoile chaque fois que nous la mettons au datif, un traitement que le vrai soleil ne tolérerait jamais.
> (Schmidt 1987 383).

Inflexions et déclinaisons, juxtapositions avec d'autres mots et morphèmes: voilà ce qui crée la *literaturnost'* qui distingue la poésie du discours «normal» sur le soleil. Mais alors que Duchamp définit l'infra-mince comme le plus petit différentiel entre *a* et *b* ou entre *a* et ses attributs ou son pouvoir, Khlebnikov et les poètes de son école cherchent ce genre de distinction dans les sons.

## Verbi-Voco-Visuels

Dans un texte de 1919 «De la poésie», Khlebnikov écrit:

> Les gens disent qu'un poème doit être compréhensible. Comme une pancarte en rue qui porte les mots simples et directs: «A vendre». Mais une pancarte en rue, ce n'est pas exactement un poème. Même si c'est compréhensible. Par ailleurs qu'en est-il

> des incantations et formulas magiques, de la langue sacrée du paganisme, de mots comme «amstramgram, pic et pic et colegram» — des séquences de syllabes dont l'intellect ne peut rien tirer mais qui forment une sorte de langage zaum (outremental) dans le parler populaire. Pourtant ces mots incompréhensibles et ces formules magiques sont investis d'un énorme pouvoir.
> (Schmidt 1987: 370)

Ici Khlebnikov se montre plutôt plus défensif que dans ses commentaires d'avant la Révolution: il est clair que la pancarte dans la rue portant des «mots simples et directs» comme «A vendre» serait bientôt à l'ordre du jour et trois ans plus tard Khlebnikov serait mort (à 37 ans) d'une infection gangrenée, manifestement provoquée par la malnutrition. Mais précisément parce que la cause de la poésie est désormais menacée, Khlebnikov est plus éloquent que jamais pour la défendre:

> On a prétendu que des poèmes sur le travail ne pouvaient être écrits que par des ouvriers d'usine. Est-ce bien vrai? La nature d'un poème n'est-elle pas à chercher dans son retrait de soi-même, de tout point de contact avec la réalité quotidienne? Un poème n'est-il pas une fuite loin du «je»?....
> Sans fuite de soi, il n'y a pas de place pour la progression. L'inspiration dément toujours l'origine du poète. Des chevaliers du Moyen Age parlent de bergers et de bergères, Lord Byron de pirates, Bouddha était un fils de roi qui célébrait la pauvreté. Ou l'inverse: Shakespeare était un fieffé voleur, mais il écrivait dans la langue des rois.
> (371)

Le poème comme «fuite loin du je»: il est étrange de se trouver ici devant un poète démuni des steppes de Russie dont les mots sont si proches de ceux de T. S. Eliot. Mais là où le corrélat objectif d'Eliot était un mécanisme de protection pour ne pas avoir à révéler d'états psychologiques personnels, l'appel de Khlebnikov à dépersonnaliser était formulé dans l'intérêt d'un art collectif, d'une poésie qui traiteraient de processus naturels et de mouvements humains à grande échelle.

> Le mot mène une double vie. Parfois il grandit simplement comme une plante dont le fruit est une géode de pierres sonores s'agglomérant alentour; dans ce cas l'élément sonore mène une vie autonome.... A d'autres moments, le mot sert le sens, alors le son cesse d'être «tout-puissant» et autocratique; le son est réduit à un «nom» et exécute humblement les ordres du sens.... Cette lutte entre deux mondes, entre deux pouvoirs, se déroule de toute éternité dans chaque mot et donne une double vie à la langue: deux orbites possibles pour deux étoiles tourbillonnantes. Dans l'une des formes de créativité, le sens tourne autour du son; dans l'autre le son tourne autour du sens. («De la poésie contemporaine» [1920].
> (Schmidt 1987: 373)

Et aussi: «Séparé de la langue quotidienne, le mot autonome diffère du mot ordinaire de la même façon que la Terre tournant autour du soleil diffère de la perception naïve qui voit le soleil tourner autour de la Terre» («Nos Fondamentaux» [1919], Schmidt 1987: 377)

Cette affirmation extravagante, touchante dans son adhésion infantile à une opposition binaire, reflète un engagement envers la poésie qui a rendu possible les œuvres zaum de Khlebnikov. Considérons le fameux poème publié dix ans plus tôt, «Zakljatie smekhom» ['Incantation par le rire'] que voici en translittération:

> O, rassmejtes', smekhači!
> O, zasmejtes', smekhači!
> čto smejutsa smekhami, čto smejanstvujut smeial'no.
> O zasmejtes' usmejal'no!
> O, rassmešišč nadsmejal'nykh—smekh usmeinykh
> Smekhači!
> O, issmeisja rassmejal'no, smekh nadsmeinykh smejačei!

Smejvo, smejvo,
Usmei, osmei, smešiki, smešiki,
Smeiunčiki, smeiunčiki,
O, rassmejtes', smekhači!
O zasmejties', smekhači!
(Khlebnikov, I, 2: 35)

Khlebnikov invente ici une série de néologismes à partir de la racine russe du mot qui signifie rire (*smekh-)*. Comme aucune traduction ne peut rendre la complexité de la façon dont Khlebnikov joue sur les mots, en voici deux en anglais. La première de Gary Kern:

O laugh it out, you laughsters!
O laugh it up, you laughsters!
So they laugh with laughters, so they laugherize delaughly.
O laugh it up belaughably!
O the laughingstock of the laughed upon—the laugh of Belaughed laughsters!
O laugh it out roundlaughingly, the laugh of laughed-at Laughians!
Laugherino, laugherino,
Laughify, laughicate, laugholets, laugholets,
Laughikins, laughikins,
O laugh it out, you laughsters!
O laugh it up, you laughsters!
(Kern 62)

L'autre, de Paul Schmidt, essaie d'effectuer «en anglais américain le même genre de transformations que celle qu'effectue Khlebnikov en russe»; elle considère que «la traduction est une *transaction*, une réaction culturelle et temporelle au texte original» (Schmidt 1997: vii):

Hlaha! Uthlofan, lauflings!
Hlaha! Utholfan, lauflings!
Who lawghen with lafe, who hlachen lewchly,
Hlaha! Uthlofan hlouly!

Hlaha! Hloufish lauflings lafe uf beloght lauchalorum!
Hlaha! Loufenish lauflings lafe, hlohan utlaufly!
Lawfen, lawfen,
Hloh, hlouh, hlou! Luifekin, luifekin,
Hlofeningum, hlofeningum.
Hlaha! Uthlofan, lauflings!
Hlaha! Uthlofan, lauflings!
(Schmidt 1997: 30)

Il faut bien avoir à l'esprit que l'orthographe anglaise n'est pas phonétique — 'laugh' (prononcé *laff*) en est un bon exemple — et des néologismes comme *hlouly* et *lawghen* ne représentent pas exactement les relations sonores en jeu. Il reste que cette traduction anglaise, si elle est lue en même temps que celle de Kerne, peut donner au lecteur anglophone une idée de ce que fait Khlebnikov dans son *Zakljate smekhom.* Ainsi il utilise des suffixes pour transformer la racine en noms pluriels (*smekhači)*, en verbes (*smejanstvuyut*) ou en adjectifs et en adverbes (*smejvo).* Et il utilise des suffixes qui ne conviennent pas aux racines sur lesquels il les place. Raymond Cooke (71) indique, par exemple, que Khlebnikov utilise '*bro* (tire de *serebro* qui veut dire argent) comme suffixe et crée ainsi des mots par une fausse analogie (*lobzebro*, *volebro*).'

D'après ce qu'écrit Khlebnikov dans «Nos fondamentaux» (1919), manipuler ces particules *zaum*, c'est un peu comme de jouer à la poupée:

> Un enfant qui joue à la poupée peut verser des larmes de chagrin si son paquet de chiffons tombe malade et meurt; ou elle va arranger un mariage entre deux sacs de son qui ne se distinguent guère que peut-être par leur visage aplati. Le temps du jeu de l'enfant, ces poupées sont de vraies personnes avec des sentiments et des émotions. C'est ainsi que nous pouvons comprendre la langue comme une façon de jouer à la poupée: dans la langue, des lambeaux de sons se retrouvent poupées et remplacent toutes les choses au monde. Tous les locuteurs d'une langue jouent à ce jeu. (383)

Cette dernière phrase fait étrangement écho à la notion de *jeu de langue* chez Wittgenstein — un jeu dans lequel les participants partagent certaines règles de base et peuvent donc «jouer le jeu» ensemble (voir Perloff 1996: 60-61). S'il accepte que la poésie est le jeu de langue qui rend les choses étranges, qui invente de nouveaux mots par analogie avec des mots familiers et qui place des mots familiers dans de nouveaux contextes, créant ainsi des structures de sonores complexes, le lecteur (ou auditeur) jouera le jeu instinctivement.

Et ce n'est pas seulement une question de sons. Dans «La lettre en tant que telle», Khlebnikov et Kručënykh affirment que «Notre écriture, manifestement modifiée par notre humeur, communique cette humeur au lecteur indépendamment des mots. Nous devons donc considérer la question des signes écrits — visibles, ou simplement palpables, tels qu'un aveugle puisse les toucher» (Schmidt 1987: 257). En pratique, comme je l'ai suggéré dans *The Futurist Moment*, le caractère palpable de la lettre est créé par la correspondance entre lettres distinctes (peintes ou gravées) et les images visuelles auxquelles elles sont juxtaposées sur n'importe quelle page donnée. La couverture de l'ouvrage de Malevič publié en 1913 *TROE* [*Les trois*] — le titre renvoie à Khlebnikov, Kručënykh et Elena Guro — est un bon exemple: les quatre lettres **T**, **R**, **O** et E correspondent à un personnage tout en noir, anonyme, sans visage, cagoulé ou casqué au centre de la page, formé entièrement de figures géométriques: triangles, cylindres et cercles — des figures qui se répètent dans les lettres elles-mêmes (Perloff 1986: 144). Le chevalier noir — de fait sa forme rappelle une armure — se tient sur le rebord noir d'un précipice, et dans le fond on distingue, en miroir, la forme d'une grande virgule noire, qui correspond à la signature des trois artistes. La taille de la virgule est la même que celle du personnage central, ce qui suggère que le signe de ponctuation a autant de pouvoir qu'un homme, ceci d'autant plus que les lettres de ***TROE*** sont plus grandes que lui. En fait, ici et ailleurs dans les livres que l'artiste a réalisés avec Natalja Gončarova et d'autres, la lettre en vient à mener une vie autonome (voir Janecek 78-82).

De plus, la «lettre en tant que telle» est de plus en plus intimement liée aux nombres. Dès 1914, Khlebnikov écrivait au poète Vasily Kamensky:

> ... j'ai une proposition à vous faire: décrivez les jours et les heures de vos émotions comme s'ils se mouvaient à la façon des étoiles.... Moi, je calculerai l'équation! J'ai commencé à dégager une loi générale. (Par exemple, la connexion entre nos émotions et les solstices d'été et d'hiver.) Il faut que vous découvriez ce qui se rapporte à la lune et ce qui se rapporte au soleil. Les équinoxes, les couchers de soleil, les lunes nouvelles, les demi-lunes. C'est ainsi qu'il est possible de déterminer notre disposition stellaire. Déterminer la courbe exacte des émotions en vagues, cercles, spirales, rotations, déclinaisons. Je vous garantis que lorsque tout est calculé, LTS sera l'explication — Lune, Terre, Soleil. *Ce sera une histoire racontée sans un seul mot.* La loi de Newton pointera son nez entre le I et le E... et jusqu'à présent elle est toujours en vie.
> (Schmidt 1987: 89-90, c'est Perloff qui souligne).

Pourquoi voudrions-nous lire une histoire racontée sans un seul mot et à quoi cette historie ressemblerait-elle? A nouveau, le motif récurrent ici semble être la fuite du «*Je*», la peur de la subjectivité romantique. Un nombre comme 2 ou 3 est rassurant dans la pureté de sa représentation concrète: il n'y a pas de modulation possible de 2 et il ne peut donc pas être confondu avec 3. C'est pourquoi les nombres ont un tel attrait poétique; en tant qu'éléments fixes ils peuvent être porteurs des caractéristiques les plus mystérieuses. Dans *Les Tables du Destin*, le livre de prophéties que Khlebnikov complétait fiévreusement quand il est mort, il se souvient de sa réaction de jeunesse à la guerre russo-japonaise de 1905:

> J'ai décidé de découvrir les Lois du Temps le lendemain de la bataille de Tsushima, quand l'annonce de la bataille est parvenue au district de Yaroslavl' où j'habitais alors, au village de Burkmakino, à Kuznetsov.
> Je voulais connaître la raison de tant de morts.
> (Schmidt 1987: 418).

«Je n'aurais pas cru», lisons-nous dans le poème d'Eliot *The Waste Land* publié la même année, «que la mort en avait tant défaits». L'utilisation que fait Khlebnikov des nombres pour prédire l'heure de la mort est certes tout à fait fantaisiste — un peu comme les horoscopes quotidiens — mais son obsession du décompte fatal annonce l'horreur d'Eliot devant le nombre de tués sur les champs de bataille de la Grande Guerre. Quoi qu'il en soit, le poète russe s'est attaché à trouver des équations pour les événements clefs, aussi bien dans la vie des individus que dans l'histoire, en partant du nombre 365 (jours de l'année). Par exemple:

> D'après Bucke (dans *Cosmic Consciousness*), Jésus est né six ans avant le début de l'ère chrétienne, en 6 avant JC, 365 ans après Mencius. 365 x 4 ans après Jésus, soit en 1454, nous avons Savonarole, «ami du pauvre, châtieur des riches». 365 x 5 ans après Jésus, en 1819, naît Walt Whitman, et Karl Marx en 1818. Un autre exemple: Karl Marx naît 365 x 8 ans après le Brahmin Bouddha, d'après la *Bhagavata Purana*.
> Ainsi Whitman peut être identifié à Jésus, souillé non par les embruns et la poussière de la route mais par les étincelles de la fonderie.
> (Schmidt 1987: 411).

Ces réincarnations — le Christ en Savonarole en Marx en Whitman, le Christ en ouvrier d'usine comme en humble paysan — semblent satisfaire le besoin que ressent Khlebnikov de donner un sens à la Révolution, de la replacer dans une structure plus vaste. Lorsque, dans *Les tables du destin*, les schémas arithmétiques décrits ci-dessus cèdent le pas au théorème selon lequel «la véritable nature du temps consiste en sa multiplication récurrente par deux et par trois» (420), Khlebnikov peut tracer le rapport entre les révolutions de 1905 et de 1917 et faire la carte des grands événements de l'histoire d'après des tableaux complexes basés sur des algorithmes, particulièrement sur *n* élevé à la puissance deux ou trois. «Quand l'avenir devient clair grâce à ces calculs, écrit-il à un ami, le sens du temps disparaît; c'est comme si l'on se tenait immobile sur le pont de la prescience du futur. Le sens du temps s'en va et le temps devient comme un champ devant toi et un champ derrière; il devient en quelque sorte espace» (Schmidt: 1987: 137).

Or nous savons que cette spatialisation du temps est une des caractéristiques centrales du modernisme. L'amoncellement («shoring») de fragments dans la structure en collage qu'est *The Waste Land*, le système de répétitions dans les textes en prose de Stein et l'assemblage d'images interchangeables dans la *Boîte verte* de Duchamp induisent un refus similaire de toute linéarité. Certes, c'est là en partie une réaction aux théories d'Einstein et à la géométrie non-Euclidienne, mais il est clair que l'Utopisme de l'avant-garde est à mettre en rapport avec la peur de ce que nous réserve l'avenir.

Khlebnikov, pour revenir à lui, a composé ses derniers poèmes et ses *Tables du destin* dans l'ombre de la guerre, d'une crise révolutionnaire et dans les remous qui ont présidé à la naissance de l'état policier soviétique. C'est à Bakou pendant la guerre civile, alors qu'il logeait dans un dortoir du port et produisait des affiches de propagande pour la section culturelle de la flotte de la Volga et de la mer Caspienne, que Khlebnikov a formulé ses algorithmes fondamentaux. Dans une lettre à sa sœur Vera (2 janvier 1921), il reconnaît que ses «visions de l'avenir», qui venaient d'être lues comme «rapport à une séance de travail de l'université de l'Etoile Rouge», n'y avaient rencontré aucun écho:

> Ceux dont l'ego se satisfait d'une paire de bottes pour bonne conduite et pensées loyales m'évitent et m'observent d'un regard terrifié. Quoi qu'il en soit, désormais, le sort en est jeté, et le serpent devra passer par le ventre même. Jusque là, néanmoins, la vie est prisonnière de ses anneaux gluants et de grillages sinistres qui disent la mort du corps et de l'âme.
> (Schmidt 1987: 125).

Un tel pessimisme est rare chez Khlebnikov, mais il soustend un paradoxe étrange, qui est une autre caractéristique de la poétique d'avant-garde. Dans son célèbre essai de 1931 «Sur une génération qui a gaspillé ses poètes» (1987: 269-300), Jakobson retrace le conflit entre l'utopisme et ce que l'on appelle *byt* [la vie quotidienne], entre «l'élan créateur qui pousse à transformer l'avenir» et «une glu stagnante, qui étouffe la vie dans son moule dur et étroit» (277), conflit qui animait et a fini par détruire la vie poétique de Maïakovski. Mais dans l'œuvre de Khlebnikov il a pris un tour différent, moins pessimiste.

D'une part (par exemple dans sa pièce en vers *Bogi* [Les dieux] et dans sa «supersaga» *Zangezi*, Khlebnikov se sert de plus en plus de ce qu'il appelle *ptici jazik* [langage des oiseaux] et *jazik bogov* [la langue des dieux] — une poésie onomatopéique aussi peu référentielle que possible. Voici à titre d'exemple, un dialogue entre Eros et Junon dans la 2e scène («Plan 2: Les dieux») de *Zangezi*, traduite par Paul Schmidt dans un anglais à l'orthographe très approximative:

*Eros* Emch, amch, oomch!
*Doom*chee, *dam*chee, *dom*chee,
Maka*ra*ko keeo*cherk!*
Tseetseeleetsee tseetsee*tsee*!
Kooka*ree*kee keekee*koo*
*Ree*chee, *chee*chee, tsee-tsee-*tsee*.
Olga, Elga, Alga!
Peets, patch, *potch!* Ekham*chee*!

*Juno.* Pee*ra*ra—peeroo*roo*roo!
Lay*lo*la Vooaroo!
Veeche*ho*lo sehseh*seh*!
*Ve*chee! *Vee*chee! *ee* bee-*bee*!
Zeeza*zee*za eeza*zo*!
Eps, Aps, Eps!
*Moo*ree-*goo*ree reeko*ko*!
Mio, *Mao*, Moom!
Ep!
(Schmidt 1989: 334)

D'une façon générale, ces vers sont une sorte de *charme*, d'incantation magique, selon la définition d'Andrew Welch, portée par la mélopée d'un magicien en plein travail. La racine de «charme», c'est le mot latin *carmen*, qui signifie chant mais aussi formule magique ou incantation. Dans les sociétés primitives, nous dit Welch, les charmes étaient des secrets bien cachés; les mots utilisés relevaient souvent d'une langue différente (135-36). «Alors que le chant s'organise sur les rythmes extérieurs de la musique… le rythme des charmes, lui, se forme à partir du rythme propre aux mots eux-mêmes.» (136). La répétition, à la fois rythmique et verbale, est essentielle dans un charme; Welch donne en exemple un charme des îles Trobriand utilise à l'ouverture de la saison des semailles quand le sol est préparé pour les ignames de l'année à venir:

Vatuvi, vatuvi,
Vatuvi, vatuvi
Vitumaga, I-maga
Vatuvi, Vatuvi,
Vatuvi, vatuvi,
Vituola, I-lola.
(Welch 141)

Les vers 1-2 et 4-5 répètent l'impératif «Montre le chemin», le troisième vers dit, «Montre le chemin vers la terre, profond dans la terre» et le sixième «Montre le chemin fermement montre le chemin vers un arrimage ferme» (141).

Dans le passage de Khlebnikov cite plus haut, des éléments référentiels comme le prénom «Olga» au vers 7 de la réplique d'Eros, servent à enraciner les mots *zaum*, tout comme l'approximation d'un cri de coq au vers 5 et le miaulement d'un chat au vers 17. La strophe stichique rigoureusement structurée sur des répétitions phonémiques et verbales s'ouvre sur trois syllabes accentuées («Emch, amch, oomch!») puis file une modulation en un vers de sept syllabes où deux trochées sont suivis par un amphimaque, comme dans «Kookka*ree*kee keekeek*oo*» ou «*Ve*chee! *Vee*chee! *ee*-bee-*bee*» (/ x / x / x / ). Welch souligne que le charme comme la mélopée (celle-ci s'appuyant davantage encore sur des sons «dépourvus de sens» ou plutôt sur des sons dont le sens est uniquement rythmique) résonne toujours d'associations communes au groupe, «créant ainsi une voix qui dépasse celle de l'individu»; à ce titre, ces antiques formules conviennent parfaitement au héro de Khlebnikov Zangezi, dont le nom combine deux fleuves, le Zambèse et le Gange — ce qui donne les coordonnées africaines et asiatiques de la perception du poète. Ronald Vroon fait remarquer que «dans 'L'alphabet de l'intellect' de Khlebnikov, la lettre z indique la réflexion et la lumière réfléchie et est associée à des mots qui signifient vue, miroirs, yeux, étoiles et même la terre (*zemlja* en russe). Bref Zangezi est un voyant.» Et plus loin, «l'image de Zangezi comme prophète itinérant est en partie basée sur les errances du poète lui-même, mais aussi sur la vie du grand sage du IXe siècle, Sankara ... qui a voyagé partout en Inde, prêchant et rassemblant des disciples pour sa secte d'hindouisme réformé» (Schmidt 1989: 397).

Vision, prophétie, «supersaga» dont les «personnages» sont des oiseaux, des dieux ou même des étoiles: ce sont là peut-être les caractéristiques principales de l'œuvre tardive de Khlebnikov. Au Plan 9 intitulé «Pensée», Zangezi proclame, «Sonnez l'alarme, envoyez le son dans l'esprit! Sonnez la grosse cloche, le grand tocsin de l'intelligence! Toutes les inflexions du cerveau humain passeront en revue devant vous, toutes les permutations de l'OOM!» Dans la version de Paul Schmidt, nous lisons:

> GO-OOM
> OUR-OOM
> OOW-OOM
> EAR-OOM
> WITH-OOM of me
> and those I don't know
> MO-OOM
> BO-OOM
> DAL-OOM
> CHE-OOM
> BOM!
> BIM!
> BAM!
> (Schmidt 1989 345)

Et ça continue comme ça pendant une quarantaine de vers. Mais ce qui peut paraître comme un chant primitif reçoit une interprétation précise et personnelle dans les notes de Khlebnikov: *GO-OOM*, par exemple, renvoie à «L'esprit qui culmine comme ces bibelots célestes que l'on ne voit pas de jour, les étoiles». Il explique aussi que «quand les dirigeants tombent, [le mot *GO-OOM*] ramasse leur bâton GO». Et aussi, *DEV-OOM* signifie «L'esprit du disciple ou du vrai citoyen, une disposition à la dévotion», *DA-OOM* équivaut à «affirmatif» et *NO-OOM* à «argumentatif» (Schmidt 1989: 346-47).

Par ailleurs — et nous voici au paradoxe que j'évoquais plus haut — tandis que Khlebnikov présente «toutes les inflexions du cerveau humain» comme étant des «permutations du

*OOM!*» (Schmidt 1989: 345), il écrit aussi des vers autobiographiques dans une langue familière étonnamment simple où les néologismes sont remplacés par des expressions quotidiennes, des images un peu farfelues et des hyperboles comiques. «La Russie et moi» en est un exemple [*Ia i Rossija*]:

La Russie en a libéré des milliers et des milliers.
C'était vraiment un truc terrible,
Les gens ne vont jamais l'oublier.
Ce que moi j'ai fait c'est retirer ma chemise
Et tous ces buildings luisants, poils de ma toison,
chaque pore
dans la cité de mon corps,
ont sorti leurs bannières et leurs drapeaux.
Tous les citoyens, hommes et femmes
de l'état de MOI,
se sont précipités à la fenêtre de mes poils vannés mille fois,
tous ces Igors, toutes ces Olgas
et personne ne leur en avait donné l'ordre,
ils se pâmaient dans le soleil
et tendent le cou à travers ma peau.
La Bastille de ma chemise était tombée!
Et tout ce que j'avais fait, c'était la retirer.
J'ai donné le soleil au peuple de MOI!
Je me suis tenu sur la plage sans aucun habit,
C'est comme ça que j'ai donné la liberté à mon peuple
Et permis aux masses de bronzer.
(cf. Khlebnikov II 304)

Cette fantaisie absurde et drolatique où la Révolution russe est représentée par le poète qui retire sa chemise et permet au petit people de son corps de prendre un bain de soleil, les «buildings luisants» de ses poils se dressant à «chaque pore» «dans la cité de mon corps», préfigure l'humour burlesque de Frank O'Hara: on pense à «A Pleasant Thought from Whitehead», où le poète, assis à son bureau, imagine que ses écrits inondent les cieux où «les étoiles appliquées / lisent mes poèmes et les montrent / à des amis» (O'Hara 995: 23-24) ou encore «Poem (Khrushchev is coming on the right day!)», où l'allégresse du poète-amoureux le soulève temporairement au-dessus de la foule de sorte que «la joie semble inexorable», malgré la silhouette sombre et sévère de Kroutchev [Khruscëv] qui arrivait à Pennsylvania Station (O'Hara 1995: 340).

Sans doute Paul Schmidt, lui-même un ami d'O'Hara, tire-t-il vers un registre relâché dans sa traduction. Mais si nous lisons «La Russie et Moi» dans une traduction littérale, l'impertinence de la métaphore centrale est frappante: elle rappelle l'hyperbole désinvolte du jeune Maïakovski (par exemple dans «Quelques mots sur moi-même»), mais ici les questions abordées sont autrement sérieuses. Le tumulte politique de la Révolution peut-il vraiment se résumer à ce moment de pâmoison lorsque «J'ai donné le soleil au peuple de MOI!»? Et qu'est-il arrivé au souhait d'échapper au soi, au besoin de se débarrasser de l'ego du poète sur lesquels Khlebnikov insiste tant dans ses textes en prose de l'époque?

Je pense que la réponse est que la poésie tardive de Khlebnikov était trop menacée par des contraintes matérielles et psychologiques pour se préoccuper encore de théorie sur ce que la poésie devrait être. «La Russie et moi» c'est de la poésie sur le fil: encore une minute, se dit-on en lisant l'affirmation initiale, et la jolie image va disparaître corps et biens, le bronzage que le poète offre aux masses de son corps s'avérera plus réel que la liberté donnée à «des milliers et des milliers» par le nouveau gouvernement soviétique. Khlebnikov suggère qu'à des moments pareils pouvoir élaborer des néologismes à partir d'un océan étymologique n'a plus guère d'importance. Dans un poème du même recueil «Quand j'étais jeune je marchais seul» [*Ia vysel iunosei odin*], le poète se souvient d'un moment où, adolescent, il s'enfonçait dans la forêt et dans un accès de rage extatique mit le feu à ses cheveux, se rendant «incendiaire sur les terres khlebnikoviennes!». «J'ai brûlé mes champs et mes arbres / et ça allait beaucoup mieux.» Désormais il ne s'en va plus «avec les cheveux en flammes, non plus je mais NOUS» — afin d'échapper à une horreur qui n'est jamais décrite dans ce poème, une horreur si terrible que même «Nos ennemis de Rhénanie / craignent la puanteur de la famine et des épidémies au-delà de nos frontières» (Schmidt 1997: 103).

«Quand j'étais jeune» date de1921; en janvier de cette année-là, Khlebnikov écrit tristement à sa sœur: «J'ai oublié le monde de la poésie et des sons, je les ai offerts en sacrifices dans le grand feu des nombres. Mais encore un peu de patience et le don sacré de la parole me reviendra» (126). Et en février, à Maïakovski: «L'encrier de l'écrivain est à sec et la mouche n'a vraiment pas trouvé ça drôle quand elle a voulu aller y nager.» Il retire bien quelque réconfort de sa nouvelle «maîtrise» des nombres mais écrit qu'à la place du cœur, «il me semble que j'ai quelque chose comme un bout de bois ou un hareng saur. Je ne sais pas. Plus de chants» (128).

La référence au hareng saur est intéressante, car le poète qui prétendait que «l'encrier de l'écrivain [était] à sec» était occupé à composer une série impressionnante de poèmes sur la faim, et plus particulièrement sur la vie rurale à l'époque de la famine de 1920-21. A la différence de ses poèmes *zaum* de la même époque, ces petits poèmes en vers libres sont facilement accessibles, documentaires et quasi imagistes. Voici le début du poème intitulé «Faim» [*Golod*], dont la première section s'appelle «Dans les bois»:

> Pourquoi se sauvent-ils l'élan et le lapin,
> Abandonnant les bois à l'automne?
> Des gens ont mangé l'écorce des trembles,
> Les pousses vertes des pins.

Des femmes et des enfants errent dans les bois,
Récoltant les feuilles des bouleaux
Pour la soupe: bortsch de bouleau, bouillon de bouleau.

Les pointes tendres des branches de pins, la mousses argentées
Nourriture de la forêt.
Il va leur pousser des dents comme aux élans
A force de manger les arbres....

Les enfants dépérissent:
Leur bouche s'étire d'une oreille à l'autre,
Leurs yeux comme des lunettes de soleil — lunettes bleues, lunettes brunes —
Luisent dans leur visage comme des reflets scintillants;
Leur nez s'affûte en pointe de couteau,
Comme des chandelles disposées sur une tombe.
(Schmidt 1997: 104-05; Khlebnikov III 75-76)

Cette image documentaire de la faim et de la dégradation humaine semble d'une simplicité déconcertante: la syntaxe est directe, la description sans détour, les images accessibles à tous. Pourtant la perspective du poème le marque bien comme étant de Khlebnikov, à commencer par la confusion terrifiante des élans [*losi*] et des gens [*liudi*] dans la première strophe. Le *procédé* d'«aliénation», dans ce cas, n'est pas, du moins manifestement, le jeu sur les sons, même si la strophe sur les enfants citées ci-dessus utilise beaucoup la lettre *g*, comme dans *glaza golubimy* [yeux bleus] et *groba* [tombe]. Dans le système de Khlebnikov, ce sont là des variantes de *golod* ; dans «Le guerrier du Royaume», nous nous rappelons que le tableau alphabétique donne pour *G* [*g*] «pas assez en raison d'une situation de force insuffisante, de faim» (Schmidt 1987 294). Mais si le réseau en *g* donne à la strophe sa structure secrète, le récit de surface parle lui à un vaste public. Le «Je» du poète est absent de ce qui se présente comme un reportage documentaire, mais ce que le «Je» présente et rend interpellant, c'est l'adage familier: «Certaines personnes ne valent pas mieux que des animaux». Confrontés à la faim, ils *sont* des animaux qui s'emparent des réserves de nourriture des élans et des lapins et qui, en mangeant l'écorce des trembles et les pousses des pins, deviennent véritablement des animaux, avec la dentition de l'élan. L'autre pôle de la déshumanisation est la confusion entre homme et marchandise. Les yeux brillants des enfants affamés sont «comme des lunettes de soleil — des lunettes bleues, des lunettes brunes», ils «luisent dans leur visage comme des reflets scintillants». Leur maigre petit nez «s'affûte en pointe de couteau», fondant à rien «comme les chandelles disposées sur une tombe» — leur propre tombe évidemment.

En représentant ce qui est peut-être le sujet le plus facilement émouvant — des petits paysans qui meurent de faim — Khlebnikov évite tout sentimentalisme mièvre. Au lieu de se tenir à l'extérieur du cadre, à pleurer sur les pauvres dans ce moment de crise, il étudie l'effet qu'a la faim sur des êtres humains. Dans leur recherche frénétique de n'importe quoi de comestible —bortsch de bouleau, vers grillés, chenilles rôties, choux puants — les humains perdent toute «humanité». Ils deviennent, dans les termes cruellement ironiques du poème, des choses, des marchandises comme ces lunettes de soleil qu'ils ne pourront jamais se payer et ces chandelles si rares qu'elles aussi bientôt pourraient se retrouver fondues et consommées. De *golod* à *groba* : l'image est d'autant plus terrifiante que nous savons que le poète lui-même allait bientôt succomber à une infection due à la malnutrition.

Rappelons-nous que dans son «Auto-déclaration» de 1919, Khlebnikov indiquait que son but premier était de «trouver — sans briser le cercle des racines — la Pierre de touche magique de tous les mots slaves, la formule qui les transforme l'un en l'autre, et ainsi librement fusionner tous les mots slaves» (Schmidt 1987 147). Cette pierre de touche magique s'est avérée difficile à saisir, mais les possibilités de la morphologie khlebnikovienne ont été expérimentées par des poètes de la fin du XX$^{e}$ siècle, qu'il s'agisse d'*Oulipo*, des poètes concrets du Brésil, de Jackson Mac Low avec *Pronouns*, de John Cage avec *mesostics*, de Susan Howe, avec un recueil dont le titre même est presque un geste à la Khlebnikov, *Articulation of Sound Forms in Time*. En fait, au tournant du XXI$^{e}$ siècle, nous retrouvons les possibilités de la mélopée et des charmes, la magie des mots *zaum*, qui avaient été étouffées pendant les années de poésie personnelle ou «rationaliste» au milieu du siècle. «La langue outresens, disait Khlebnikov dans un accès de simplicité enfantine, c'est une langue au-delà des limites de la raison ordinaire, exactement comme on dit outre-Quiévrain ou outre-mer' (Schmidt 1987 383). La «Littérature», c'est donc le «travail du mot» ou «Lettrature», le compositeur est un «remueur de sons» et le poète un «alpiniste de nuages» ou un «gratteur de ciel» (79-80). Quant à la récompense du poète, «le bonheur humain est un son secondaire; il se tord et s'enroule autour du son fondamental de l'univers» (399).

**Ouvrages cités:**

Cooke, Raymond, *Velimir Khlebnikov. A Critical Study*, Cambridge University Press, 1987

Fauchereau, Serge, "Khlebnikov", in *Futurism and Futurisms,* éd.Pontus Hulten, New York, Abbeville 1986

Jakobson, Roman, 'Subliminal Verbal Patterning in Poetry' (1970), in *Language in Literature*, éd. Krystyna Pomorska et Stephen Rudy, Cambridge (MA), Harvard University Press, 1987

—, *My Futurist Years,* éd. Bengt Jangfeldt et Stephen Rudy, tr. anglaise Stephen Rudy, New York, Marsilio, 1997

Khlebnikov, Velimir, *Sobranie sochinenii (Collected Writings)*, 4 vol. Munich, Wilhelm Finck, 1968

Khlebnikov, Velimir, *Snake Train: Poetry and Prose,* édité et traduit en anglais par Gary Kern, Ann Arbor (MI), Ardis, 1976

—, *Collected Works of Velimir Khlebnikov*, 3 vol., tr. Paul Schmidt. Vol. 1: *Letters and Theoretical Writings*, éd. Charlotte Douglas, 1987; Vol. 2: *Prose, Plays and Supersagas*, éd. Robert Vroon, 1989; Vol. 3: *Selected Poems*, éd. Ronald Vroon, 1997, Cambridge (MA), Harvard University Press, 1987-97

Lawton, Anna (ed.), *Russian Futurism Through its Manifestos 1912-1928*, tr. Anna Lawton et Herbert Eagle, Ithaca (NY), Cornell University Press, 1988

Pound, Ezra, *The Literary Essays of Ezra Pound*, éd. T.S. Eliot, London, Faber and Faber, 1954

Welch Andrew, *Roots of Lyric: Primitive Poetry and Modern Poetics*, Princeton (NJ), Princeton University Press, 1978

# LA POESIE SONORE: POESIE OU MUSIQUE?

FRANCIS EDELINE

## 1. Historique

La poésie sonore, sans doute à cause de son côté hybride, demeure mal connue. Elle n'est guère fréquentée par les amateurs, même éclairés, de poésie, en raison du fait qu'elle ne se déguste pas dans l'intimité d'un livre mais exige qu'on se déplace vers une salle de spectacle. Elle ne l'est pas davantage par les musiciens, qui n'y retrouvent pas les problématiques spécifiquement musicales et que trouble la constante référence à la parole.

En tant que «mouvement» ayant conscience de sa propre existence, on peut dire qu'elle est apparue dans la foulée de la Poésie Concrète laquelle, comme on sait, est née en 1956 pratiquement simultanément au Brésil et en République Fédérale d'Allemagne. C'était encore le temps des avant-gardes et comme toute avant-garde elle a eu, à côté de ses éminents créateurs initiaux (Eugen Gomringer et les frères Augusto et Haroldo de Campos), un maître à penser, un théoricien, auteur d'un livre à la fois théorique et programmatique. Cet homme fut Max Bense, professeur à l'Université de Stuttgart, et ce livre fut l'*Einführung in die informations-theoretische Ästhetik*. Dans ce livre figuraient quelques *catch-phrases*, quelques formules frappantes, qui allaient circuler largement et galvaniser les énergies créatrices de nombreux poètes. Les plus connues sont «On fait quelque chose *dans* la langue, on devrait faire quelque chose *avec* la langue[1]» et «Ecrire, c'est

(1) «Man macht etwas in der Sprache, man sollte etwas mit der Sprache machen», in *Texttheorie,* ROT n°1, 1960, Verlag Augenblick, Stuttgart.

fabriquer du langage, non l'appliquer». De ces phrases lapidaires se sont échappés tumultueusement les flots de la poésie visuelle et les vagues mugissantes de la poésie sonore. Nous verrons plus loin ce que signifie son application dans le domaine sonore. Max Bense, lui-même poète sensible, en a donné quelques exemples.

Pour en terminer avec cette mise en situation historique, il faut signaler qu'à l'inverse des avant-gardes classiques[2] celle-ci allait d'emblée être internationale, et par voie de conséquence polyglotte. Eugen Gomringer, allemand vivant en Suisse et né en Bolivie, parle couramment quatre langues. Ernst Jandl, autrichien, est professeur d'anglais. Pierre Garnier, français, est professeur d'allemand et par ailleurs l'époux de la poétesse allemande Ilse Garnier. Le brésilien Pignatari a fait ses études en Allemagne chez Bense. Henri Chopin, marié à une anglaise, a vécu longtemps en Angleterre (et vient d'ailleurs d'y retourner). Les exemples sont innombrables, tant dans la première génération (avec Adriano Spatola, Arrigo Lora-Totino, John Furnival…) que dans celles qui ont suivi (Steve McCaffery, Tibor Papp…) Cet important caractère ne sera pas sans conséquence sur les œuvres produites et rendra normal le fait que les auteurs ne se soient jamais préoccupés de traduire leurs œuvres[3].

La phrase – slogan – programme de Max Bense allait déclencher deux courants distincts; le visuel et le sonore. Le principe même de leur création imposait à ces œuvres un mode de diffusion peu classique: des portefeuilles à tirage limité, des disques et des revues[4]. Le courant sonore peut être sans trop d'arbitraire découpé en trois tendances:

([2]) Le Futurisme, par exemple, est soit russe soit italien.

([3]) Sur cet aspect curieux v. F. EDELINE, «La traduction de la poésie visuelle et ses problèmes», *Formules* (n° 7, 2003, pp. 94-105).

([4]) Parmi les revues qui ont marqué le début du mouvement, et dont les collections sont devenues des raretés bibliophiliques: ROT (de Max

| | |
|---|---|
| Remotivation sonore d'un TEXTE | (Bernard Heidsieck...) |
| Possibilités phonétiques d'une LANGUE | (Ladislav Novák...) |
| Possibilités de la VOIX | (Henri Chopin...) |

De l'une à l'autre on voit s'amenuiser l'importance de l'élément linguistique. Je préfère ce découpage en trois à la distinction parfois proposée entre *poésie phonique* et *poésie phonétique*, car la poésie phonique recouvre en fait les deux registres très différents où travaillent les poètes du texte et les poètes de la langue. La bifurcation en deux branches, visuelle et sonore, allait entraîner des évolutions parallèles mais de sens inverse. La branche visuelle abandonne la linéarité de la chronosyntaxe et se lance dans l'exploration d'autres syntaxes: topologique, iconique et aléatoire[5]. Elle se dirige vers la peinture via le calligramme[6] et de nombreuses autres formes. Pendant ce temps la branche sonore conserve la linéarité, elle reste un art du temps et va donc devoir exploiter d'autres composants. Un problème est commun aux deux: comment passer du discret au continu, de la lettre et du graphème à la continuité de la ligne, du phonème à la continuité du son musical. Le statut sémiotique est aussi le même pour les deux: elles sont essentiellement *inter*sémiotiques et chacune cherche à découvrir des zones de compatibilité et de complémentarité entre deux sémiotiques radicalement distinctes.

Bense), *Invenção* (des frères de Campos), FUTURA (de Hansjörg Mayer), *Cinquième Saison* et OU (d'Henri Chopin), *Les Lettres* (de Pierre Garnier), *Poor.Old.Tired.Horse* (de Ian Hamilton Finlay), *Stereo Headphones* (de Nicholas Zurbrugg), DOCKS ( de Julien Blaine) etc.

(5) cf. F. EDELINE, *Syntaxe et Poésie Concrète,* 1972, Courrier du Centre International d'Etudes Poétiques, n°37-38, pp 3-19.

(6) Souvenons-nous d'Apollinaire songeant à intituler *Et moi aussi je suis peintre* l'album de ses «idéogrammes lyriques».

On a pu gloser,- parfois de façon simpliste d'ailleurs,- sur ces caractéristiques, en relevant qu'on y sépare ce qui était uni (le visuel et le sonore) mais que d'autre part on y réunit ce qui était séparé (la musique et la poésie, «autrefois» mythiquement unies, selon la spéculation habituelle). Le poète va parfois explicitement jusqu'à s'imaginer chamane (c'est le cas de Bliem Kern) dans un syncrétisme mâtiné de New Age et d'Ecologie romantique. Mais rien de ces dérives ne doit nous distraire de l'intérêt exceptionnel des créations de la poésie sonore.

Quelles sont les ressources du poète sonore? Ma thèse est que dans un premier temps beaucoup d'entre eux, surtout ceux de la première génération, s'ils font certes quelque chose *avec* la langue, ils le font avant tout avec *leur* langue. Chaque langue dispose de ressources propres, déjà exploitées par les poésies nationales, ce sont:

Un vocalisme plus ou moins riche (turc, hongrois, français...)
Des consonnes particulières (ð, đ, ł, ř, θ...)
Une longueur de mots.
Un système d'accents, de durées, de tons.

Même si les ingrédients sont à la base les mêmes qu'en prosodie et en métrique traditionnelle, la *force organisatrice* doit changer. Assez curieusement le matériau sonore a été mis en forme selon des principes souvent très proches de ceux de la musique (et ce consciemment). Le poème sonore se présente d'ailleurs fréquemment comme une partition, avec cellules et minutage[7].

Il importe ici de distinguer soigneusement les plans de l'expression et du contenu. C'est bien évidemment surtout le plan de l'expression qui a été exploré et approfondi. Cependant il a existé aussi une «Poésie Sémantique», peu

(7) Exemples: outre la *Ursonate* de Kurt Schwitters, les *Poèmes-Partitions* de Bernard Heidsieck.

connue et restée discrète. Elle fut pratiquée par Stefan Themerson et Pierre Garnier, et correspond un peu à l'«art conceptuel» du côté des plasticiens. Les exemples qui vont suivre illustreront le travail sur le signifiant et montreront que bien loin d'être un jeu vain ce travail agit sur le signifié, ou même *est* le signifié.

## 2. Quelques auteurs

### Zdeněk BARBORKA

Dès 1970 le poète tchèque Ladislav NOVÁK compose des poèmes sonores. Le plus célèbre d'entre eux s'intitule *La structure phonétique de la langue tchèque selon les proverbes tchèques*. C'est un poème construit par une technique de permutations: on feint qu'un ordinateur soit en train d'exécuter un programme de recherche sur cette structure phonétique. On y entend des séquences de consonnes difficiles à prononcer pour nous telles que ř (une sorte de rj roulé) ou čtr (qu'on retrouve dans des suites de nombres).

Pour compenser l'absence d'illustration sonore je présente ci-après (fig.1) une feuille de l'impressionnant recueil de Zdeněk Barborka: *POTOPA* ( Le Déluge). Il s'agit de la dernière page d'une série présentant 12 états du processus de montée des eaux. Ce type de poème, très répandu depuis dans la poésie visuelle et sonore, est appelé *poème-processus* et il semble que Barborka en soit l'inventeur. La première feuille porte seulement O (lettre ou chiffre) alors que la dernière est faite de 24 rangées et 14 colonnes répétant le mot *voda* (eau). La langue tchèque comporte énormément de mots de quatre lettres, et le poème joue sur cette propriété pour insérer par-ci par-là divers mots ou groupes de mots représentant des corps flottants emportés par le

voda voda voda voda voda voda boří hráz voda voda voda běda voda voda
voda voda voda voda voda voda voda voda voda voda voda voda voda voda
hluk síli voda voda voda voda voda voda pláč děti voda voda voda voda
voda ničí domy voda voda voda voda voda voda voda voda voda voda voda
voda voda voda voda voda voda voda voda voda voda voda voda voda stůl
voda voda voda voda voda voda voda voda voda voda voda hučí voda voda
voda voda víři láme kmen kmen drtí nohu krev teče voda voda voda voda
voda voda voda voda jsem sláb voda tonu voda voda voda voda voda voda
voda voda voda voda voda voda voda voda voda voda voda voda voda voda
voda vlna nese dítě voda voda voda dítě volá mámu voda voda víří smrt
voda voda voda voda voda ruka voda voda voda voda voda voda voda voda
voda voda voda voda voda voda voda voda voda voda voda voda voda voda
voda voda voda voda voda pták letí padá dolů hyne voda voda voda voda
voda voda voda voda voda voda trám víři tlak vody láme kost muži voda
voda voda voda voda voda tiše voda voda voda voda voda voda voda voda
voda voda voda voda voda voda voda vrah volá pane bože voda lano voda
voda voda voda voda voda voda voda voda voda voda voda voda voda voda
voda voda voda voda voda voda voda voda voda voda voda voda voda voda
voda voda voda voda voda voda voda voda nahá žena hyne vlna smrt voda
voda voda voda voda voda voda voda voda voda voda voda voda voda voda
voda voda voda voda voda voda voda voda voda voda voda voda voda voda
voda voda voda voda voda voda voda voda voda voda voda voda voda voda
voda voda voda voda voda voda voda voda voda voda voda voda voda voda
voda voda voda voda voda voda voda voda voda voda voda voda voda voda

Fig.1 — Zdeněk BARBORKA
*Le Déluge* (dernière page)

déluge. La langue ne comportant pas d'article on peut former des phrases par simple accolement de mots, dont la fonction reste claire grâce aux flexions. Peu de voyelles mais une grande diversité de consonnes et semi-voyelles. Une lecture rythmée de ce texte est possible, sur un ton litanique qui métaphorise l'écoulement indomptable des eaux et le transforme en poème sonore. Pour faciliter la compréhension, la liste de ces mots et leur traduction est donnée ci-après.

voda = eau
boří hraz = brise la digue
běda = O mon Dieu!
hluk sílí = le bruit s'enfle
plac dětí = les pleurs des enfants
nici domy = détruit les maisons
stůl = la table

hučí = murmure
víří láme kmen drtí nohu krev teče = tourbillonne, brise les troncs d'arbre, brise la jambe, le sang coule
jsem slab = je suis faible
tonu = je me noie
vlna nese dítě volá mámu = la vague emporte l'enfant/l'enfant appelle sa maman
víří smrt = tourbillon mort
ruka = la main
ptak letí padá dolů hyne = un oiseau vole, tombe en bas, meurt
trám víří tlak vody láme kost muží = le tronc tourne, la pression de l'eau brise les os d'un homme
tiše = silencieusement
vrah volá pane bože = l'assassin crie «seigneur Dieu»
lano = (donnez-moi) une corde
nahá žena hyne vlna smrt = une femme nue périt, vague, mort

## Ernst JANDL

Cet autrichien professeur d'anglais était un performeur à la voix exceptionnelle. Une part importante de son œuvre a consisté en théâtre radiophonique. Plusieurs de ses suites de poèmes font expressément référence à la composition musicale. C'est le cas de toutes les pièces de *mit musik*[8] ou encore de *doppelchor* dans *Laut und Luise*.

L'exemple qui suit, tiré de *Der künstliche Baum* (fig.2), est à nouveau un pur poème-processus, dont le titre donne le programme: *fortschreitende räude* (soit: lèpre, décomposition progressive). Cinq strophes marquent les étapes de la désintégration progressive du monde, depuis la Genèse, dont le texte n'est pas donné mais qui est présent à toute oreille allemande:

(8) Dans tous ses textes, en transgression délibérée contre la langue allemande, Jandl a supprimé la majuscule.

**him hanfang war das wort hund das wort war bei**
**gott hund gott war das wort hund das wort hist fleisch**
**geworden hund hat hunter huns gewohnt**

**him hanflang war das wort hund das wort war blei**
**flott hund flott war das wort hund das wort hist fleisch**
**gewlorden hund hat hunter huns gewlohnt**

**schim schanflang war das wort schund das wort war blei**
**flott schund flott war das wort schund das wort schist**
**fleisch gewlorden schund schat schunter schuns gewlohnt**

**schim schanschlang schar das wort schlund schasch wort**
**schar schlei schlott schund flott war das wort schund**
**schasch fort schist schleisch schleschlorden schund**
**schat schlunter schluns scheschlohnt**

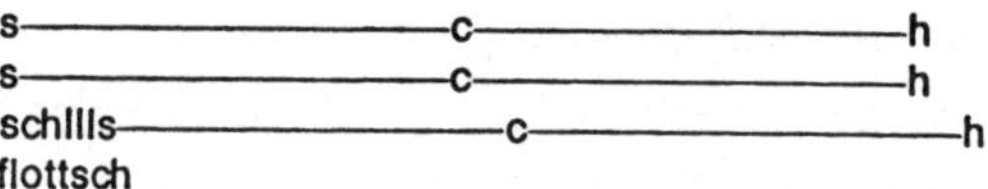


Fig.2 — Ernst JANDL
*fortschreitende räude*

Im Anfang war das Wort
Und das Wort war bei Gott
Und Gott war das Wort
Und das Wort ist Fleisch geworden
Und hat unter uns gewohnt,

jusqu'au Déluge caractérisé phonétiquement par l'invasion de sons perturbateurs dont l'ordre d'apparition n'est pas quelconque: H — FL — SCH — SCHL — SCHLLLSCH. On notera comment ce même thème du Déluge est traité différemment par Barborka et par Jandl. Une seconde communauté thématique sera retrouvée dans la référence populaire souvent affichée par les poètes sonores: à la *volkes stimme* de Jandl répondront les textes de Papp et de Stratos présentés plus loin. Là aussi c'est par des sonorités «spécifiques» qu'entend se manifester l'appréhension «musicale» d'une langue ou d'une culture.

## Paul de VREE

Ce poète flamand s'est fait connaître aussi bien par des poèmes visuels que par des poèmes sonores. Un des plus connus s'intitule *April bij sneeuw* et propose une équivalence sonore et linguistique à la fonte des neiges. Il repose sur le fait que la fin d'un mot peut être le début d'un autre mot: *sneeuw* (neige) engendre ainsi *water* (eau) lequel à son tour devient *waterval* (chute d'eau). Les mots aussi se fondent les uns dans les autres. Dans l'exécution sonore l'auteur prend soin d'aménager la transition par des «étapes» intermédiaires et par des effets vocaux tels que vibration, intensification et répétition.

## Tibor PAPP

D'origine hongroise Tibor Papp, après un long passage à Liège, s'est fixé et travaille désormais à Paris, où il est régulièrement associé aux performances du groupe Polyphonix. La fig.3 reproduit une partie du texte de *Pogány Ritmusok* (Rythmes Païens). Le texte s'inspire d'un type de danse lente (*Lassú*, noire = ±170), qui devient soudain vive à la fin (*Friss*, noire = ±215), comme dans les chansons de recrutement célèbres dans toute l'Europe centrale et appelées *Verbunkos* (de l'allemand *Werbung* = recrutement)[9]. L'auteur lui-même signale la référence populaire. Le rythme est communicatif et manifesté par une chaîne vocale hachée, parfois soutenue par un tambourin, dans le style tzigane. Le mot *Duda* (cornemuse), avec son accent tonique sur la première syllabe, est systématiquement répété et sert de cellule rythmique. Il est également pleinement fait usage du vocalisme très différencié de la langue hongroise (14 sons

(9) Pour des détails sur ces danses complexes, v. György MARTIN, 1974, Les Danses populaires hongroises, Budapest: Corvina.

*

hajlik az ünnepi táncos
táncol a kör közepén

föld víz nap hold föld
föld hold nap víz tűz
szél fák fű víz hal
tűz tánc fül láb kar
zöld szem két szem zöld
föld víz nap hold föld

tűzből futnak az árnyak
tűz közepéböl a füst
hajlik az ünnepi táncos
szél fúj dob pereg üsd

dob dob dob duda / duda duda dob duda
dob zene dob dob / duda duda dob dob
duda — — — / dob duda duda duda
dob zene zene dob / dob — — —
dob dob duda dob / dob dob duda dob
dob dob duda duda / üsd — — —

Fig.3 — Tibor PAPP
*Pogány Ritmusok* (dernière section)

vocaliques). Voici une traduction de la stance centrale de l'extrait:

| | | | | |
|---|---|---|---|---|
| terre | eau | soleil | lune | terre |
| terre | lune | soleil | eau | feu |
| vent | arbres | herbe | eau | poisson |
| feu | danse | oreille | pied | bras |
| vert | eau | deux | yeux | verts |
| terre | eau | soleil | lune | terre |

## Arrigo LORA-TOTINO

Souvent les performances vocales des poètes sonores sont indissociables de la voix des auteurs. On a l'impression que personne d'autre qu'eux n'est à même de rendre pleinement la richesse des textes, et cette liaison au corps physique n'est pas un des traits les moins significatifs de cette nouvelle poésie. Tel est le cas pour Jandl, pour Stratos, pour Mc Caffery, pour Papp, et tel est aussi le cas, éminemment, pour Arrigo Lora-Totino dont non seulement la voix mais le corps entier (toujours vêtu d'un collant noir) et ses prolongements (divers «tromblons» de fer blanc dont il tire des sons burlesques) participe étroitement à la performance, laquelle tient du ballet plus encore que de la musique.

La fig.4 reproduit le texte de *rumore d'ombra* (bruit d'ombre), qu'il faut imaginer exécuté par un baryton profond exagérant délibérément le roulement fricatif des *r*, des *fr*, des *br*.

Fig.4 — Arrigo LORA-TOTINO
*rumore d'ombra*

En voici la traduction:

d’
r u m o r e o m b r a
d’

ombreombreombreombreombreombreombreombreombreom-
breombreombreombreombreombreombre
ombre d’ambre rappelle bruit d’ombre rassemble d’ombre cela semble il rappelle
ombreombreombreombreombreombreombreombreombreom-
breombreombreombreombreombreombre

ombreombreombreombreombreombreombreombreom-
breombreombreombreombreombreombreombre
ambre bruit d’ombre timbre d’ombre rassemble brume d’ambre rappelle
ombreombreombreombreombreombreombreombreom-
breombreombreombreombreombreombreombre

ombreombreombreombreombreombreombreombreom-
breombreombreombreombreombreombreombre
UN TIMBRE EN BRONZE BAT enchevêtrement de brume d’ombre pièce à pièce il rassemble
ombreombreombreombreombreombreombreombreom-
breombreombreombreombreombreombreombre

parmi des papillons et des herbes vertes (très lent expressif avec des stridulations)
craquètement de cigales dans la chaleur accablante qui essouffle

se balade le moustique en zigzigzigzaguant (lent en sifflant)

vite vite en toute hâte, à la hâte (rapide et rythmique avec une stridulation rapide et imitation de gazouillement vers la fin)
entre une branche et un buisson craquette stridulation
et frétillements de pinson frivole dans le feuillage

une musette bourdonne zélée de zéphyr (lent très expressif)
(stridulation lente)
(halo léger)

pst il fait taire pst mêlée de pipeaux (lent)

zodiaque étale un taffetas couleur saphir (très lent avec un halo intense)

(trad. Tiziana Miglione)

**Demetrio STRATOS**

Demetrio Stratos, disparu très jeune (né à Alexandrie en 1945, décédé en 1980) était un poète grec doué d'une vélocité d'élocution phénoménale. Musicien de formation et de profession il a composé un ballet et s'est produit dans de nombreux concerts avec le groupe *Area*, mais son intérêt le plus constant le portait vers les traditions populaires qui comportaient une forte composante sonore, par exemple le théâtre coréen *Pantchouli*. C'est ainsi qu'il a composé des *mirologhi* ou chants de deuil (inspirés des célèbres lamentations d'Epire).

Chaque langue voit fleurir ces petites phrases plus ou moins nonsensiques mais destinées à faire trébucher le locuteur par leur difficulté d'articulation, spécialement à grande vitesse, et qu'on appelle éloquemment en français *virelangues,* en italien *scioglilinguas* et en anglais *tongue-twisters.* Stratos s'est livré, à partir de l'un d'entre eux, familier à tous les enfants grecs, à un exercice éblouissant de virtuosité. Il s'agit d'une formulette qui raconte les aventures d'une cigale (*tzitziras* en grec, formation onomatopéique proche de notre cigale, via le latin *cicada*) et de son *double*: *tzitziras* et *mitziras.* C'est la même obsession sonore qui animait Valéry lorsqu'il écrivait «L'insecte net gratte la sécheresse»:

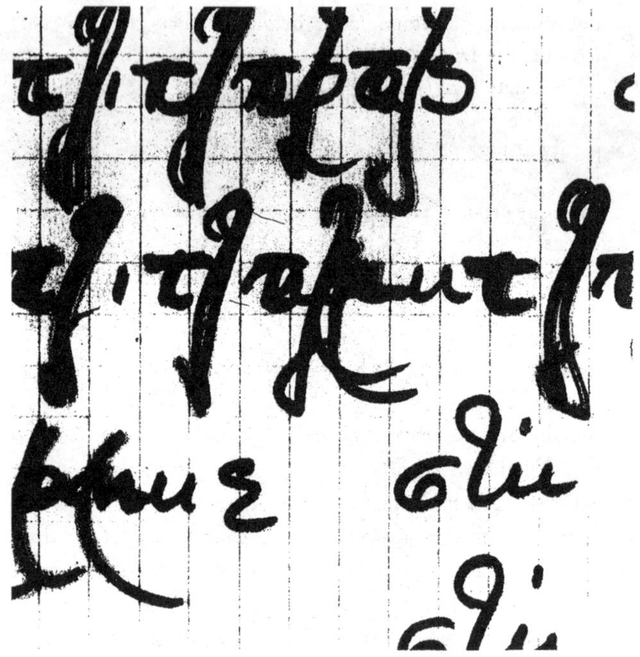

Fig.5 — Demetrio STRATOS
*o tzitziras o mitziras* (version manuscrite)

o tzitziras, o mitziras, o tzitzimitzihotziras
anevikan stin tzitziria, stin mitziria, stin tzitzimitzihotziria
ki efagan ta tzitziria, ta mitziria, ta tzitzimitzihotziria
(La fig.5 montre un fragment de la version manuscrite utilisée par Stratos.)

Dans sa *Metrodora* nous avons une composition essentiellement musicale en diaphonie, sans aucun dispositif technologique et avec pour tous accessoires un verre d'eau, une ficelle et une feuille de papier à cigarette. Métrodora était une célèbre femme-médecin de Byzance (au 6° Siècle) qui avait publié un codex médico-gynécologique après Hippocrate. Demetrio Stratos en a repris un fragment, rigoureusement répété par la première voix, en 6/4, avec une accélération progressive jusqu'à 4/4. Pendant ce temps la seconde voix prend d'autres fragments et se pose librement, parfois en alternance, parfois en synchronisme, parfois en parallélisme.

## Quelques conclusions

Les revendications de base de la poésie sonore pouvaient faire craindre qu'en lâchant ainsi la bride il en résulterait forcément une anarchie totale: on constate au contraire qu'on est en présence d'œuvres très méticuleusement construites. On n'est certes pas réellement *sorti* de sa langue, mais on en a exploité en toute liberté les potentialités phonétiques, syntaxiques, lexicales, rythmiques, en les structurant. Pour que cela fonctionne il était essentiel que l'auditeur puisse continuer à reconnaître les mots et la langue, il fallait donc rester au-dessous du seuil de redondance. Il y aurait plutôt surcodage que destruction du code. Bien entendu les œuvres produites sont par définition intraduisibles.

Les techniques utilisées sont souvent les mêmes, on peut les considérer comme de la prosodie et de la métrique généralisées. On aura repéré les opérations classiques de la rhétorique: suppression, adjonction, suppression-adjonction, permutation, répétition. La métaphore est toujours à l'honneur, quoique sous une forme un peu particulière par un détour métaplastique. Par exemple Jandl remplace des morceaux de mots par des phonèmes «liquides» pour en faire des métaphores de la corruption, de la liquéfaction et surtout du Déluge. Rühm procédait par énucléation, c.à.d. suppression de l'intérieur des mots, ne laissant subsister que les phonèmes initiaux et finaux: métaphore de la censure. Jandl à nouveau, par la permutation qu'il pratique dans *werch ein illtum*, propose une métaphore de l'erreur… On pourrait de même formaliser les élaborations rythmiques de Papp, tout comme les forgeries, onomatopées et «harmonies imitatives» de Lora-Totino ou de Stratos.

Une dernière invention à souligner est celle du poème-processus, qu'on a vu en pratique chez Jandl, de Vree, Barborka… Ici le narratif a changé de plan ou d'échelle, la linéarité du langage est utilisée autrement. Une autre forme de discursivité se met en place, un peu analogue à celle de la musique, dans le développement d'un thème.

Mais malgré les rapports étroits que la poésie sonore entretient avec la musique, on voit cependant qu'elle reste avant tout ancrée dans le langage et que de ce fait elle reste poésie.

**Discographie et Bibliographie**

L. Novák et Z. Barborka, *La structure phonétique de la langue tchèque selon les proverbes tchèques* (1969) a connu plusieurs éditions sonores. Nous utilisons la première, celle d'Henri Chopin, sur le disque *OU — Cinquième Saison* n°36-37 de 1970 (33 t/m, 25 cm) ainsi que celle reprise sur le disque (33 t/m, 30 cm) *Phonetische Poesie* produit par Franz Mon pour les éd. Luchterhand, Neuwied, s.d. La pièce figure également sur le disque n°5 de l'anthologie *Futura* (v. sub Stratos).
Le texte de Barborka figure dans *Artes hispanicas*, 1968, vol.1, n°3-4, p.150. Ce n° spécial consacré à «A world look at concrete poetry» a été préparé par Mary-Ellen Solt.

E. Jandl, *fortschreitende räude* a paru dans *Der künstliche Baum*, 1970, Sammlung Luchterhand, Neuwied, p.109. Il est interprété par l'auteur sur le disque (33 t/m, 17 cm) *Der künstliche Baum* publié par le même éditeur.

P. de Vree, je ne connais pas de version imprimée du poème *April bij sneeuw* (1970). La performance se trouve sur le disque *Phonetische Poesie* produit par Franz Mon pour les éd. Luchterhand, Neuwied, s.d.

T. Papp, *Pogány Ritmusok* est extrait de *Sánta Vasárnap* (Un dimanche boiteux), 1964, *Magyar Mühely* (Atelier hongrois),

Paris, pp. 77-79. Il est interprété par l'auteur sur le disque (33 t/m, 30 cm) *Voooxing Poooêtre* (International record of sound poetry), 1982, préparé par Enzo Minarelli, Bondeno (Italie), Biblioteca comunale ARCI.

Lora-Totino, *rumore d'ombra* est publié sur le livret-pochette accompagnant le disque (33 t/m, 17 cm) n°1 de la série *3V: Polipoesia* édité en 1983 par Enzo Minarelli, Bondeno (Italie).

D. Stratos, Le texte *o tzitziras o mitziras* n'est pas publié (il fait partie de la culture populaire orale grecque). La performance de l'auteur a été spécialement réalisée pour le disque n°7 de l'anthologie *FUTURA — Poesia sonora*, 1978 (7 disques 33 t/m, 30 cm) avec un commentaire dans le livre d'appui édité par Arrigo Lora-Totino et Renato Barilli, Cramps records, Milan.

# BERTOLT BRECHT ET LA MUSIQUE

JOACHIM LUCCHESI

*(traduit de l'anglais par Céline Letawe)*

Paul Dessau, qui avec Kurt Weill et Hanns Eisler fait partie du cercle étroit des «compositeurs de Brecht», a un jour posé la question suivante: «Brecht était-il un écrivain musical parce qu'il chantait même en écrivant sa prose, ou bien chantait-il sa prose parce qu'il était musical?» (Dessau 47)

Bertolt Brecht, le dramaturge et l'écrivain le plus influent du XX$^{e}$ siècle, n'est pas pensable sans la musique présente dans son œuvre. Ses 48 pièces achevées, la plupart des quelque 50 fragments ainsi qu'une grande partie de sa production poétique témoignent d'une véritable alliance avec la musique. Ses textes sont chantés et diffusés dans les médias à travers le monde entier, qu'il s'agisse d'enregistrements par Brecht lui-même en 1929 ou de reprises, jusqu'aux plus récentes de Tom Waits, Dagmar Krause, Robyn Archer, HK Gruber, Nina Hagen, Sona MacDonald, Max Raabe, Teresa Stratas, Konstantin Wecker, Nick Cave, PJ Harvey, William S. Burroughs, Ute Lemper, Marianne Faithfull, Sting, etc. Sa biographie peut se lire comme un dictionnaire encyclopédique de la musique de l'époque moderne. Il a été marié un temps avec la chanteuse d'opéra Marianne Zoff; il a collaboré dans les années 20 avec le jeune compositeur de cabaret Franz S. Bruinier; il a rencontré Edmund Meisel; il s'est imposé dans les événements musicaux de l'avant-garde allemande avec Kurt Weill et Paul Hindemith; il a créé avec Hanns Eisler des œuvres majeures d'une grande force de provocation, dont l'oratorio didactique *Die Maßnahme;* il a rencontré Simon Parmet, Hilding Rosenberg et Arnold Schönberg pendant les années d'exil en Scandinavie et en Amérique; il s'est adressé à Igor Stravinsky pour le *Lucullus;* il a fait mettre en musique *Die Verurteilung des Lukullus* par l'Américain Roger Sessions; il a rencontré lors de son retour d'exil Gottfried von Einem; il a poursuivi jusqu'à sa mort le travail entamé avec Paul Dessau aux Etats-Unis; il a collaboré avec Rudolf Wagner-Régeny, Boris Blacher et Kurt Schaen. À cela s'ajoutent de nombreux compositeurs contemporains comme Hans Werner Henze, Friedrich Cerha, Nicolaus A. Huber et bien d'autres, qui après la mort de Brecht sont attirés par ses textes et sont pris par l'envie de les mettre en musique.

Jusque tard dans les années 1990, on s'est limité à une approche purement textuelle de l'œuvre de Brecht, comme s'il ne s'agissait dans ses pièces et ses poèmes que de texte pur. L'étonnement de certains germanistes fut grand lorsqu'en 1998, pour la clôture d'un congrès sur la pièce didactique de Brecht *Die Maßnahme* (*La Décision*), la pièce leur fut jouée par le Berliner Ensemble accompagnée pour la première fois depuis 1933 de la musique intégrale composée par Hanns Eisler. La profonde connaissance des spécialistes de Brecht fut ébranlée par une représentation théâtrale qui pour la première fois présentait la pièce comme un oratorio et fit prendre conscience qu'environ la moitié de la pièce est accompagnée par une musique qui fait bien plus que donner un fond sonore ou illustrer: la musique grandiose de Eisler, qui jusque là avait été étouffée par l'interdiction de 1956 concernant les œuvres de Brecht et qui n'est toujours pas publiée à ce jour, s'est révélée être un niveau artistique résolument structurant, racontant un déroulement de l'action propre et introduisant de nouveaux aspects, un niveau artistique qui n'a absolument rien à voir non plus avec la vision courante d'une musique de scène illustrant une pièce de théâtre. Prenons un exemple: au début de la pièce, le chœur glorifie les quatre agitateurs qui rentrent de leur mission de propagande («Avancez! Votre travail fut heureux», GBA 3: 75). Pendant que le texte initie un rituel d'éloges, jusqu'à ce que le «Stop» prononcé sans respect par les agitateurs interrompe l'acte solennel, la musique de Eisler raconte quelque chose de tout différent. Car en reprenant comme citation le chœur d'ouverture de la *Passion selon saint Matthieu* de Bach, elle pose comme second niveau narratif le geste de la complainte et du deuil. Au début de la pièce, la musique «sait» plus que le spectateur: elle «sait» que le nombre quatre trahit l'absence du cinquième agitateur, celui qui au début de la pièce est mort depuis longtemps. La musique annonce l'horrible nouvelle que le glorificateur (le chœur) n'a pas encore reçue. Ainsi se déploie un autre niveau narratif qui ne serait pas perceptible si on se concentrait sur le seul texte de la pièce en ignorant la musique de Eisler. Brecht, le dramaturge et le praticien, était conscient de la juste réalisation de ses textes: «Le plus important, c'était la représentation, le texte n'était là que pour la rendre possible; l'usure du texte se produisait au cours de la représentation théâtrale, il était absorbé en elle comme la poudre dans le feu d'artifice!» (GBA 25: 12). On pourrait remplacer dans cette citation le terme «représentation théâtrale» par les mots «musique» et «représentation musicale», et on serait tout aussi proche des intentions de Brecht.

Brecht et la musique: probablement aucun autre écrivain du XX^e^ siècle n'a entretenu une relation aussi forte avec la musique. Presque toutes ses pièces et ses fragments ainsi que nombre de ses poèmes portent des traces d'une utilisation musicale ou du moins du souhait de les mettre en musique. Lycéen, encore avant sa première pièce publiée, *Baal*, Brecht se distingue en tant que poète. C'est en tout cas ce que l'on peut lire aujourd'hui encore dans de nombreuses études biographiques. Pourtant, ceci n'est vrai qu'avec certaines réserves: Brecht a commencé son existence artistique non pas en tant que poète mais bien en tant qu'«auteur-compositeur» comme on dit aujourd'hui. Son œuvre de jeunesse, profondément marquée par les points d'intersection entre la poésie, la musique et la représentation, est incarnée par l'union en une seule et même personne de l'écrivain et du chanteur qui s'accompagne lui-même à la guitare. L'image de Brecht jouant de la guitare est certes connue, surtout depuis le livre de Werner Frisch et Karl W. Obermeier, *Brecht in Augsburg*, paru en 1976. Mais les œuvres posthumes conservées dans les archives de Brecht à Berlin indiquent une piste qui ne peut être plus longtemps ignorée: quelque 150 ébauches de partitions écrites de la main de Brecht subsistent, et il pourrait y en avoir eu beaucoup plus qui n'ont pas survécu aux temps instables qui ont obligé Brecht à faire le tour du globe. Brecht écrit au moyen d'une notation musicale qui lui est propre: des noires pour les notes brèves et des dièses (connus de la notation pour batterie) pour les notes longues. Les barres de mesure manquent, la structuration rythmico-métrique est donnée par le texte. Plus tard, Brecht a insisté plus d'une fois sur le fait qu'il n'avait pas commencé en tant que poète mais bien en tant que chanteur. Ainsi il explique en 1952: «Pour moi, le choix d'un métier s'est passé comme ceci: J'ai commencé par écrire des chansons que je chantais à la guitare devant mes connaissances afin de leur faire plaisir autant qu'à moi» (GBA 30: 105). Et en 1938, il fit remarquer qu'il avait «ébauché des vers en même temps que leur musique» (GBA 26: 316).

Ces ébauches de partitions, qui de par leur aspect sténographique donnent l'impression d'avoir été composées en vitesse, semblent suivre la technique d'improvisation des chanteurs de ballades populaires des foires d'Augsbourg. On pourrait ici se demander pourquoi Brecht ne s'en tient pas au mot écrit, ou tout au plus à la récitation de poèmes dans son cercle d'amis. Probablement parce que Brecht était conscient de l'extension artistique du texte par la musique. À Augsbourg, Brecht expérimente en public ce qu'il exigera plus tard des acteurs, musiciens et compositeurs au théâtre: écrire et présenter une musique qui permet aussi bien une ouverture du texte à de nouveaux niveaux de sens qu'une interprétation efficace du texte grâce aux moyens offerts par la musique. À Augsbourg, Brecht découvre les concerts en plein air, les visites à l'opéra, les foires, les orchestrions des cafés de banlieue, les chants des travailleuses dans les usines et les arrière-cours, les chansons de cuisine du personnel de service, les chants des *Wandervögel*[1], les chorales paroissiales protestantes, ou encore les leçons de piano bourgeoises de ses amis et le chant de la chorale de son père. Tout cela se mélange pour former une première expérience musicale hétérogène qui laisse des traces jusque dans les dernières œuvres de Brecht. À cela correspond un certain genre de musique qui est adaptée ou citée dans l'ensemble de son œuvre: ballades et chansons populaires, chansons de cuisine, chansons à succès et chansons de rue, opérettes et chorales, tout ce qui marquait le quotidien plébéien et petit-bourgeois.

Grâce ce sens de la musique chantée dont il dispose sans avoir suivi aucune formation académique, Brecht acquiert en outre une expérience pratique qui va plus tard servir de base à un discours théorique (il suffit de penser à ses commentaires sur la musique de *l'Opéra de quat'sous* ou de l'opéra *Mahagonny*). Cette expérience pratique l'aide à exiger une certaine qualité musicale pour son théâtre, pour ainsi dire sur base de la première empreinte d'Augsbourg. Conformément à l'utilisation intensive de la musique chez Brecht et d'après des témoignages de ses amis, on doit conclure que la plupart de ses poèmes de jeunesse étaient «musicalisés», c'est-à-dire qu'ils nous sont parvenus sous forme de textes de chansons. Jusqu'à présent, cette caractéristique de sa poésie n'a guère été perçue. Pourtant il me semble essentiel de souligner

(1) Les *Wandervögel* sont des groupes de jeunes passionnés de randonnée, ils sont à la base du mouvement de jeunesse allemand (N.D.T.).

qu'un poème qui n'a pas été mis en musique est fondamentalement différent d'un texte inventé en même temps que la musique. Cette perspective conduirait inévitablement à revendiquer le texte non pas comme une forme artistique définitive mais bien comme un fragment faisant partie d'un ensemble à l'origine plus complexe. Il faudrait dès lors se poser la question suivante: Doit-on considérer les poèmes de jeunesse de Brecht comme des œuvres fragmentaires parce que la musique qui a été inventée en même temps que ces poèmes (et à travers eux) a disparu?

Mais pour Brecht, la musique était en même temps un outil, un instrument de sa propre créativité. Son frère Walter a attiré l'attention sur le fait que Brecht utilisait la mélodie composée pour la première strophe comme un moteur permettant de trouver l'inspiration pour les vers et les strophes suivants ou bien de poursuivre une structuration rythmico-métrique ou un tournant harmonique de façon cohérente (Lucchesi / Schull 64). Cette remarque de Walter Brecht révèle une profonde connaissance de la complexité du moment créateur et de la musique qui en fait partie. On sait également que Brecht écoutait des disques de musique américaine pendant qu'il travaillait à la pièce *Im Dickicht der Städte* (*Dans la jungle des villes*) afin de pouvoir mieux s'inscrire dans l'atmosphère de la ville de Chicago (Lucchesi / Schull 318 *s.*).

Les expériences musicales du jeune Brecht indiquent également autre chose: le fait de travailler, d'écrire et de composer à plusieurs était déjà à l'époque une composante marquante de sa socialisation. Le premier grand recueil de chansons (datant de 1918) porte le titre suivant: *Chansons de Bert Brecht et de ses amis avec accompagnement de guitare* (GBA 11: 7). On voit déjà apparaître ici ce qui sera la caractéristique majeure de l'esthétique de production chez Brecht: le travail collectif comme la condition nécessaire d'une production créative pleine de contradictions et de plaisir. Brecht et son œuvre ne sont pas pensables sans ces liens collectifs particuliers qui dans les années 20 correspondaient tout à fait à l'esprit du temps: le travail d'équipe, moteur de la production artistique, remet en question les valeurs consacrées de la paternité et de l'originalité d'une œuvre. Et là, une importance particulière revient à la liaison qu'a entretenue Brecht jusqu'à sa mort avec son ami Hanns Eisler. Eisler, élève d'Arnold Schönberg, n'était pas seulement un compositeur exceptionnellement doué mais aussi le critique de Brecht le plus proche de son génie, un artiste jouissant d'une formation polyvalente et d'une grande expérience littéraire. Ruth Berlau, un témoin oculaire de cette communauté de production, souligne: «Beaucoup des plus belles œuvres de Brecht ne seraient pas là sans cette collaboration étroite avec Eisler, cette amitié durant toutes ces années, à travers toutes les difficultés. Tout comme beaucoup des plus belles œuvres de Eisler ne seraient pas là sans les textes de Brecht» (Grabs 260). Brecht avait une profonde estime pour le travail de son ami, c'est ce qui ressort par exemple de la transcription en langue allemande de la pièce *Galileo* que Brecht avait écrite en anglais. Brecht ne voulait en aucun cas que la musique que Eisler avait composée pour la version anglaise doive être modifiée. «Eisler pouvait bien sûr changer la musique, mais Brecht ne le voulait en aucun cas car il aimait cette musique. Le travail de transcription a duré une éternité: tam da da tam-tam tam; Brecht était certes très musical, mais c'était un travail de patience» (Grabs 260). D'autre part, Eisler était un lecteur très attentif des pièces de Brecht. Ainsi, le compositeur signala au dramaturge que le personnage de Courage devenait (involontairement) sympathique parce qu'elle était présentée au spectateur trop longtemps sur la scène. Eisler se souvient: «Brecht était hors de lui. J'introduisais une catégorie à laquelle il ne s'attendait pas du tout» (Eisler 25 *ss.*). Mais Eisler intervenait également pour suggérer des changements dans l'œuvre poétique quand cela lui semblait adapté en raison de la qualité poétique ou de la réalisation musicale, ce que Brecht acceptait d'ailleurs.

Si des compositeurs comme Weill, Dessau et surtout Eisler jouaient pleinement le rôle de partenaires critiques pour les textes de Brecht, Brecht pour sa part assumait souvent le rôle d'inspirateur musical. A propos du travail réalisé sur *l'Opéra de quat'sous*, Elisabeth Hauptmann, musicienne chevronnée, a décrit Brecht comme «le centre organisant la production musicale» (Kebir 104). Même s'il est vrai que Brecht insiste un peu trop sur son rôle dans *l'Opéra de quat'sous* — devenu un emblème mondialement connu —, il ne faut tout de même pas ignorer ses suggestions musicales. Pour la mélodie du refrain de «Jenny-des-Corsaires», cela peut être reconstruit sur base des sources de notes. Le premier compositeur de Brecht, Franz S. Bruinier, qui fut longtemps un compositeur professionnel méconnu, avait déjà mis par écrit ce *song* avec une mélodie de Brecht longtemps avant *l'Opéra de quat'sous.* Un segment de cette mélodie réapparaît plus tard dans la mise en musique de Kurt Weill, ce qui montre bien que Brecht exerçait ici aussi une influence musicale. Les compositeurs et d'autres témoins oculaires signalent que c'était une pratique tout à fait courante chez Brecht.

Les intérêts musicaux de Brecht sont étroitement liés à son œuvre. Le compositeur finnois Simon Parmet, avec lequel il a collaboré un temps, a un jour qualifié Brecht de «baguette divinatoire musicale» (cité d'après Lucchesi / Schull 42) qui trouve et inspire exactement ce qui va avec son œuvre. Néanmoins, les intérêts de Brecht sont extrêmement variés. La seule chose qu'il rejette radicalement, c'est la vieille dualité entre la musique «sérieuse» et la musique «légère», entre le *Don Giovanni* et les chansons des arrière-cours par exemple. Le fait qu'il écoute des disques de musique arabe et chinoise et qu'il teste leur utilité pratique pour la musique du *Cercle de craie caucasien* montre bien que sa conception de la musique est loin d'être eurocentrique et limitée. Il est profondément conscient du caractère dépassé des opéras et des salles de concert ainsi que des stations de radiodiffusion. Le trait d'esprit de Pierre Boulez faisant fureur dans les années 50, «Faites sauter les opéras», n'est pas pensable sans les tentatives de Brecht de détruire une certaine tradition de l'opéra: le wagnérisme. L'opéra de Brecht *Grandeur et décadence de la ville de Mahagonny* est, entre autres choses, une digression sur les filets lancés par l'entreprise de l'opéra bourgeois afin d'envoûter les spectateurs et de les rendre dépendants, de les «fondre» en une masse jouissante et d'ainsi neutraliser leur potentiel critique. Brecht a écrit tout au long de sa vie contre les institutions et les formes artistiques solidifiées: avec *l'Opéra de quat'sous* et l'opéra *Mahagonny*, il contribue à la remise en question et au renouvellement du théâtre musical contemporain, il essaye de transformer la réception de l'art et de libérer l'art de cette drogue qu'est l'emprise de l'émotion. Dans ce but, Brecht a recours à un nouvel arsenal d'outils théâtraux qui, en contexte avec la musique, doivent mener à une clarté et une intelligibilité particulière. Malgré une collaboration intensive avec des compositeurs, Brecht a néanmoins catégoriquement refusé qu'on le considère comme un pur librettiste. Il a un jour déclaré qu'il n'était pas là «pour aller chercher de la bière» (GBA 29: 272). Sa méfiance à l'égard de la simple livraison de textes et de leur utilisation quelconque repose sur la crainte de voir les compositeurs créer une musique qui ignorerait l'exigence de ses textes et les «questions politiques qu'ils soulèvent» (GBA 29: 272), la crainte de les voir recouvrir ses textes par de pures techniques artistiques, les dépouillant ainsi de leur discours averti sur la société. Selon Brecht, de nombreux compositeurs «considèrent les textes comme des suites de mots qui sont là pour leur donner l'occasion de se donner du bon temps. Un jeune compositeur très doué m'a un jour dit sur un ton très pressant que les mots délicats comme ailes de libellule étaient ceux qui convenaient le mieux aux «objectifs» musicaux. La musique peut s'exercer longtemps autour de tels mots et étaler toute une masse de choses. Vu que selon ces gens la musique a sa propre signification, le sens du texte aurait très vite un effet dérangeant» (cité d'après Lucchesi / Shull 150). Brecht réclame une musique qui n'ensevelit pas les mots et leur sens et qui conserve une certaine transparence tout au long de l'œuvre. Mais il ne veut pas dire par là que la musique doit être une servante du texte; sa profonde estime de cet «art frère» ne le permettrait pas. La musique est invitée dans un contrat émancipateur non pas à dédoubler et illustrer le texte mais bien à lui apporter un commentaire, à dialoguer avec lui, en fait à lui offrir une forme d'opposition ou de contradiction. Brecht a formulé cette «égalité des droits» dans ses écrits sur la séparation des éléments théâtraux.

Alors que Brecht attend le milieu des années 20 pour établir un contact avec le monde musical moderne et s'y intéresser, ses affinités pour certains compositeurs du XVIII<sup>e</sup> siècle se marquent déjà très tôt. Il cite constamment Mozart et Bach dans ses écrits, deux compositeurs éminemment gestuels et donc intéressants pour le théâtre. Les Passions de Bach justement vibrent de tension gestuelle dans les rapports entre les mots et les sons. Eisler a eu recours à Bach dans *Die Maßnahme*, Dessau dans *Lukullus*, et ce ne sont là que deux exemples parmi d'autres. Bien que la musique du XIX<sup>e</sup> siècle n'occupe aucune place importante chez Brecht, il recourt toute sa vie à un compositeur qui représente pour lui une surface de friction de premier ordre: Richard Wagner. On retrouve ici non seulement la rébellion des jeunes artistes des années 20 mais aussi l'attitude antithétique de Brecht à l'égard de l'ensemble de l'œuvre de Wagner — une œuvre qui le provoque — et du culte qui en résulte. Pour Brecht, l'œuvre de

Wagner est moins une source d'inspiration qu'une source de dégoût qui va le pousser à faire quelque chose de différent. Mais ce n'est pas tout. Brecht perçoit l'image de Wagner à travers la politique culturelle fasciste à partir de 1933 (et déjà avant cela à travers les éléments nationalistes allemands), ce qui lui offre une prise supplémentaire dans la polémique qui l'a occupé toute sa vie.

Il ne s'agissait pas pour Brecht de confier la musique entièrement au compositeur. Car le processus musical commence déjà au moment où la production littéraire porte en elle l'impulsion des éléments musicaux. Dans une entrée du *Journal* écrit lors de l'exil américain, Brecht souligne que les poèmes de Wedekind anticipaient des rythmes compliqués du jazz (GBA 27: 79) et que les mètres et les rythmes irréguliers de Brecht lui-même pouvaient eux aussi être utilisés pour la musique contemporaine (cf. GBA 22: 359). En outre, ses vers lapidaires et précis obligent à adopter une attitude de composition qui permette de nombreuses variantes vis-à-vis du texte. Les compositeurs ont confirmé à plusieurs reprises que la précision de la langue et sa préformation musico-linguistique exigent un équivalent tout aussi précis dans la composition. Même là où Brecht fait en apparence un plagiat, lorsqu'il se base sur un texte, il réussit à opérer une transformation décisive par le biais d'une intervention minime et à donner à l'ensemble une nouvelle signification, une nouvelle qualité, ce qui transforme le modèle en un texte original de Brecht. Ainsi, le vers final de toutes les strophes de la *Ballade de bonne vie* dit ceci, dans la transcription des ballades de François Villon par K. L. Ammer: «nur wer in Wohlstand schwelgt, lebt angenehm» (Villon, p. 86 *ss.*). Brecht ne change qu'un seul mot dans la *song* composée par Weill: «nur wer in Wohlstand lebt, lebt angenehm!» (GBA 2: 275 *ss.*). En introduisant le mot «lebt» («vit»), Brecht donne à ce vers un caractère universel et intemporel qui ne pouvait apparaître dans le mot «schwelgt» («festoie»), un mot lié à la féodalité. En même temps, Brecht introduit une répétition qui, dans l'utilisation forte du rythme, reflète le paysage sonore de l'ère industrielle et se fixe ainsi en une devise concise, en un slogan qui peut être utilisée pour les combats de rue.

Brecht écoutait la musique comme un élément indispensable de l'art de vivre. Paul Dessau en a fait une description très précise: «Observer Brecht écouter de la musique était pour moi toujours un grand plaisir, un apprentissage simultané. Afin de n'être dérangé par rien, il fermait les yeux. Une seule écoute ne lui suffisait pas. [...] Il prenait le temps [...]. Quand il s'agissait d'œuvres de musique vocale, il aimait commencer par découvrir uniquement la voix chantée. Alors seulement il écoutait le tout [...] plusieurs fois. Lorsqu'il a écouté la chanson *Lied einer deutschen SA-Mutter*, Brecht a particulièrement apprécié l'accompagnement, un mouvement ostinato des voix de basse auquel personne jusque là n'avait prêté grande attention. Cela lui semblait moderne et l'a interpellé. Mais qu'un amateur le perçoive! C'était surprenant!» (Dessau 37 *ss.*). Ce genre de remarques sur «l'art de l'écoute» de Brecht se retrouve non seulement chez Dessau, mais aussi chez Eisler, Kurt Schaen ainsi que d'autres compositeurs et confirme l'image d'un professionnalisme étonnant et spontané.

Bertolt Brecht n'a pas seulement laissé derrière lui une œuvre littéraire monumentale, il y a également redéfini les conditions de la musique. Il a collaboré intensivement avec des compositeurs remarquables et a fait de la production collective une notion définie par l'égalité et l'influence mutuelle. Brecht avait compris qu'un rôle décisif revenait à la musique, et cela a déterminé son œuvre. Brecht définissait la musique non pas comme un partenaire au service du texte mais comme un partenaire égal qui apporte sa contribution à un discours fécond. Cette émancipation de la musique était loin d'être acceptée par tous les écrivains. Brecht avait en plus la chance d'avoir à ses côtés des compositeurs qui étaient des amis de longue date et donc ses égaux, et qui étaient prêts à lui apporter les idées nécessaires et la critique dont il avait besoin dans le processus de production. Brecht a créé avec eux une communauté de vie et de travail, par delà les difficultés de l'expulsion et de l'exil, une communauté qui peut être considérée comme un heureux hasard et une exception dans l'histoire de l'art. La conception musicale de Brecht, bien qu'elle n'ait pas été 'formée' au sens académique, était vaste et peu orthodoxe. Il s'intéressait aussi bien à la musique classique et préclassique qu'au jazz ou à la musique ethnique des années 20 de Paul Hindemith et d'autres. Vu son scepticisme face à toute tradition, il était important pour lui de secouer le canon sacré des formes de l'opéra et de produire des contre-projets en collaboration avec les compositeurs les plus doués de son temps. Il s'intéressait également à la radio, le nouveau média pour lequel il écrivit, anticipant de façon étonnante le modèle d'un essai de radio interactive, une pièce didactique musicale sur le pilote Lindbergh, une pièce qui, du point de vue pédagogique, devait aussi initier à la musique et à l'exercice de la musique ceux qui jusque là en avaient été exclus.

Eisler nous a transmis un mot de Brecht qui illustre parfaitement son rapport à la musique: «Mes vers se conservent dans la musique comme les mouches dans l'ambre jaune» (Eisler, p. 66).

**Ouvrages cités:**

DESSAU, Paul, *Notizen zu Noten*, éd. Fritz Hennenberg, Leipzig, Reclam, 1974.

EISLER, Hanns, *Gespräche mit Hans Bunge. Fragen Sie mehr über Brecht*, Leipzig, VEB Deutscher Verlag für Musik, 1975.

GBA = BRECHT, Bertolt: *Werke*. Große kommentierte Berliner und Frankfurter Ausgabe, éd. Werner Hecht, Jan Knopf, Werner

Mittenzwei et Klaus-Detlef Müller. 30 tomes et un répertoire. Francfort-sur-le-Main 1988-2000.

GRABS, Manfred (éd.): *Wer war Hanns Eisler.* Berlin 1983.

GW = BRECHT, Bertolt: *Gesammelte Werke in 20 Bänden.* Supplementbände I-IV. (20 tomes et 4 suppléments). Francfort-sur-le-Main 1969-1982.

KEBIR, Sabine, *Ich frage nicht nach meinem Anteil. Elisabeth Hauptmanns Arbeit mit Bertolt Brecht.* Berlin 1997.

LUCCHESI, Joachim et SCHULL, Ronald, *Musik bei Brecht.* Francfort-sur-le-Main, Suhrkamp, 1988.

VILLON, François, *Des Meisters Werke.* Trad. K. L. Ammer. Leipzig 1907.

# LUCEBERT: JAZZ ET POÉSIE L'IMPROVISATION EN JAZZ COMME MODÈLE POUR L'ÉCRITURE ET LA LECTURE D'UN POÈME

GILLIS J. DORLEIJN

*(Traduit de l'anglais par Benjamin Heyden, Christine Pagnoulle et Fadia Elbouz)*

## Introduction

J'introduirai mon propos en rappelant la magnifique composition du bassiste de jazz Charles Mingus, «Goodbye Pork Pie Hat». Ce morceau a été écrit et joué en public en 1959 — en jazz, l'écriture et l'interprétation d'un morceau constituent véritablement deux éléments indissociables. «Goodbye Pork Pie Hat» figure sur le célèbre album «Ah Um», distribué par Columbia; il se compose de cinq chorus. Il est bien connu que de nombreux morceaux de jazz — en tout cas les morceaux composés entre le swing et le post bop — reposent sur une structure de chorus: un nombre fixe de mesures, sur lesquelles on joue le thème (souvent une mélodie de Broadway) dans une progression harmonique plus ou moins fixe, que l'on appelle les *changes* ou changements d'accords, ce qui indique qu'il n'est pas rare que les accords soient variés, modifiés ou échangés au cours des répétitions des chorus. C'est en effet ce qui se produit dans la plupart des morceaux de jazz: le chorus est répété à maintes reprises, les musiciens se livrent à des variations sur le thème — sur sa structure harmonique, mélodique et rythmique. Ils improvisent, souvent en solo. Selon les arrangements les plus fréquents, chaque instrumentiste exécute son solo à tour de rôle, faisant ainsi admirer ses talents, improvisant une mélodie nouvelle, fraîche, surprenante, sur une base souvent déjà très familière aux musiciens et aux auditeurs — une improvisation qui raconte sa propre histoire, qui reflète la personnalité du musicien de manière authentique et innovante.

Deux types de morceaux prédominent: le premier consiste en une structure de 32 mesures (seize mesures, un couplet de huit mesures — que Thelonious Monk se plaisait à appeler «inside» — et une variation du début en huit autres mesures, en excluant les introductions, refrains et codas); le second type de morceau repose sur une structure de blues de douze, seize ou vingt-quatre mesures. «Goodbye Pork Pie Hat» compte douze mesures et se base sur un motif de blues profondément transformé[1]. Le premier chorus est exécuté à l'unisson par deux saxophonistes (Booker Ervin et John Handy): ce sont eux qui jouent le thème. Le premier saxophone ténor joue ensuite deux chorus en solo — l'accord se mue en un accord de blues en mode mineur, plus ou moins reconnaissable. Le morceau se termine par un rappel collectif du thème original.

Comme nous l'avons déjà mentionné, c'est au saxophoniste ténor qu'il revient de jouer le chorus en solo (selon les notes figurant sur la pochette du disque, il s'agirait de John Handy, mais il me semble plutôt entendre Booker Ervin). Tous les autres chorus sont joués par ce saxophone ténor, ce qui représente une petite déviation par rapport au modèle courant, selon lequel tous les instrumentistes — au moins les saxophonistes et le pianiste — exécutent un solo. Dans ce cas toutefois, l'octroi de ce privilège au saxophoniste ténor est tout à fait approprié, car le morceau est un dernier hommage au défunt Lester Young, surnommé Prez («President»), également appelé Pork Pie Hat. Lester Young était un célèbre joueur de saxophone ténor des années trente et quarante, pris pour modèle

(1) On trouve une transcription des mélodies et des changements d'accords des morceaux dans: *The Ultimate Jazz Fakebook*, 137.

par les musiciens de jazz plus jeunes des années cinquante pour ses solos linéaires et la clarté de son timbre. Le solo exécuté par Booker Ervin est véritablement inspiré du développement linéaire et de la logique des improvisations de Lester Young[2]. Mais il y a autre chose: la mélodie possède des qualités narratives, elle raconte une histoire. Le saxophoniste ténor semble parler, ruminer des tourments émotionnels, il semble vouloir nous dire quelque chose — ou plutôt non, il nous dit réellement quelque chose. Un bon solo de jazz, c'est comme une chanson sans paroles — il nous en dit peut-être encore plus sans paroles, finalement. C'est ça, le jazz.

Mais on peut également jouer le même morceau en utilisant de vraies paroles. C'est ce qu'a réalisé l'auteur et interprète Joni Mitchell — je devrais sans doute plutôt écrire interprète et poète, car Joni Mitchell est une grande poétesse, l'une de ces héroïnes méconnues de la poésie moderne. Mitchell s'est basée sur la version de Mingus de 1959 pour construire, sur le récit musical, un récit verbal très émouvant. Elle fait de l'éloge funèbre de Lester Young une véritable commémoration de Mingus et de Young, et de tous les grands musiciens de jazz victimes de discrimination raciale. Veuillez noter qu'elle ne se limite pas au thème ou à la mélodie du morceau (c'est-à-dire le premier et le dernier chorus), dont le phrasé est plutôt régulier, mais qu'elle suit également, avec plus ou moins de fidélité, les solos improvisés du saxophone ténor. Cela représente un vrai triomphe, car la structure des solos apparaît tout à fait irrégulière: une mesure compte deux notes — c'est-à-dire deux syllabes, si on la transpose en mots — alors qu'une autre en compte treize!

(2) Les notes figurant sur la pochette de la réédition de 1998 adoptent un point de vue moins musical et précisent que «Goodbye Pork Pie Hat» s'inspirait directement de la lente autodestruction alcoolique que s'infligeait Young.

GOODBYE PORK PIE HAT

When Charlie speaks of Lester
You know someone great has gone
The sweetest swinging music man
Had a Porkie Pig hat on
A bright star
In a dark age
When the bandstands had a thousand ways
Of refusing a black man admission
Black musician
In those days they put him in an
Underdog position
Cellars and chitlins'

When Lester took him a wife
Arm and arm went black and white
And some saw red
And drove them from their hotel bed
Love is never easy
It's short of the hope we have for happiness
Bright and sweet
Love is never easy street!
Now we are black and white
Embracing out in the lunatic New York night
It's very unlikely we'll be driven out of town
Or be hung in a tree
That's unlikely!

Tonight these crowds
Are happy and loud
Children are up dancing in the streets
In the sticky middle of the night
Summer serenade
Of taxi horns and fun arcades
Where right or wrong
Under neon
Every feeling goes on!

For you and me
The sidewalk is a history book
And a circus
Dangerous clowns
Balancing dreadful and wonderful perceptions
They have been handed
Day by day
Generations on down

We came up from the subway
On the music midnight makes
To Charlie's bass and Lester's saxophone
In taxi horns and brakes
Now Charlie's down in Mexico
With the healers
So the sidewalk leads us with music
To two little dancers
Dancing outside a black bar
There's a sign up on the awning
It says «Pork Pie Hat Bar»
And there's black babies dancing…
Tonight![3]

Je ne m'attarderai pas ici sur la signification des mots ou l'interprétation du texte même, qui est une tout autre question, mais je voudrais souligner que la musique vient en premier et que les mots sont ensuite créés en fonction de ses exigences. La musique inspire le poète. La musique constitue un modèle pour le poème. C'est généralement le contraire qui se produit: les paroles sont mises en musique. On part des paroles pour déduire la musique. Mais dans le cas de «Goodbye Pork Pie Hat, c'est *prima la musica, dopo le parole*. Il s'agit en réalité d'une vieille habitude, que nous connaissons depuis la musique primitive du Moyen-âge et de la Renaissance et

(3) Joni Mitchell: *Mingus!* Asylum 7559-60557-2 (1979) — avec Wayne Shorter (saxophone ténor), Jaco Pastorius (basse), Don Alias (percussions).

que l'on appelle Kontrafaktur: de nouvelles paroles sont créées pour accompagner un air ancien. Même Bach a appliqué ce procédé à plusieurs reprises. Ce qui n'est pas étonnant quand on sait que Charlie Parker considérait Bach comme un remarquable musicien de jazz.

## Lente-suite voor Lilith

Lucebert (un pseudonyme pour Lubertus Swaanswijk; *luce* et *bert* signifient tous deux «lumière») a commencé ses travaux de poète et de peintre après la seconde guerre mondiale. Il était membre des *Vijftigers*, un groupe expérimental néerlandais du début des années cinquante, ainsi que des groupes Reflex et Cobra (comme les peintres Karel Appel et Constant Nieuwenhuis et le poète Gerrit Kouwenaar). Ces artistes puisaient leurs influences dans le mouvement Dada, le Surréalisme et l'art spontané et physique des tribus «primitives» et des enfants. Le mouvement poétique des *Vijftigers* a vigoureusement contesté l'esthétique traditionnelle. Ses membres aspiraient à écrire et à peindre en toute liberté: seul le processus de création devait permettre aux qualités humaines de l'artiste de se révéler. La création, le processus d'élaboration d'un poème ou d'une toile, revêtait une plus grande signification que le produit fini lui-même. «La liberté ne se manifeste que dans la création», a déclaré Constant dans l'un de ses textes programmatiques (Cobra 4). Les poètes des années cinquante étaient considérés comme des poètes expérimentaux: ils réalisaient des expériences dans le laboratoire de la langue — ils n'exprimaient pas leurs sentiments en mots, mais suivaient les mots vers des territoires nouveaux et inconnus de l'expérience individuelle (voir Gerrit Kouwenaar). Le simple matériel linguistique suggère de nouvelles idées. Ces artistes étaient également fermement opposés à l'*establishment* politique et social des années de l'après-guerre. À cet égard également, ils ont anticipé la génération contestataire des années soixante.

Le jazz a occupé une place majeure dans leur vie, en particulier pour Lucebert, en raison de sa spontanéité, son rythme, sa sensualité physique, sexuelle, corporelle, ses qualités spirituelles, expressives, expérimentales. Comme l'affirme André Souris, «le jazz, c'est la musique qui vient des tripes, la musique de tous ceux dont la sensibilité se trouve entre les jambes»[4]. À maintes reprises, Lucebert a insisté sur l'influence du jazz sur ses propres réalisations artistiques, faisant allusion au rythme naturel qu'il recherchait dans la langue, selon lui parfois similaire au rythme du jazz, à l'humour de la musique et — surtout — au caractère improvisé du jazz; il aspirait à reproduire toutes ces qualités dans sa poésie.

Nous pouvons retrouver ces éléments caractéristiques du jazz dans les poèmes de Lucebert. Une excellente manière de le découvrir serait d'écouter l'un d'entre eux, lu par le poète lui-même. Prenons par exemple ce long poème — ou plutôt une suite composée de quatre parties — commencé en 1949 et terminé en 1951, qui s'intitule «Lente-suite voor Lilith» (Suite printanière pour Lilith). Cette suite présente de nombreuses caractéristiques du jazz, comme vous pourrez l'entendre si vous pouvez vous procurer ce précieux double album des enregistrements de Lucebert. La version imprimée pourra toutefois également vous donner un aperçu de cette composition jazzy[5]. Je citerai la dernière partie de cette suite.

(4) «Jazz [...] is the music of the guts and of all those who carry their sensibilities between their legs». Cité par Neil Leonard: *Jazz: Myth and Religion*, 15.

(5) Lucebert: *Oh oor o hoor.* Le caractère jazzy de la lecture du poème par Lucebert est renforcé par la contribution du percussionniste Han Bennink.

lente-suite voor lilith

[...]

2

geleerden zeggen dat mijn liefde beffen moet dragen
hoge stoelen tussen de tanden moet zetten
    zal zij zijn
de — kleine — lachende — versierde — vitrine — lilith?
de kleinegichelversierdevitrinelilith?

muzieken moet men in bed zooo zachtjes opzetten
een fluwelen mecaniekje een fluwelen liedje
maar lieve
    daar torrelt de trom de trom de trom
en bast een vracht van hangnaar klappert haar licht
haar biezen licht

en ik en ik ik ben ik jaag niet naar de letter
luister ik jaag niet naar de letter maar ik luister
daar blaast haar licht een stoeiende tuba in de zoen
    knip knip
en overal overal stroomt stroom mijn oog:
rivier van fotografie

3

lilith
die is lief die liebe suite van delibes

wie blieft
wie
die
wie is die
lilith
wie is lilith
lilith
die is lief die liebe suite van delibes

HA
daar dragen de orgels haar achterna

ka ka
kyrië eleison kyrië eleison
JA
zon zon zon zij is de lila kieuw de leliezon

Les lecteurs qui ne parlent pas le néerlandais ne sont pas réellement pénalisés. Les collègues qui le parlent pourront en effet vous confirmer qu'il est très ardu de saisir une quelconque signification discursive dans cette litanie. Il est pourtant assez simple de découvrir la construction du texte: les structures rythmiques, les associations de sons, de formes lexicales et de champs sémantiques, mais aussi les dissociations — les ruptures dans les structures associatives, les chocs sonores, le passage d'un domaine sémantique à un autre. Et c'est exactement là mon propos: la manière dont le poème a été composé, dont il a été structuré et dont il a été interprété (ce qui, il est vrai, ne peut se découvrir qu'à l'écoute), confère au texte verbal une qualité musicale semblable à celle du jazz.

Pourquoi le jazz? Parce qu'il s'agit d'un genre musical qui atteint son paroxysme dans l'interprétation. C'est lors de l'interprétation qu'une composition prend véritablement vie. Lorsqu'elle est terminée, la musique disparaît à jamais. Je citerai la célèbre phrase d'Eric Dolphy: «lorsque vous écoutez de la musique, elle disparaît dans l'air quand elle est jouée. Il est impossible de la capturer à nouveau»[6]. La musique classique se trouve dans une situation différente, car la composition musicale y est fixée dans la partition. Le musicien classique tente d'exécuter la partition. Lorsque son interprétation est terminée, il peut rejouer la partition à nouveau. Le texte musical du jazz, par contre, n'est (presque) jamais fixé.

([6]) «When you hear music, after it's over, it's gone in the air. You can never capture it again». Cité dans les notes rédigées par Nat Hentoff (en 1964) pour l'album d'Eric Dolphy, *Last Date*.

Nous disposons, il est vrai, de nombreuses transcriptions de morceaux de jazz, particulièrement des solos (tels que les solos de Charlie Parker). Mais ces transcriptions sont difficiles à interpréter: elles ne donnent rien, tout simplement. Dans les véritables solos, l'artiste créateur (le compositeur), l'artiste interprète et le texte musical se confondent, ils ne font qu'un. En écoutant Lucebert nous lire «Lente-suite», nous pouvons relier son interprétation du poème avec cet aspect particulier du jazz: le texte, l'interprète et le poète ne font qu'un — ils forment une sainte trinité.

## A Ghost of Chance

Lucebert s'est-il basé sur un modèle particulier, d'un enregistrement de jazz, lorsqu'il a composé sa «Lente-suite»? Nous ne le savons pas. Mais nous sommes par contre certains que d'autres poèmes ont été inspirés par des morceaux de jazz spécifiques. Et nous savons également que Lucebert écoutait du jazz très fréquemment. À la fin des années cinquante, il était déjà l'heureux propriétaire d'une immense collection de disques de jazz, composée de plusieurs milliers de pièces — ce qui était considérable à cette époque, en particulier pour un artiste sans le sou. L'un des disques qu'il écoutait souvent était *The Master's Touch* de Lester Young. Ce disque reprenait notamment le morceau «A Ghost of a Chance»[7]. «Chaque fois que j'écoutais 'Ghost of a Chance', un frisson de plaisir me parcourait l'échine. J'ai alors tenté de lui trouver une sorte d'équivalent verbal. Peine perdue, bien entendu, mais j'ai quand même essayé. Lorsque Lester est mort, j'ai

(7) L'enregistrement date du 1er mai 1944. Le groupe rythmique d'accompagnement était composé de Count Basie (piano), Freddie Green (guitare), Rodney Richardson (basse) et Shadow Wilson (percussions).

ajouté le titre 'In Memoriam the President'.» «J'ai toujours essayé d'intégrer le jazz dans ma poésie et dans le cas de 'Ghost of a Chance', j'ai tenté d'exprimer la langueur du solo de Lester Young dans le mouvement et le développement du poème.»[8]

ghost of a chance

*in memoriam the president lester young*

toevallig vindbaar deze geest
blinkend op het licht gelegen
wie hem namen geeft stenen
in een wieg van gewaar
wording moet wel weten
te wezen de welsprekende oceaan

of tuin waar men maar eenmaal in mag gaan
en een roestig hek bekvecht achter mijn rug
en de belvédère is een lange schacht
dwars door de lucht een worm in een vrucht
beklim ik de aether van deze geest en stil
mijn honger met gerucht terwijl ik mij laaf
aan de bezetenheid in dit en elk gedicht

en doe muziek die men maar eenmaal ziet
en dan voorgoed dat men die niet vergeet
geboorte waarbij bijkomstig meedoet
die ik was want ik werd
een pantheon een bron een mens
die zijn even aangeblazen gezicht weggeeft (*Verzamelde Gedichten* 334)

([8]) «Maar als ik dat *Ghost of a Chance* draaide liepen iedere keer de rillingen over mijn rug. Toen heb ik geprobeerd met woorden een zekere equivalent te vinden. Dat lukt natuurlijk nooit, maar je probeert het. Toen Lester overleed heb ik er *In memoriam the President* boven gezet.» (Anonyme: «[Interview de] Lucebert: de functie van Jazz is de kick», *in: Vrij Nederland*, 3 octobre 1981.)

ghost of a chance

*in memoriam the president lester young*

à trouver par hasard ce fantôme
étendu scintillant sur la lumière
qui lui donne des noms pierres
dans un berceau de per
ception doit savoir
être océan éloquent

ou jardin où l'on ne peut entrer qu'une fois
et une barrière rouillée me grommelle dans le dos
et le belvédère est une longue tige
qui traverse l'air un ver dans un fruit
j'escalade l'éther de ce fantôme et apaise
ma faim avec du bruit et me désaltère
à l'obsession dans ce poème et tout poème

et fais de la musique que l'on ne voit qu'une fois
et alors pour de bon qu'on ne l'oublie pas
naissance où par accident se rencontre
celui que j'étais car je devenais
un panthéon une source un homme
qui se défait de son visage tout juste illuminé

Je ne souhaite pas donner une interprétation de ce poème, bien que je ne puisse résister à la tentation de faire quelques remarques en passant. Je me contentererai toutefois ici d'étudier les aspects du texte verbal pouvant être mis en relation avec un morceau de jazz. Tout d'abord, Lucebert établit un lien entre son poème et le morceau de Lester grâce à une sorte de jeu de mots. Le titre de la chanson, «A Ghost of Chance», provient d'une ligne du texte: «I don't stand a ghost of a chance with you» (Je n'ai pas l'ombre d'une chance avec toi.) Lucebert ignore tout de la signification idiomatique du titre et l'envisage littéralement: *ghost* désigne un véritable fantôme (l'esprit de l'artiste créateur) et *chance* prend son sens anglais de «hasard»: l'artiste ne peut créer quelque chose de nouveau que par hasard. Nous pourrions affirmer que Lucebert agit comme un musicien de jazz. Il utilise du matériel déjà existant — une chanson, un titre — pour nourrir son improvisation: le musicien transforme la mélodie, le poète reconstruit les mots. Il est plus important encore de préciser que le poème vise *réellement* à créer un équivalent à la chanson de Lester: il aspire à donner un nom à l'esprit du soliste, à traduire la musique en mots.

Plus encore que le poème lui-même, c'est la composition du poème qui est modelée à partir du solo de Lester. Toutes sortes de structures phoniques se distinguent: par exemple, le phonème /ee/ dans *geest / gelegen / stenen / weten / wezen / welsprekende / eenmaal / belvédère / aether / geest / bezetenheid / eenmaal / vergeet / meedoet / even / weggeeft*. Nous pouvons également percevoir la répétition du son /w/ et la subtilité de la rime interne de la seconde strophe: *rug / lucht / vrucht / gerucht*. Ces structures phoniques contribuent à donner l'impression d'un développement long, prolongé, progressif, à peu près parallèle à la progression lente et languissante du solo de Lester. L'organisation rythmique a le même caractère lisse, fluide, régulier: elle vous force à lire lentement; quelques déviations métriques efficaces, telles que «*en een roestig hek bekvecht achter mijn rug*» soulignent l'impression générale de régularité extrême, comme le font des enjambements éloquents: «*stil / mijn honger*» (qui signifie «apaise ma faim», mais lorsque les éléments sont pris séparément, *stil* se mue en une référence iconique au silence). L'arrangement sémantique, lui aussi — c'est-à-dire la structure des notions sémantiques — peut nous donner la sensation d'une progression pas à pas. Il semble se révéler grâce à un réseau complexe d'associations. La deuxième strophe nous fournit encore un exemple clair de ce phénomène: *de worm in de vrucht* — le ver dans le fruit/la pomme peut être associé avec *de tuin* (le jardin, qui représente naturellement le jardin d'Eden). L'impression de longueur que nous donne le solo de Lester est transférée vers l'image d'un long trait en l'air, comparé à son tour à la longue cavité que creuse un ver dans une pomme (cette dernière image nous offre une association supplémentaire avec «*stil mijn honger*» et *honger*, «apaise ma faim» et «faim» qui, à son tour, évoque la soif: boire) — et dans le jazz, le mot *appel* (pomme), évoque le morceau de Charlie Parker, «Scrapple from the Apple».

Les mots s'inspirent de la musique. Les mécanismes de la lente progression linéaire et de l'association dissociation ont une importance capitale dans la chanson comme dans le poème.

## Lands End

«Lands End» (*Verzamelde Gedichten* 380) est un autre poème clairement inspiré de la musique jazz. Pour mesurer l'influence du jazz sur le texte, il suffit de jeter un regard aux informations que donne le poète lui-même au début de sa composition: il cite tout simplement les notes figurant sur la pochette de l'album *Study in Brown* de Clifford Brown et Max Roach. «Lands End» est en fait une chanson de cet album, écrite par le saxophoniste ténor Harold Land. Nous devons manifestement lire «Lands End» comme un poème de jazz.

Lors de sa lecture, nous pourrons discerner les mêmes mécanismes d'association et de dissociation que nous avions perçus dans «Ghost of a Chance». Je ne m'étendrai toutefois pas sur ce point, je souhaite ici me concentrer sur un autre aspect: la construction du texte, qui rappelle les chorus d'une mélodie de jazz.

Nous pouvons distinguer, dans les poèmes de Lucebert (les plus longs en particulier), deux types essentiels de compositions. Certaines présentent une structure évolutive: une strophe semble, pour ainsi dire, engendrer la suivante, comme nous avons pu le voir dans «Ghost of a Chance» tandis que les autres présentent une structure en blocs: ces poèmes consistent en segments séparés et distincts, difficiles à relier — ils semblent constitués de fragments et n'aspirent pas à une lecture cohérente et classique.

«Lands Ends» représente une exception à cet égard, car les deux premières strophes sont rigoureusement interconnectées. Nous pourrions même affirmer que d'une certaine façon, la deuxième strophe constitue une variation de la première.

**lands end**

*avec clifford brown [trompette] max roach [percussions] harold land [saxo ténor] george morrow [basse] richie powell [piano] (study in brown)*

aan het einde van het land met klinkend gereedschap klimt
de leeuwerik te klinken de vederwolkenachtbaan aan
's lands einde speelt boven opspringende akkers
voorouderlijk zaad uit doffer naar duif door de duisternis
vrede nu
maar donker blijven de dorpsdeuren toe
als leunde een onmetelijke rug uit de lucht
voor het zonnepeloton
'mijn moeder heeft een wasmachine gekocht mijn zuster ook
een nog grotere maar gelukkig
de methodisten zingen nog' ons dorp aaneen
met harten die als bijbels dichtklappen
rollen zij psalmen tot onder de donderwolk tot
aan het einde van het land waar op een krakend plankier
terwijl de vliegen het in de marmelade doen
de provinciale schoenmaker tukt in zijn schonkige schommelstoel

aan het einde van het land mijn in smidsvuur gedompelde ogen
stijgen op naar het klaterend aambeeld van de rivier
daar aan de einder zal ik blij verdwijnen
mijn hoofd in mijn voorschoot de bovenwindse blaasbalgen
op de adem van de laatste vrolijke buurman gericht
spoedig zal eenvormige overvloed overal even roekeloos
het hart en het hoofd doen versuffen
na mij de motregen
mijn broer verwierf zich een zijnsmachine
mijn zuster een nog werkzamere
ik hoor aan het einde van het land hun danklied
in steeds vollere en naaktere offerhaarden klapwieken
ik hoor ook in welriekende putten van verzet
hun kinderen vernielen het stevigste speelgoed

aan het einde van het land boort zich de zon
in mijn snel schip
hoe bij haar afscheid zij nog uitvindt
het wagenwiel
waarvan ik al afscheid neem
als van het steeds wassende dorp
als van de wassende nacht

**lands end**

au bout de la terre avec équipement claironnant clame
l'alouette claironnante en huit aérien de cirrus au fauteuil
bout des terres joue par dessus des hectares bondissants
semence ancestrale de colombe en palombe à travers l'ombre
paix maintenant
mais sombres les portes du village restent closes
comme si un dos immense venait de l'air s'appuyer
devant le peloton du soleil
«ma mère a acheté une machine à laver ma sœur aussi
une encore plus grande mais heureusement
les méthodistes chantent encore«, notre village d'un seul
cœur qui se referme comme les bibles
roule ses psaumes sous les nuages d'orage jusqu'au
bout de la terre où sur un porche grinçant

tandis que les mouches le font dans la confiture
le cordonnier de province roupille dans son profond rocking chair

au bout de la terre mon regard plongé dans le feu de la forge
monte vers l'enclume bruissante de la rivière
là à l'horizon je serai heureux de disparaître
la tête dans mon tablier les soufflets sous le vent
pointés sur le souffle du dernier joyeux voisin
bientôt une uniforme profusion étouffera partout
imprudemment nos cœurs et nos cris
après moi le crachin
mon frère s'est payé une machine à être
ma sœur une encore plus efficace
j'entends au bout des terres leur chant de reconnaissance
qui bat des ailes en autels de sacrifice toujours plus pleins et plus nus
j'entends aussi en puits de résistance parfumés
leurs enfants qui détruisent leurs plus solides jouets

au bout de la terre le soleil fore
dans mon hors-bord
comment en partant il s'invente
encore la roue
dont je prends déjà congé
et du village s'épaissit
et de la nuit qui s'épaissit

Ce poème est associé à la musique de manière plutôt directe: nous entendons en effet ce «*klinkend gereedschap*» (matériel carillonnant) — la cymbale Charleston et la cymbale de batterie du percussionniste Max Roach — et «*klimt de leeuwerik*» (l'alouette qui grimpe) peut s'inspirer de l'introduction, où la trompette et le saxophone jouent ensemble une gamme ascendante. Les éléments religieux, comme la Bible, les psaumes, les cantiques d'action de grâce *(bijbel, psalmen, danklied)* peuvent refléter les éléments gospel du morceau, qui nous offre ses sonorités mélancoliques. Le thème de cette chanson comprend quelques passages syncopés, au rythme saccadé. Nous pouvons peut-être retrouver une pâle image de ce rythme dans «*schonkige schommelstoel*» (le fauteuil à bascule osseux, qui ne peut vraiment se balancer en rythme), surtout si nous nous rappelons que le néerlandais *schommel* signifie «se balancer» ou «swing», et que Lucebert utilisait fréquemment ce terme pour faire allusion à ce type de musique *(swing music)*.

Je pense que cette structure extraordinaire — pour la poésie de Lucebert — composée de deux strophes constituant chacune une variation de l'autre, peut être associée à la structure en chorus caractéristique du morceau de jazz dont elle s'est inspirée. «Lands End» imite la musique en reproduisant les improvisations caractéristiques du jazz par des mécanismes d'association et de dissociation, mais également l'organisation en chorus des morceaux de jazz classique. Le matériel carillonnant *(klinkend gereedschap)* semble réapparaître lorsque l'on évoque la forge et les éclaboussements de l'enclume *(smidsvuur, klaterend aambeeld)*, l'idée d'ascension de *klimt* (grimper) se retrouve dans *stijgen op* (s'élever)*;* le commentaire d'un consommateur d'une société d'abondance sur les machines à laver ressurgit également, de manière plutôt burlesque, sous la forme, encore plus efficace, d'une machine humaine. Le poème exprime donc une vive critique à l'égard de notre société de consommation capitaliste — critique que nous percevons également dans la musique et les interprétations des musiciens de jazz de la fin des années cinquante et du début des années soixante, par exemple *We Insist! Max Roach's Freedom Now Suite*.

## Interprétation et improvisation

Voyons maintenant où nous en sommes; nous avons examiné deux poèmes, visiblement écrits sur la base de morceaux de jazz bien précis. Le poète tente d'exprimer, dans son texte, certaines caractéristiques de la musique jazz. Il pourrait toutefois s'avérer plus pertinent de remarquer que le poète, en un sens, imite certains principes structurants des morceaux de jazz: la progression définie par l'association et la dissociation. Ceci peut nous amener à affirmer, plus radicalement encore, que le poète agit comme un jazzman, c'est-à-dire qu'il tente d'imiter les mécanismes d'improvisation du jazz en général, même s'il ne fonde pas sa création sur un morceau particulier. Considérant cela, tout poème de Lucebert est un poème de jazz, car il est une improvisation de la langue.

Mais qu'est-ce que l'improvisation? Nous pouvons en distinguer au moins deux aspects pertinents: la spontanéité et la logique. Un solo improvisé est créé sur le moment; il n'a pas été prémédité, c'est pour cela qu'il est spontané. On commet toutefois souvent l'erreur d'accentuer uniquement ce côté spontané, impulsif, impétueux et imprévu de l'improvisation. Comme le dit Paul Berliner: «Les définitions populaires de l'improvisation qui ne mettent l'accent que sur sa nature spontanée et intuitive, sont incroyablement incomplètes. Cette conception simpliste de l'improvisation donne une idée erronée de la discipline et de l'expérience nécessaires aux improvisateurs, et obscurcit les pratiques et procédés réels qui y sont liés» (492). «En réalité, l'improvisation dépend de penseurs ayant absorbé une base importante de connaissances musicales, y compris des milliers de conventions contribuant à formuler les idées de manière logique, pertinente et expressive.» (492) «Les décisions musicales prises lors des improvisations le sont instantanément, mais le travail qui sous-tend ces décisions nécessite des longues périodes, des heures, des jours, des semaines, des mois et des années, passés à prendre en compte toutes les possibilités musicales.» (494)

Un solo improvisé réussi est donc aussi le produit de processus de décision complexes. Notons la logique horizontale, linéaire d'un solo. Le soliste joue quelques notes; ces notes constituent un motif, qui est ensuite répété, inversé et transformé. Quelques nouvelles notes y sont associées, et un nouveau motif est créé. Il est développé à son tour. C'est «très facile», comme l'a affirmé le pianiste Walter Bishop, d'un air détaché: «il suffit de coller bout à bout un tas de petites mélodies» (cité par Berliner 184). Ou, pour reprendre les mots d'Akira Tana: «le jazz est vraiment une musique linéaire, dans le sens où elle avance» (cité par Berliner 265).

Je me suis naturellement permis de simplifier quelque peu les choses, car je néglige de nombreux signaux et contraintes rythmiques et harmoniques. Le niveau mélodique de l'improvisation, dans sa linéarité et son impression de succession, occupe toutefois une place fondamentale. On peut décrire un solo réussi comme une chaîne de découvertes, une séquence d'inventions qui, chacune, génèrent l'invention suivante. Cette logique de l'improvisation, de la succession, a une orientation locale. Une série de notes est justifiée par ce qui la précède et par ce qui la suit. Selon Ted Gioia, «l'improvisateur ne peut peut-être voir où il va, mais il peut se baser sur ce qu'il vient juste de jouer: chaque nouvelle phrase musicale peut ainsi être créée par rapport à ce qui la précède. L'improvisateur la crée de manière 'rétrospective'» (Gioia 61).

Nous avons ainsi parlé de cette logique de l'improvisation, qui est essentiellement une logique d'association. Mais l'improvisation va bien au-delà — et c'est là que ressurgit la spontanéité: tout solo a ses moments capricieux, tout bon solo a son «*ghost of chance*». Pour maintenir un solo ouvert, pour le rendre captivant et surprenant, on peut interrompre la logique par quelques notes aléatoires. Quelques notes qui n'ont rien en commun avec ce que l'on vient de jouer. C'est que nous pouvons appeler la dissociation — ou, pour citer Lucebert, «regardons les choses en face, imbécile, tout est décousu»

(«Let's face it idiot everything is disjointed» *Verzamelde Gedichten* 369). Mais ces notes jouées au hasard peuvent également être de véritables erreurs et reçoivent une explication logique par la suite. Thelonious Monk aimait les erreurs; il les utilisait pour améliorer ses improvisations. «Il est caractéristique de voir comment un grand improvisateur de jazz trouve une solution positive à quelque chose qui était au départ apparu comme une erreur ou moment d'hésitation.» (Schuller 118). Ou comme l'affirmait Neil Leonard, il existe un «équilibre entre ce que Caillois appelle la *paidia* (la spontanéité et l'intuition), essentielle à l'improvisation, et le *ludens* (l'intention, l'ordre et la discipline), exigé par les rituels harmonique, mélodique et rythmique» (79). André Hodeir distingue le «contraste» et la «continuité»: «Il serait à peine paradoxal d'écrire que la continuité naît ici du contraste» (158). La spontanéité et la progression logique sont les deux facettes d'un même paradoxe — le paradoxe du jazz.

En d'autres termes, la composition linéaire et improvisée ne dissimule pas la manière dont elle a été inventée. Elle n'efface pas les traces de son élaboration. Au contraire, elle expose sa création de manière délibérée. Nous pouvons percevoir les moments où les processus d'association ont été employés et ceux où la dissociation a prédominé.

Cela nous permet d'éclaircir quelque peu la poésie de Lucebert — et la poésie d'avant-garde en général. On pourrait attribuer ce caractère particulier, cette dualité de l'improvisation à la poésie de Lucebert. Les mots et les chaînes de mots sont interconnectés par association, qu'elle soit phonique, lexicale, syntaxique ou sémantique. Nous percevons la manière dont le poète était canalisé par la matière linguistique, dont un mot évoquait un autre. Outre l'association de ces chaînes de mots, nous pouvons également discerner la rupture de la logique: le poète rompt la spirale de la continuité et crée, à dessein, un produit aléatoire — la dissociation.

L'analogie entre l'improvisation en jazz et la poésie de Lucebert est donc double. Elle repose, premièrement, sur la place essentielle de l'interprétation et deuxièmement, sur la logique et la spontanéité de l'improvisation. Nous pourrions en outre établir un troisième parallèle.

Il n'est pas rare qu'un solo de jazz évoque une mélodie familière, une chanson enfantine, un air classique, la ritournelle d'un spot radio, le chant d'un oiseau, le bruit des klaxons et des freins de taxis; il peut aussi faire référence, de manière plus dissimulée, à des mélodies que seuls les initiés peuvent reconnaître. On dit parfois qu'un musicien de jazz transforme tous les événements de la vie et qu'il incorpore toutes ses expériences dans son interprétation. Ces allusions, qu'elles soient voilées ou plus flagrantes, peuvent être envisagées comme une forme d'intertextualité. Et pourtant, cette intertextualité est vide, pour ainsi dire. L'intertexte ne nous offre pas de signification supplémentaire. La seule chose que nous pouvons comprendre, c'est qu'une allusion a été insérée dans le mécanisme d'improvisation. En tant qu'auditeurs, nous sommes censés remarquer cette allusion, hocher la tête et sourire de plaisir — ou souffrir en silence.

Les poèmes de Lucebert nous montrent un processus analogue de «recyclage» des événements du quotidien et de manipulation des allusions, toutes vides en réalité. Il n'est pas nécessaire de connaître l'intertexte pour apprécier l'allusion pour l'allusion. L'intertextualité devient simplement une partie constituante de la structure.

## Jazz and poetry

Il existe un morceau intitulé «Let's Get Away from it All». J'y fais allusion pour vous prouver qu'il n'est pas vraiment utile de connaître le morceau. Il suffit de remarquer mon allusion. Je terminerai par une dernière démonstration et une conclusion. Je souhaite tout d'abord montrer la manière dont une improvisation peut fonctionner. J'ai choisi une pièce intitulée «Hambone», par Archie Shepp; elle figure sur son album *Fire Music*[9], sorti en 1965. Je présenterai ensuite un long poème de Lucebert, écrit également en 1965, manifestement inspiré du morceau de Shepp.

«Hambone» d'Archie Shepp est un morceau plus long, de douze minutes environ. J'en examinerai trois extraits, en commençant par le début du morceau. On entend, sur une basse ostinato, un motif joué à l'unisson par les vents[10] et se terminant par un long accord. Suit un riff rapide, angulaire. Ensuite, la basse et les percussions introduisent un rythme plus soutenu, sur lequel vient se greffer un autre riff. Le premier motif est ensuite répété, en intégrant le motif angulaire. Le soliste, Shepp au saxophone ténor, poursuit et entame son solo. Le jeu de Shepp, très éloquent, est particulièrement frappant — le ténor semble parler, il bégaie, ronchonne et rouspète. Il a manifestement mauvais caractère; le monde est fou et mérite sa critique. Durant le second extrait (version en concert 4:20 — 5:40), nous entendons une partie du développement du solo — nous pouvons discerner aisément le mécanisme de répétition et de transformation, l'ensemble reprend une réplique du solo de Shepp et le rejoue en ostinato, comme pour apaiser le ténor gémissant, qui semble en effet se calmer.

([9]) «Hambone» est le premier morceau de l'album de Shepp, intitulé *Fire Music* (1965); une version en concert a été reprise sur le disque *The New Wave in Jazz*, en 1965 également. L'interprétation live de «Hambone» a été ajoutée comme plage bonus sur la réédition du CD *Fire Music* en 1996.

([10]) Ted Curson (version en concert: Virgil Jones), trompette; Joseph Orange (version en concert: Ashley Fennell), trombone; Marion Brown, saxophone alto; Archie Shepp, saxophone ténor; (uniquement sur la version en concert: Fred Pirtle au saxophone baryton); Reggie Johnson, basse; Joe Chambers (version en concert: Roger Blank), percussions.

Nous arrivons finalement à la conclusion du morceau (version en concert 10:10 — 11:47). Le soliste est enchevêtré dans une chaîne répétitive d'accords parfaits — qui nous évoquent un peu le calypso — et poursuit avec un motif court, qu'entendent les autres saxophonistes; ils le copient et le transforment, en font une intervention aguicheuse. Le rythme du morceau s'adapte de lui-même à cette nouvelle situation, à ce segment rythmé et entraînant, qui finalement se dégonfle.

Le poème de Lucebert intitulé «Jazz and Poetry» (*Verzamelde Gedichten* 473-5) rend hommage au saxophoniste ténor Lucky Thompson. Ce poème regorge de procédés caractéristiques du jazz et d'allusions à la musique; il pourrait s'inspirer de la composition de «Hambone», écrit par Archie Shepp (voir la référence insérée par Lucebert dans l'épigraphe du poème). Cette œuvre foisonne de citations les plus diverses, souvent en langues étrangères et la plupart difficiles à identifier (j'ose affirmer que rares seront les initiés de la poésie moderne néerlandaise capables de reconnaître l'intertexte de «tricotism», «pettiford», «a rabbit» et «fiddle, we know is diddle»). Le poème est structuré comme une improvisation à plusieurs voix — nous assistons à une prolifération d'associations, tant phoniques que sémantiques. Notons la chaîne associative du début du poème: *lucky* — *gelukkig* — l'allusion à Lucebert (signifiant «lumière») — *likken* — *licht* (lumière) — *geluid* (son) — *ear and eye* — etc. Le poète semble poser l'équivalence de l'art de Lucebert (la lumière) et celui de Lucky Thompson (le son). Tous deux représentent un ordre primordial, créateur. Notons également la citation en anglais à la fin de la deuxième strophe. Il ne s'agit pas véritablement d'un vers célèbre de la poésie anglaise (il provient d'un poème méconnu de Swinburne, lui-même une parodie d'un poème de Tennyson)[11].

([11]) Algernon Charles Swinburne: «The Higher Pantheism in a Nutshell» (1880). Ce poème parodie «The Higher Pantheism», écrit par le

Il n'a en outre pas été reconnu par les experts de la littérature anglaise que j'ai consultés. Pour un public néerlandais, cette citation constitue sans aucun doute une allusion vide. Je citerai les quatre premières et les six dernières strophes du poème:

**jazz and poetry**

*lucky thompson*
*archie hambone shepp bewondert je*
*gelukkig ik ook*

de mens laat zich likken door licht en door geluid
omdat hij een en al oog en oor tot diep boort in zijn huid
en in die diepte hart en nieren proeft en bloed
maar dan nog dóórwroet dóórwroet totdat hij liefde koelt
die in kelders stoelend ijsvogels voert in grote, grote
afwezigheid van verval, van vernietiging, van afwezigheid

en steeds muziek maakt
schommelende schietstoel gericht
op hachelijk dons
lekkere rok die zich fronst
als een genietend voorhoofd
lange gelukkige wind die vrij valt
door het mangat van het licht
want onze dampkring is smal
en al gaat onze adem in der haast
beschreven waaier van hand tot hand
van stinkende stad tot stinkende stad
vergeten ligt zij op het laatst
in een steriele lade en wie wie leest nog deze melodie:
god, whom we see not, is: and god whom is not, we see
fiddle, we know, is diddle; and diddle, we take it, is dee?

poète lauréat Tennyson en 1869. Swinburne se moque de la vision incohérente de Tennyson en exagérant sa «manie des contrastes» (voir Postma 62-4, 157-8). Dans le poème de Lucebert, lire *who* à la place du second *whom*.

toch zijn er nog steden die ons heelhuids opnemen
als een moeder met vele vele kinderen
die steeds meer mogen kinderen die alles inslikken
wat wordt uitgedacht en dat dan uitspuwen in de randstad
maar toch nog monden vol hebben van het maagdelijk plein
waarin wereldhandel en wereldmacht uitmonden

niets gaat echter boven het eenzame aas dat men uiteindelijk is in
de stille sterrenacht die weer vol is van schotels
bereid het uiterste eindige op te vangen en daarmee dan
ben jij de uitvinder van niets?
uitvreter aan de tafel van fatima
met lege gouden kaken waarin
de vliegen in en uit vliegen
met het winnende paard onder de reet
en een sigaar nat van bergbeklimmerszweet
en ogen vochtig van gerechtigheid
die men in de meest luie oefening niet kwijtraakt
ook al ben je de beddezak van het varken
dat men graag wast (tricotisme)
of de liefde totter dood
het schip op de berg
een edel beeld een pruik die steevast uitvalt
als hij in de fantasie vastgroeit

[...]

tot zo ver is dat dan belangstelling ja maar nee nog geen aandacht
want is het niet mijn aandacht die alle mensen maakt
nee niet het zijden beklijven van chinese keizers
noch de marmeren wet der romeinen
noch het overal lood spuwend kruis van het roomse rijk
maakt de mensen die zacht kunnen zingen van hun geweld
kleine mensen die zingende cirkels vermogen te trekken
om de muffe moot grote grijnzende klootzak vol grofgeld
maar het is de man die zacht zingt van zijn macht
monster en rakelings mispunt te zijn zonder kak

in de ogen omhoog die steeds aan mijn tafel zit
en alles wat ik nog eet en drink en denk voorstelt

hij is het die de albatros vangt en kille kelders verliet
hij is blower en wailer noach de zatte kelderrat op de ararat

wie, wie? what's his name

hoor! hoor nog de levende lucky
met het leven in de dood van pettiford spelen

maar wacht! komt dat alles van zo'n doodgewone muzikant
van een dolfijn van een konijn een vogel en een boon
van een lucky en hun aller leerling hambone?

right sir, want is niet vet vlees goed vlees
is niet strelen struikelen
is niet huilen lachen
want duitsers zijn toch ook mensen
want de armen van nu zijn de rijken van morgen
want een goed geluid heeft nog meer dan geluk
het breekt ons heel en transcendeert ons stuk
cuanto más alto se sube
tanto menos entendía
and so for once it is true
i'm & you are too
lucky with a lucky

**jazz and poetry**

*lucky thompson*
*archie hambone shepp t'admire*
*et par chance moi aussi*

l'homme se laisse lécher par la lumière et par le bruit
parce que tous yeux toutes oreilles il perce profond sa peau
et dans les profondeurs goûte cœur et reins et sang
mais là encore il fore et fore jusqu'à rafraîchir l'amour
qui en chai dans des caves nourrit des martins-pêcheurs en

grande grande
absence de putréfaction, de destruction, d'absence

et toujours il fait de la musique
siège à éjection en branle avec comme cible
un duvet hasardeux
jupe savoureuse qui se fronce
comme un front qui jouit
long souffle heureux en chute libre
par le regard de lumière
car notre atmosphère est étriquée
et même si notre souffle passe en un éventail
hâtivement décrit de main en main
de ville puante en ville puante
il finit oublié
dans un tiroir stérile et qui qui lit encore cette mélodie:
god, whom we see not, is: and god who is not, we see
fiddle, we know, is diddle; and diddle, we take it, is dee?

Mais il est encore des cités qui nous accueillent
comme une mère avec beaucoup beaucoup d'enfants
qui en font toujours plus à leur tête des enfants qui avalent tout
ce qui peut s'inventer et puis le régurgite dans les banlieues
mais ont encore la bouche pleine de la place virginale
où confluent le commerce mondial et le pouvoir mondial

rien ne dépasse en fait la charogne solitaire que l'on est en fin de compte
dans la nuit silencieuse et étoilée à nouveau pleine de soucoupes
prêtes à attraper l'ultime extrême et ainsi alors
es-tu l'inventeur de rien?
pique-assiette à la table de fatima
avec des mâchoires d'or, vides où
les mouches se mouchent
avec le cheval gagnant sous le trou
et un cigare humide de la sueur de l'alpiniste

et des yeux mouillés de justice
dont l'exercice le plus paresseux ne te débarrassera pas
serais-tu même la paillasse du cochon
que l'on aime laver (*tricotism*)
ou l'amour à la mort
le bateau sur la montagne
une noble image une perruque qui tombe sans cesse
quand elle s'accroche à l'imaginaire

[...]

jusqu'ici c'est donc bien un signe d'intérêt mais non encore nulle attention
car n'est-ce pas mon attention qui fait tous les hommes
non ni l'obstination soyeuse des empereurs de chine
ni la loi de marbre des romains
ni la croix cracheuse de plomb du saint empire romain
ne fabrique des hommes capables de chanter doucement leur violence
de petits hommes capables de tracer des cercles chantants
autour du filet puant grosse crapule grimaçante pleine aux as
mais c'est l'homme qui chante doucement son pouvoir
d'être monstre et presque couard sans vantardise
dans le regard levé qui toujours s'assied à ma table
et représente tout ce que je mange ce que je bois ce que je pense

c'est lui qui attrape l'albatros et laissa les caves fraîches
il est blower et wailer noé le rat de cave repu sur l'ararat

qui, qui? comment s'appelle-t-il

oyez! oyez encore les lucky en vie
qui jouent avec la vie dans la mort de pettiford

mais minute! tout ceci vient-il d'un musicien aussi banal
d'un dauphin d'un lapin un oiseau ou un haricot
d'un lucky et leur élève à tous hambone?

right sir, car la viande grasse n'est-elle pas bonne viande
la caresse n'est-elle pas détresse
le sanglot n'est-il pas rire
car les allemands sont aussi des hommes, non
car les pauvres d'aujourd'hui sont les riches de demain
car un bon son c'est encore plus que de la chance
en nous brisant il nous complète il transcende nos morceaux
cuanto más alto se sube
tanto menos entendia
and so for once it is true
I'm & you are too
lucky with a lucky

À la fin du poème, Lucebert mélange les différents éléments avec bonheur. Il rappelle les musiciens de jazz par leurs surnoms: *dolphin* fait référence à Eric Dolphy, *Rabbit* à Johnny Hodges, *bird* à Bird, le surnom de Charlie Parker, et *Bean* est le surnom de Coleman Hawkins. Nous pouvons en outre remarquer une série de finesses caractéristiques de la poésie de Lucebert: les contrastes et les contradictions qui représentent une vision dualiste du monde. Nous retrouvons également des variations sur des proverbes populaires, qui nous rappellent les allusions des musiciens de jazz aux mélodies populaires, et même une référence à une publicité dans le dernier vers.

## Coda

La poésie imite la musique; la poésie de Lucebert imite le jazz. Le jazz comme expression artistique, à orientation contestatrice, contre l'*establishment*. Le jazz comme art créatif, puisant sa force dans l'interprétation. Le jazz comme moyen d'expression sur le processus de création, qui expose les principes qui le structurent lorsqu'il devient le centre de l'attention. Le jazz comme forme supérieure d'improvisation: par l'association logique, inconsciente et délibérée, et par la dissociation audacieuse. Le jazz comme processus permanent de recyclage des éléments internes et externes. Le jazz comme musique honnête, profondément humaine, incapable de dissimuler les côtés obscurs de l'homme — une musique qui mêle beauté et abjection.

Lucebert modèle ses poèmes sur le jazz. Pour nous, lecteurs, le jazz peut également servir de modèle: il nous apprend à lire — à lire la poésie de Lucebert, mais également à lire la poésie moderne en général. Peut-être même à lire la poésie en tant que telle. Le véritable objet de la poésie, c'est sa propre structure, sa propre construction, sa propre création. Finalement, la poésie ne signifie rien de plus. Pourquoi n'abandonnons-nous pas le commentaire, l'herméneutique, et ce fatras d'interprétations déconstructionnistes et poststructuralistes? Nous avons évoqué l'aspect linguistique, passons maintenant à l'aspect musical. Écoutez les structures sonores, syntaxiques et sémantiques de la poésie — cherchez-les, si vous le désirez, et délectez-vous!

**Ouvrages cités et éléments de discographie:**


Berliner, Paul, *Thinking in Jazz; the Infinite Art of Improvisation*, Chicago, London, The University of Chicago Press, 1994.

Constant [Nieuwenhuys], 'C'est notre désir qui fait la révolution', *Cobra* 4(1949).

Gioia, Ted, *The Imperfect Art; Reflections on Jazz and Modern Culture*, New York, Oxford, Oxford University Press, 1988.

Hodeir, André, *Hommes et problèmes du jazz*, Marseille, Éditions Parenthèses, 1994.

Kouwenaar, Gerrit, «Inleiding», in *Vijf 5 tigers. Een bloemlezing uit het werk van Remco Campert, Jan Elburg, Gerrit Kouwenaar, Lucebert, Bert Schierbeek met een inleiding van Gerrit Kouwenaar*, Hans Renders (éditeur), Amsterdam, De Bezige Bij, sans date [2000].

Leonard, Neil, *Jazz: Myth and Religion*, New York, Oxford, Oxford University Press, 1987.

Lucebert, *Oh oor o hoor. Opnamen uit de jaren vijftig en zestig*, Bergen, Amsterdam, Lucebert Stichting, De Bezige Bij, 1997.

Lucebert, *Verzamelde Gedichten*. Composé et arrangé par le groupe Lucebert. Amsterdam, De Bezige Bij, 1974.

Mingus, Charles, *Ah Um*, Columbia CK 40648. Une version remasterisée est sortie en 1998: Columbia/Legacy CK 65512.

Mitchell, Joni, *Mingus!* Asylum 7559-60557-2 (1979) — avec Wayne Shorter (saxophone ténor), Jaco Pastorius (basse), Don Alias (percussions).

Postma, Jelle, *Tennyson as seen by his parodists*, Amsterdam, H.J. Paris, 1926.

Roach, Max, *We Insist! Freedom Now Suite*. Candid CCD79002 (enregistrement de 1960).

Schuller, Gunther, *Early Jazz; its Roots and Musical Development*, New York, Oxford University Press, 1968, *The History of Jazz* I.

Wong, Herb (Ed.): *The Ultimate Jazz Fakebook*, Milwaukee, WI, Hal Leonard Corporation, 1988.

Young, Lester, *The Master's Touch*. Savoy SV-0113. L'enregistrement date du 1er mai 1944. Le groupe rythmique d'accompagnement était composé de Count Basie (piano), Freddie Green (guitare), Rodney Richardson (basse) et Shadow Wilson (percussions).

PRINTED ON PERMANENT PAPER • IMPRIME SUR PAPIER PERMANENT • GEDRUKT OP DUURZAAM PAPIER - ISO 9706

N.V. PEETERS S.A., WAROTSTRAAT 50, B-3020 HERENT